MANUAL DE PROTEÇÃO CONTRA
RANSOMWARE

G862m   Grimes, Roger A.
            Manual de proteção contra ransomware : como criar um plano de segurança cibernética / Roger A. Grimes ; tradução: Ronald Saraiva de Menezes ; revisão técnica: Henrique J. Brodbeck. – Porto Alegre : Bookman, 2022.
            xxxii, 287 p. ; 23 cm.

            ISBN 978-85-8260-584-4

            1. Sistemas de informação gerencial – Medidas de segurança. 2. Proteção de dados. 3. Empresas – Redes de computadores – Medidas de segurança. I. Título.

CDU 004.738

Catalogação na publicação: Karin Lorien Menoncin – CRB 10/2147

ROGER A. GRIMES

MANUAL DE PROTEÇÃO CONTRA RANSOMWARE
COMO CRIAR UM PLANO DE SEGURANÇA CIBERNÉTICA

Tradução
Ronald Saraiva de Menezes

Revisão Técnica
Henrique J. Brodbeck
Professor do Instituto de Informática da UFRGS

Porto Alegre
2022

Obra originalmente publicada sob o título *Ransomware protection playbook*

ISBN 9781119849124

Copyright (c) 2022, John Wiley & Sons, Inc. All Rights Reserved.
This translation published under license with the original publisher John Wiley & Sons, Inc.

Gerente editorial: *Letícia Bispo de Lima*

Colaboraram nesta edição:

Consultora editorial: *Arysinha Jacques Affonso*

Editora: *Simone de Fraga*

Leitura final: *Mirela Favaretto*

Arte sobre a capa original: *Márcio Monticelli*

Editoração: *Ledur Serviços Editoriais Ltda.*

Reservados todos os direitos de publicação, em língua portuguesa, à
BOOKMAN EDITORA LTDA., uma empresa do GRUPO A EDUCAÇÃO S.A.
Rua Ernesto Alves, 150 – Bairro Floresta
90220-190 – Porto Alegre – RS
Fone: (51) 3027-7000

SAC 0800 703 3444 – www.grupoa.com.br

É proibida a duplicação ou reprodução deste volume, no todo ou em parte, sob quaisquer formas ou por quaisquer meios (eletrônico, mecânico, gravação, fotocópia, distribuição na Web e outros), sem permissão expressa da Editora.

IMPRESSO NO BRASIL
PRINTED IN BRAZIL

Este livro é dedicado a minha esposa, Tricia.
Ela é sempre a luz mais intensa em qualquer recinto,
ofuscando o sol com seu sorriso, sua beleza,
sua bondade, seu brilhantismo e sua risada.
As pessoas gostam mais de mim depois que a conhecem.

O autor

Consultor e instrutor de segurança computacional há 34 anos, **Roger A. Grimes** possui dezenas de certificações em computação e é autor de 12 livros e mais de 1.100 artigos publicados sobre segurança computacional. Foi palestrante em muitas das maiores conferências mundiais sobre o assunto (como Black Hat, RSA, etc.), foi matéria da revista *Newsweek*, foi entrevistado pelo programa *All Things Considered*, da NPR, e pelo *Wall Street Journal* e convidado em dezenas de programas de rádio e *podcasts*. Já trabalhou em algumas das maiores empresas de segurança computacional do mundo, incluindo Foundstone, McAfee e Microsoft. Atuou como consultor para centenas de empresas. Suas áreas de especialização incluem segurança de hospedagem e de rede, *ransomware*, autenticação multifatorial, segurança quântica, gestão de identidade, anti-*malware*, *hackers*, *honeypots*, infraestrutura de chaves públicas, segurança em nuvem, criptografia, regulamentação e escrita técnica. Suas certificações incluem CPA, CISSP, CISA, CISM, CEH, MSCE: Security, Security+ e muitas outras, e já atuou como instrutor para várias delas. Entre 2005 e 2019, foi o colunista semanal de segurança das revistas *InfoWorld* e *CSO*.

Você pode entrar em contato com o autor pelos seguintes meios:

E-mail: roger@banneretcs.com

LinkedIn: https://www.linkedin.com/in/rogeragrimes/

Twitter: @rogeragrimes

CSOOnline: https://www.csoonline.com/author/Roger-A.-Grimes/

O editor técnico do original

Aaron Kraus, CCSP, CISSP, é profissional do ramo da segurança informacional com mais de 15 anos de experiência em gestão de risco, auditoria e ensino de tópicos em segurança informacional. Atuou em funções de segurança e *compliance* em diferentes setores, incluindo agências civis do governo norte-americano, serviços financeiros e *startups* de tecnologia. Aaron é autor de cursos, instrutor e sub-reitor de currículo de cibersegurança com mais de 13 anos de experiência na Learning Tree International, e mais recentemente lecionou para uma classe preparatória ao exame (ISC)² CISSP. Já foi autor e editor técnico de inúmeras publicações da Wiley, incluindo *The Official(ISC)² CISSP CBK Reference*; *The Official (ISC)² CCSP CBK Reference*; *(ISC)² CCSP Certified Cloud Security Professional Official Study Guide, 2nd Edition*; *CCSP Official (ISC)² Practice Tests*; *The Official (ISC)² Guide to the CISSP CBK Reference, 5th Edition*; e *(ISC)² CISSP Certified Information Systems Security Professional Official Practice Tests, 2nd Edition*.

O editor técnico do original

Agradecimentos

Quero começar agradecendo Jim Minatel, meu editor de prospecção na Wiley. Este é o quarto livro em que trabalhamos juntos. Jim sempre identifica o livro certo a ser escrito na hora certa, e reúne o restante de uma equipe talentosa para fazê-lo acontecer. Quero agradecer aos demais membros da minha equipe de produção, incluindo o gestor de projeto Brad Jones, os editores Pete Gaughan, Sacha Lowenthal, Saravanan Dakshinamurthy, Kim Wimpsett e o editor técnico Aaron Kraus. Eu não conhecia Aaron antes deste projeto, mas agora sei que ele é uma estrela do rock, um dos melhores editores técnicos que já tive. E Brad foi simplesmente perfeito ao ditar o ritmo de produção e em sua prestatividade.

Devo um agradecimento especial a Anjali Camara, mestre em artes e em ciências, parceira e líder de prática cibernética na Connected Risk Solutions. Ela deu um tempo no seu trabalho de Ph.D. para me instruir a respeito de questões envolvendo apólices de seguro cibernético e as grandes mudanças pelas quais esse setor está passando, o que acabou rendendo um capítulo inteiro. Outro agradecimento especial vai para minha amiga de décadas Gladys Rodriguez, principal consultora de cibersegurança da Microsoft, pelas informações que ela me passou sobre recuperação de ambientes Microsoft, tema que ela domina como ninguém.

Preciso agradecer a meus colegas da KnowBe4, a começar por Erich Kron. Foram suas apresentações de PowerPoint que abriram meus olhos para as novas cepas de *ransomware* muitos anos atrás. Enxergo mais longe por me apoiar sobre seus ombros. Meu amigo e colega de trabalho James McQuiggan foi minha constante caixa de ressonância, ajudando a transformar meus discursos inflamados de 30 minutos em tiradas mais memoráveis de 30 segundos que as pessoas gostariam de ler. O também autor Perry Carpenter sabe mais sobre engenharia social do que eu jamais conseguirei aprender. Agradeço também a meus incríveis colegas de trabalho Javvad Malik (confira os vídeos dele no YouTube e o *podcast* Jerich Show, que ele apresenta junto com Erich), Jacqueline Jayne (ela é a humanidade por trás do *firewall* humano), Anna Collard (estrela do rock sul-africana!) e Jelle Wieringa (ele sabe ler, escrever e falar em cinco línguas, incluindo o idioma do alto escalão). Todos me ensinaram sobre como o *ransomware* afeta seus países e regiões.

Muito obrigado a meu CEO, Stu Sjouwerman; a minha líder direta Kathy Wattman (nunca encontrei uma maior apoiadora); ao vice-presidente sênior Michael Williams; à nossa excelente equipe de *marketing*, incluindo Mandi Nulph, Mary Owens e Kendra Irimie; e à nossa equipe de RH, incluindo Amanda Tarantino, Megan Stultz e Reilly Mortimer, por ou me deixar ou me forçar a falar sobre *ransomware* centenas de vezes nos últimos anos. Nada é capaz de proporcionar uma melhor sintonia fina na nossa compreensão de um assunto do que falar sobre ele centenas de vezes, aproveitando os comentários resultantes para corrigir qualquer equívoco. Obrigado ao meu colega de trabalho Ryan Meyers, por ter me ajudado a procurar pelas pistas certas envolvendo *phishing* que estão sendo ou que são ou podem ser usadas por gangues de *ransomware*.

Por fim, agradeço às centenas de recursos existentes sobre *ransomware* – matérias, apresentações, *whitepapers* e levantamentos – que embasaram boa parte das informações que tentei consolidar neste livro. Todos precisarão se unir para que seja possível derrotar o *ransomware*. Espero ter ajudado a abrir o caminho que levará a essa vitória.

Prefácio

Trabalho com segurança computacional desde 1987, ou seja, há mais de 34 anos. Lembro do primeiro programa de *ransomware* encontrado por mim, ou por qualquer outra pessoa viva na época. Chegou em dezembro de 1989 num disquete 5 e 1/4" e logo ficou conhecido como o cavalo de Troia **AIDS PC Cyborg**.

Não o classificamos como *ransomware* logo de cara, afinal classificações inteiramente novas só recebem um nome depois que contêm mais de um elemento, e aquele exemplar era o primeiro e único, o que seguiu sendo verdade por anos. Mal sabíamos que aquele seria o início de uma gigantesca indústria de crime digital e o prenúncio de uma terrível praga que se espalharia digitalmente pelo mundo nas décadas seguintes.

Era bem simples se comparado aos programas de *ransomware* atuais, mas tinha código suficiente para ofuscar dados, e seu criador tinha audácia o bastante para pedir US$ 189 de resgate para restaurar os dados. A história do primeiro programa de *ransomware* e do seu criador ainda hoje parecem estranhas e improváveis demais. Se alguém quisesse recontar a verdadeira história num filme hollywoodiano sobre *hackers*, seria difícil acreditar. Os criadores e as gangues de *ransomware* de hoje em dia são bem mais verossímeis.

O Dr. Joseph L. Popp Jr., criador do primeiro programa de *ransomware*, era um biólogo evolucionista formado em Harvard que atuava como antropólogo. Ele se interessara pelas pesquisas sobre a aids e estava ativamente envolvido nessa comunidade acadêmica na época em que foi preso. O modo como desenvolveu seu interesse por pesquisas sobre a aids é algo que não foi documentado, mas deve ter relação com os 15 anos que passou na África documentando babuínos-sagrados. Em 1978, o Dr. Popp foi coautor de um livro sobre a Reserva Natural Masai Mara, no Quênia (`https://www.amazon.com/Mara-Field-Guide-Masai-Reserve/dp/B000715Z0C`), e em abril de 1983 publicou um artigo científico sobre seus estudos junto aos babuínos (`https://link.springer.com/article/10.1007/BF02381082`).

Acredita-se que a aids tenha se originado na África a partir de primatas não humanos, e essas teorias começaram a ser mais exploradas na mesma época em que pesquisadores procuravam pelo "paciente zero". O Dr. Popp estava no lugar certo na hora certa. Seu estudo numa área pode ter levado a seus avanços em outra.

No final dos anos 80, as pesquisas e os conhecimentos sobre a aids eram bem novos e bastante rudimentares. Ainda havia um temor disseminado sobre a doença e sobre como era transmitida. Ao contrário do cenário atual com tratamentos e antivirais, nos primórdios pegar HIV/aids era uma sentença de morte. Na época, muita gente tinha medo de beijar ou mesmo abraçar possíveis contaminados ou pessoas em grupos de risco. Dentro e fora da comunidade médica, havia grande interesse nas mais recentes informações e descobertas.

Ninguém além do próprio Dr. Popp sabe por que ele decidiu sentar e escrever o primeiro programa de *ransomware* do mundo. Algumas pessoas especulam que ele estava contrariado por não ter obtido um cargo que tanto desejava no setor de pesquisas sobre a aids e que resolveu dar o troco, mas também pode-se muito bem imaginar que ele queria apenas ter certeza de que seria pago pelo seu trabalho. Seja como for, há sinais claros de encobrimento e má intenção por parte de um homem que sabia que sua criação não seria bem recebida. É difícil afirmar que você não sabia que uma coisa era ilegal ao tentar ao mesmo tempo ocultar seu envolvimento.

O Dr. Popp comprou uma lista de endereços de *e-mail* de pessoas que haviam recentemente comparecido a uma conferência sobre aids organizada pela Organização Mundial de Saúde em Estocolmo em outubro de 1988, e alegadamente usou também a lista de assinantes de uma revista britânica sobre computação chamada *PC Business World* e de outras publicações de negócios.

Ele criou seu cavalo de Troia usando linguagem de programação QuickBasic 3.0, o que deve ter levado alguns meses para a escrita e testagem do código. Depois de pronto, ele copiou o programa em mais de 20 mil disquetes, colou etiquetas, imprimiu as respectivas instruções de uso, aplicou selos manualmente e enviou-os pelo correio para destinatários incautos nos Estados Unidos, Reino Unido, África, Austrália e outros países. O Dr. Popp deve ter recebido ajuda para fazer tudo isso, já que uma pessoa sozinha levaria semanas e semanas trabalhando para criar 20 mil pacotes de *software* e para selá-los manualmente. Contudo, mais ninguém foi declarado envolvido nos autos do processo nem foi apontado pelo próprio Dr. Popp.

O disquete com o cavalo de Troia trazia a etiqueta "AIDS Information Introdutory Diskette" (ver a Figura I.1).

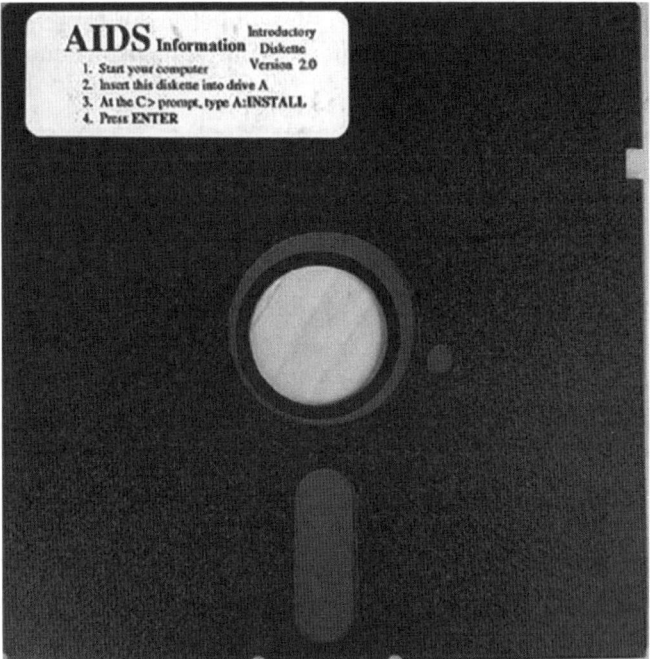

Figura I.1. Fotografia do disquete em que as vítimas recebiam o cavalo de Troia AIDS PC Cyborg.
Cortesia de Eddy Willems.

As instruções que o acompanhavam introduziam o disquete como contendo um programa com informações sobre a aids. Depois de visualizar as informações, o usuário encontrava uma série de perguntas sobre comportamento pessoal. As respostas a elas eram usadas para preparar para o usuário um relatório do seu próprio risco de contrair aids, juntamente com recomendações sobre como evitar o contágio.

As instruções incluíam o seguinte aviso: "Se você usar este disquete, terá que pagar a(s) tarifa(s) obrigatória(s) de licenciamento de *software*". Mais tarde, o Dr. Popp acabaria usando esse aviso em sua defesa, tentando mostrar que seu programa não deveria ser considerado uma extorsão ilegal. Você pode ver as instruções e o aviso ameaçador (logo acima dos cinco passos) na Figura I.2.

Além disso, quando o cavalo de Troia era rodado pela primeira vez, abria uma licença e uma fatura na tela e as enviava para serem automaticamente imprimidas, caso o computador estivesse conectado a uma impressora local. A licença informava que os usuários deviam pagar por ela e ainda incluía outro aviso ameaçador que raramente é encontrado em qualquer programa legítimo:

Se você instalar [isso] num microcomputador...

então sob os termos desta licença você concorda em pagar à PC Cyborg Corporation o custo total de licenciar estes programas...

Caso você quebrar este acordo de licenciamento, a PC Cyborg se reserva o direito de tomar as medidas legais necessárias para recuperar quaisquer débitos em haver pagáveis à PC Cyborg Corporation e de usar mecanismos de programação para garantir o encerramento do seu uso...

Esses mecanismos de programação afetarão adversamente outros aplicativos de programas...

Pelo presente texto, você está avisado sobre as mais sérias consequências caso deixe de obedecer aos termos deste acordo de licenciamento; sua consciência pode assombrá-lo pelo resto de sua vida...

e seu [PC] deixará de funcionar normalmente...

Você está estritamente proibido de compartilhar [este produto] com outrem...

> **Informação sobre a aids – Disquete Introdutório**
> Por favor, encontra aqui incluso um disquete contendo informações de saúde sobre a doença aids. As informações são fornecidas na forma de um programa interativo de computador. É fácil de usar. Eis como ele funciona:
>
> - O programa lhe fornece informações sobre a aids e lhe faz algumas perguntas
> - Você responde escolhendo a resposta mais apropriada exibida na tela
> - O programa então lhe fornece um relatório confidencial sobre seu risco de exposição à aids
> - O programa fornece recomendações a você com base no histórico de vida que você informou, recomendando medidas práticas que você pode tomar para reduzir seu risco de contrair aids
> - O programa lhe oferece a oportunidade de fazer comentários e tirar dúvidas que possa ter sobre a aids
> - O programa é desenvolvido especialmente para ajudar: membros do público que estão preocupados com a aids e profissionais da medicina
>
> **Instruções**
> Este *software* é feito para ser usado com microcomputadores IBM PC/XT e com todos os outros microcomputadores verdadeiramente compatíveis. Seu computador precisa ter um disco rígido C, MS-DOS versão 2.0 ou superior e um mínimo de 256K de RAM. Antes de mais nada, leia e concorde com a garantia limitada e com o acordo de licenciamento no verso. [Se você usar este disquete, terá que pagar a(s) tarifa(s) obrigatória(s) de licenciamento de *software*.] Em seguida, cumpra os seguintes passos:
>
> **Passo 1:** Inicie seu computador (com o *drive* A para disquetes vazio).
> **Passo 2:** Quando seu computador estiver rodando, insira o Disquete Introdutório no *drive* A.
> **Passo 3:** No *prompt* C> do seu diretório *root*, digite: A:INSTALL e então pressione ENTER. A instalação começará automaticamente nesse ponto. Leva apenas alguns minutos.
> **Passo 4:** Uma vez que a instalação tenha sido completada, você receberá mensagens fáceis de seguir no computador. Obedeça-as passo a passo.
> **Passo 5:** Quando você quiser usar o programa, digite a palavra AIDS no *prompt* C> no diretório root e pressione ENTER.

Figura I.2. Instruções mostradas ao abrir o disquete com o cavalo de Troia AIDS PC Cyborg.

Assim como acontece hoje em dia, a maioria das pessoas não costumava ler acordos de licenciamento de *software*. Normalmente, isso não chega a ser um problema, mas nesse caso a não leitura do acordo de licenciamento com seu aviso incomum e assustador acabaria tento importância especial. Além disso, no final dos anos 80 uma grande parcela dos usuários só pagava por *software* comercial se fosse forçada a isso. A verdade é que os programas eram rotineiramente copiados e comercializados de forma ilegal. Era extremamente comum as pessoas copiarem disquetes para seus amigos e até os venderem (mesmo que não tivessem pago o desenvolvedor original). Clubes locais de computação organizavam troca-trocas mensais de disquetes. Se você não fosse obrigado a pagar por um *software*, você não pagava. Como resposta, alguns desenvolvedores criaram rotinas de "proteção contra cópias" que impediam a produção fácil e padronizada de versões pirata.

> O autor já viu outros programas e *sites* maliciosos incluírem recados similares ao estilo "esteja ciente" nas informações de licenciamento. Não custa sempre dar uma lida nos seus acordos de licença de usuário final, em vez de simplesmente se esforçar para ignorá-los e rapidamente deixá-los para trás.

O Dr. Popp ou não sabia legitimar uma proteção contra cópias ou contou exclusivamente com seu modo peculiar de impor resgate a pessoas que ignorassem suas instruções de licenciamento. Talvez ele tenha tirado a ideia de um programa anterior de *malware*. Em 1986, o primeiro vírus de computador compatível com PCs da IBM, o Brain, do Paquistão (`https://en.wikipedia.org/wiki/Brain_(computer_virus)`), foi criado como um mecanismo de prevenção de cópias. Seus criadores paquistaneses estavam cansados de ver as pessoas fazerem cópias ilegais sem pagar por discos que elas próprias haviam copiado ilegalmente. Eram outros tempos. Assim, seu programa causava problemas de *boot* e podia indiretamente levar algumas pessoas a pagarem uma quantia em dinheiro a seus inventores como compensação. No entanto, o *malware* não criptografava coisa alguma, nem pedia resgate diretamente.

É possível que o Dr. Popp tenha encarado seu programa de *ransomware* como uma mera estratégia para impor legalmente seus direitos autorais e sua licença de *software*. No mínimo em dois locais diferentes os usuários do *software* encontravam avisos claramente visíveis. Em comparação, os programas de *ransomware* atuais jamais dão avisos. Então talvez, especificamente por esse prisma, a criação do Dr. Popp tenha sido um pouquinho mais ética dos que os programas de *ransomware* de hoje. Mas ser um criminoso um pouquinho mais ético entre criminosos antiéticos não é um padrão de virtuosidade frente ao qual alguém queira ser medido.

Seja como for, na primeira vez que o programa do Dr. Popp era executado por um usuário, ele se instalava no disco rígido local (C:) e modificava o arquivo `autoexec.bat` para usá-lo como um medidor de *boot*. Depois que o PC envolvido passava por 90 e poucos *boots*, o programa criptografava/ofuscava os arquivos e pastas do usuário. Em seguida, exibia a mensagem mostrada na Figura I.3.

> Ninguém sabe por que o Dr. Popp configurou seu contador de disparo em 90. Talvez tenha estimado que a maioria das pessoas reinicia seu PC cerca de uma vez a cada dia numa semana de trabalho, e 90 dias úteis seriam tempo mais que suficiente para alguém enviar seu respectivo pagamento pelo programa e para que ele devolvesse um disco executável de "bloqueio de travamento".

```
Caro cliente:
É hora de pagar pelo software que você arrendou junto à PC
Cyborg Corporation. Preencha a FATURA e vincule o método
de pagamento da sua escolha. Se você não usar a FATURA
impressa, então certifique-se de consultar os importantes
números de referência abaixo em total correspondência. Em
troca, você receberá:
- um pacote de renovação de software com instruções comple-
  tas e fáceis de seguir;
- um disquete automático e autoinstalável que qualquer um
  é capaz de aplicar em minutos.
Números de referência importantes: A5599796-2695577-
O preço de 365 dias de uso é de US$ 189. O preço de um arren-
damento vitalício no seu disco rígido é de US$ 378. Você pre-
cisa anexar um comprovante bancário, um cheque administra-
tivo ou uma ordem de pagamento internacional para PC CYBORG
CORPORATION no valor integral de US$ 189 ou US$ 378 com seu
pedido. Inclua seu nome, empresa, endereço, cidade, estado,
país e código postal. Envie seu pedido para PC Cyborg Cor-
poration, código postal 87-17-44, Panamá 7, Panamá.
                Pressione ENTER para continuar
```

Figura I.3. Captura de tela das instruções do *ransomware* AIDS PC Cyborg.
Traduzido a partir da Wikipédia.

O Dr. Popp havia criado uma empresa chamada PC Cyborg, o que acabou dando nome ao vírus. O nome era mostrado na licença original e no aviso posterior ao *ransomware*, juntamente com um pedido de US$ 189 para uma "licença" anual e US$ 378 para uma "licença vitalícia", a ser enviada a uma caixa postal no Panamá. Foi essa informação que levou à sua pronta identificação e detenção. Os atuais perpetradores de *ransomware* usam criptomoedas dificilmente rastreáveis a uma identidade verdadeira para assim evitar serem tão facilmente identificados e detidos pelas autoridades.

O Dr. Popp claramente tentara ocultar sua identidade e seu envolvimento original com sua criação. Como segue valendo nos dias de hoje, é comum pessoas antiéticas tentarem ocultar sua identidade e seus ganhos financeiros usando empresas e contas *offshore*. Naquela época, o Panamá era muito usado como paraíso fiscal e financeiro, do mesmo modo como as Ilhas Cayman e outras ilhas *offshore* são usadas hoje.

Quando o *payload* (carga útil) do programa cavalo de Troia era rodado, antes que as instruções de resgate fossem exibidas, ocorria uma criptografia rudimentar simétrica nos arquivos e pastas. O programa transferia todas as pastas e subdiretórios existentes para um novo conjunto de subdiretórios sob o diretório-raiz, renomeava-os e habilitava recursos atribuíveis ocultos do DOS em cada arquivo e pasta, o que fazia parecer que tinham desaparecido. Todos os arquivos e pastas também eram renomeados usando-se caracteres de controle ASCII estendidos de "alta ordem", o que fazia tudo parecer invisível. Mesmo que o atributo DOS oculto fosse descoberto e desabilitado, os nomes dos arquivos e pastas pareciam corrompidos. Se o usuário vitimado tentasse aplicar alguns comandos exploratórios comuns para ver o que estava acontecendo, o código malicioso trazia de volta uma página DOS falsa com resultados também falsos para confundir o usuário.

O principal conjunto de subdiretórios maliciosos era criado usando-se o caractere ASCII estendido 255, que é um código de controle que se parece com um caractere de espaço, mas não é. Assim como um espaço, porém, ele não aparece na tela e nem quando é impresso. Na prática, para a maioria dos usuários todos os arquivos e pastas pareciam ter desaparecido ou no mínimo ter sido bastante corrompidos. O importante, porém, era que nenhum dos arquivos havia sido realmente criptografado (ao contrário do que ocorre com os programas atuais de *ransomware*). Os arquivos e pastas eram apenas renomeados e transferidos de local.

O programa de *ransomware* criava uma tabela de conversão que podia ser usada para reverter as transferências e as renomeações. Se a vítima encontrasse a tabela e compreendesse o que o programa cavalo de Troia fizera, poderia reconverter todos arquivos e pastas a seus locais e com seus nomes originais. Na verdade, diversas pessoas descobriram isso e escreverem programas para "conserto", incluindo Jim Bates, um dos primeiros especialistas em vírus de computador.

Bates criou um relatório de análise gratuito de 40 páginas sobre o cavalo de Troia, o qual enviava para quem quer que o solicitasse, e também publicou em janeiro de 1990 uma análise mais curta, mas ainda assim ótima, sobre o assunto na renomada publicação especializada Virus Bulletin (`https://www.virusbulletin.com/uploads/pdf/magazine/1990/199001.pdf`). Bates desvendou muitas das rotinas dúbias do programa, incluindo os inúmeros passos que dava para criar falsas impressões visuais quando o usuário tentava investigar o que tinha ocorrido. Foi um ótimo exemplo da comunidade *on-line* e antivírus se unindo para derrotar um inimigo em comum sem pensar em lucro.

> A rotina de criptografia do PC Cyborg usava o que os criptógrafos chamam de **simples substituição de caracteres** para o componente criptográfico. Trata-se do tipo absolutamente mais simples possível de criptografia, e por causa disso, provavelmente é mais preciso chamar a rotina criptográfica do Dr. Popp de mera ofuscação. Certamente estava longe de ser tão segura quanto a maior parte da criptografia digital que já vinha sendo praticada há no mínimo uma década antes do programa do Dr. Popp, e bem menos sofisticada que a criptografia das variantes atuais de *ransomware*. No fundo, porém, essa é mais uma questão de semântica. Para a maioria das vítimas, seus dados haviam sumido e seus computadores estavam fora de uso.

Juntamente com sua análise detalhada, Bates criou um programa gratuito de remoção de cavalos de Troia chamado AIDSOUT, além do programa gratuito AIDSCLEAR, que restaurava todo e qualquer arquivo renomeado e transferido a seu local e seu nome originais. O falecido John McAfee, celebrizado pelo Antivírus McAfee, atraiu os holofotes da mídia norte-americana pela primeira vez ao falar sobre esse programa de *ransomware* e ao contar que saíra resgatando os PCs bloqueados das pessoas.

> Foi a publicidade em torno das recuperações de computadores infectados praticadas por John McAfee durante esse período que me levou a desmembrar vírus de computador em DOS para o próprio John McAfee mais tarde naquele ano e o que em grande parte me levou à minha longa carreira como autor especializado em cibersegurança.

Depois que a indústria de antivírus e o braço da lei determinaram que o Dr. Popp estava envolvido, ele foi preso mediante o cumprimento de um mandato em pleno Aeroporto Schiphol, em Amsterdã, e depois acabou sendo levado à prisão em Londres. Durante a prisão, ficou imediatamente patente que ele estava passando por alguns problemas de saúde mental. Mesmo antes da prisão, ele havia aparentemente rabiscado mensagens estranhas na bagagem de outro passageiro, indicando que ele, Dr. Popp, estava dentro da bagagem. Ele fez muitas outras bizarrices durante esse período, como vestir um preservativo no nariz e usar rolos de cabelo na barba "para afastar a radiação". Até hoje, ninguém sabe se ele estava de fato tendo problemas mentais ou apenas fingindo ser louco para evitar ser declarado culpado. Seja como for, depois de ser preso ou detido originalmente na Holanda, depois de um acabou retornando para seus pais em Ohio, nos Estados Unidos. Mais tarde, ele foi preso novamente por muitos crimes, incluindo chantagem, e foi extraditado de volta ao Reino Unido para ser julgado.

> As matérias de imprensa são um tanto desencontradas quanto aos locais exatos onde as diversas prisões ocorreram, mas parece que ele foi preso ou detido em dois ou três países diferentes, à certa altura, e enfrentou algum tipo de adjudicação em pelo menos dois deles. Sua soltura final veio de uma corte no Reino Unido.

A linha de defesa original do Dr. Popp foi alegar que tudo que ele fizera estava dentro da lei, pois havia alertado os usuários, e eles sim é que deixaram de pagar por aquilo a que tinha se obrigado. Alguns advogados consideraram que sua devesa era legalmente válida, muito embora fosse incomum e antiética. Parte da defesa original do Dr. Popp desmoronou porque seu programa também afirmava que, se os usuários levassem seu *software* de resgate para outro computador e permitissem que ele bloqueasse essa máquina, esse programa iria então desbloquear o computador original para que pudesse ser usado. Intencionalmente ou não, essa parte do programa não funcionava, e tanto o PC original quanto o adicional acabavam ficando fora de operação.

Não está claro se o Dr. Popp chegou a ser pago ou a enviar um único disco de desbloqueio sequer, ou se esse disco de fato funcionava. Não sei de ninguém que tenha pago esse resgate, e nenhuma das vítimas citadas nas dezenas de notícias da época afirma ter pago o resgate ou recebido um disco de desbloqueio do Dr. Popp. Creio que ele logo se evadiu, para evitar ser preso assim que seu programa começou a ganhar as manchetes ao redor do mundo. Não se sabe ao certo se ele teve tempo de coletar seus pagamentos no Panamá e a enviar discos de desbloqueio, mas é certo que jamais chegou a fazer isso em larga escala. Todas as notícias sobre o cavalo de Troia PC Cyborg estampavam vítimas cujos PCs estavam bloqueados.

Nos autos do processo e para investigadores, o Dr. Popp alegou que planejava doar todo o dinheiro dos resgates para pesquisas contra a aids. Tal alegação dificilmente persuadiria uma corte ou aplacaria quaisquer acusações pendentes. No entanto, cabe ressaltar que o Dr. Popp de fato era membro de vários grupos de pesquisa sobre a aids que arrecadavam dinheiro para suas iniciativas, bem como estava envolvido em diversos programas e conferências educacionais sobre a aids. De todo modo, no mínimo um juiz decidiu que ele não estava apto a ser levado ao tribunal, e em novembro de 1991 foi solto para voltar a morar com os pais pelo juiz britânico Geoffrey Rivlin.

Depois disso, ele caiu em relativa obscuridade e voltou seus interesses à antropologia. Suas ações infames, que haviam atacado diretamente e manchado a reputação das pesquisas sobre a aids ao redor do mundo, impediram-no se seguir atuando naquela área.

Passada uma década, em setembro de 2001 ele lançou um livro bastante polêmico chamado *Evolução popular: lições de vida da antropologia* (`https://www.amazon.com/Popular-Evolution-Life-Lessons -Joseph-Popp/dp/0970125577`), que contém muitas recomendações pouco convencionais, incluindo um foco agressivo na procriação até mesmo de jovens recém entradas na puberdade. Na obra, ele promove fortemente uma "ética científica" diametralmente oposta à maioria dos códigos éticos e morais seguidos pelo restante do mundo. Talvez sua crença nessa forma pouco convencional de ética tenha contribuído para que criasse o primeiro programa de *ransomware*. No livro, ele também se mostra a favor da eugenia e da eutanásia, além de defender que pessoa algum deveria ter um animal de estimação. Em resumo, acaba ofendendo quase todo mundo que vive uma vida convencional. Basta dizer que seu livro de recomendações não vendeu lá muitas cópias, e não ajudou a desfazer sua imagem estranha perante o mundo, mesmo ao perseguir outras carreiras.

Às vezes, até mesmo um homem excêntrico pode ser um cavalheiro e amado pelos outros. Logo antes de morrer, em 2007, o "Dr. Joe" financiou o Criatório de Borboletas Joseph L. Popp Jr., em Oneonta, no norte do estado de Nova Iorque. O projeto tem sua própria página no Facebook (`https://www.facebook.com/Joseph-L-Popp-Jr-Butterfly-Conservatory-119385884741701/`). A operação ainda estava atuante até a chegada da covid-19 em 2020, mas o domínio do *site* principal está à venda e não houve nenhuma resenha publicada no TripAdvisor após início de janeiro de 2020 (`https://www.tripadvisor.com/Attraction_Review-g48333-d1755655-Reviews-Joseph_L_Popp_Jr_Butterfly_Conservatory-Oneonta_New_York.html`). Algumas das primeiras resenhas indicam que as coisas estavam um tanto decadentes mesmo antes das dificuldades da covid, então é provável que não volte a funcionar.

Durante a vida, o Dr. Popp teve algumas carreiras diferentes, incluindo biólogo evolucionista, autor, antropólogo e lepidopterófilo. Porém, seu passaporte improvável para a fama, do qual jamais se livraria ao longo da vida, foi ter sido o pai do *ransomware*. Em 2021, ele está quase tão presente nas publicações por ter sido o criador do *ransomware* quanto esteve nos idos de 1990, quando sua criação estava fazendo estragos. Seu lugar na história segue garantido, mesmo com sua morte.

Mais informações e matérias sobre o Dr. Popp e seu programa PC Cyborg podem ser encontradas nos seguintes endereços:

- `https://en.wikipedia.org/wiki/AIDS_%28Trojan_horse%29`
- `https://www.csoonline.com/article/3566886/a-history-of-ransomware-the-motives-and-methods-behind-these-evolving-attacks.html`
- `https://www.vice.com/en/article/nzpwe7/the-worlds-first-ransomware-came-on-a-floppy-disk-in-1989`

- https://www.sdxcentral.com/security/definitions/case-study-aids-trojan-ransomware/
- https://www.thepitchkc.com/dr-popp-the-first-computer-virus-and-the-purpose-of-human-life-studies-in-crap-gapes-at-popular-evolution/
- https://blog.emsisoft.com/en/34742/history-of-ransomware-a-supervillain-30-years-in-the-making/
- https://www.villagevoice.com/2009/04/16/dr-popp-the-first-computer-virus-and-the-purpose-of-human-life-studies-in-crap-gapes-at-popular-evolution/
- https://www.gwinnettdailypost.com/news/business/the-bizarre-story-of-the-inventor-of-ransomware/article_bed2be94-129c-5d5a-a973-2112d99556a6.html
- https://www.knowbe4.com/aids-trojan

O *ransomware* PC Cyborg foi um sinal de alerta estremecedor. A lição que ele deixou foi que há pessoas nesse mundo que não hesitarão eticamente em criptografar o seu disco rígido e exigir dinheiro para desbloqueá-lo, inclusive se arriscando a ir parar na cadeia por isso.

Surpreendentemente, depois do cavalo de Troia do Dr. Popp não houve tantas imitações quanto os especialistas em antivírus temiam, talvez porque a criação dele não tenha obtido sucesso. Afinal, ele não focou rico, e foi parar atrás das grades. Outros criminosos aprenderam que era difícil praticar extorsão digital e se dar bem, pelo menos na época. No entanto, passada cerca de uma década, outros avanços tecnológicos proporcionariam os meios para que se eles viessem a se safar quase sempre após cometerem esse tipo de crime.

A criptografia do Dr. Popp também não era lá essas coisas, mas já naquela época outros tipos de *malware*, especialmente vírus de computador, começavam a experimentar com criptografia mais eficiente. Contudo, ela era aplicada apenas para ocultar e proteger o próprio programa de *malware* contra uma rápida detecção por um antivírus, e não para criptografar arquivos de dados e exigir um resgate.

Paulatinamente, programas cada vez mais sofisticados de *ransomware* começaram a surgir. A maioria deles contava com suas próprias rotinas criptográficas, o que vale dizer que eram bem deficientes e facilmente quebráveis. Esses primeiros "criptovírus" ou "criptocavalos de Troia", como eram então conhecidos, raramente exigiam uma chave de descriptografia para desbloquear os dados. Criptógrafos diletantes frequentemente conseguiam descriptografar os arquivos bloqueados mesmo sem terem de pagar pelo resgate. Boa criptografia é algo difícil de produzir. Em 2006, uma segunda geração de cripto-*malware* começou a aparecer, dessa vez empregando criptografia reconhecida e comprovada que não era tão fácil de quebrar. Em 2013, já era bem comum encontrar programas de *ransomware* usando um tipo de criptografia muito difícil ou até impossível de quebrar.

Enquanto os aspectos criptográficos estavam sendo corrigidos, o problema bem mais complicado para os criminosos era como receber seus pagamentos sem serem rastreados e presos. Foi então que duas coisas aconteceram. Primeiro, o *bitcoin* foi inventado em 2009. Levou alguns anos, mas em 2014 os programas de *ransomware* passaram a usá-lo, e todo o setor explodiu. A partir de então, os criminosos podiam ser pagos sem serem rastreados.

Em segundo lugar, alguns importantes países, como a Rússia, tornaram-se paraísos de cibercriminosos que praticavam *ransomware*. Atualmente, muitas gangues que atuam no ramo estão sediadas na Rússia ou em países vizinhos, e operam praticamente com impunidade. Muitas pagam subornos para agentes locais da polícia e das leis como parte de seus negócios, e suas fontes de receitas são vistas como um saldo positivo para os países que as hospedam. Contanto que não criptografem computadores localizados em seu próprio país ou em vizinhos aliados, estão livres para atuarem, com poucas exceções.

Com esses dois novos desenvolvimentos vigendo, programas sofisticados de *ransomware* começaram a vitimizar setores inteiros, hospitais, delegacias e até municípios como um todo. Hoje, a modalidade de *ransomware* é tão prolífica que empresas inteiras já foram paradas, e resgates na casa dos muitos milhões de dólares nem causam mais comoção. Ataques de *ransomware* estão derrubando oleodutos, indústrias alimentícias e megaconglomerados empresariais, além de fecharem escolas, atrasarem serviços de saúde e explorarem praticamente todos os alvos que podem com quase impunidade. Quando da escrita deste livro, gangues de *ransomware* parecem estar em seus "anos dourados", causando mais perturbação e extorquindo mais dinheiro do que jamais o fizeram. Neste instante, não estamos fazendo um trabalho muito bom para interrompê-los.

Mas podemos fazer, e é sobre isso que este livro trata – sobre prevenir que o *ransomware* sequer chegue a ocorrer (seu objetivo número 1) e sobre minimizar danos caso sua organização acabe sendo atacada. Na verdade, há muitas coisas que uma organização pode fazer para evitar ser vítima de *ransomware* ou para ao menos minimizar as chances. O combate ao *ransomware* envolve muito mais do que apenas ter um bom *backup* e um programa antivírus atualizado.

De forma mais completa que em qualquer outra fonte, este livro mostrará as melhores medidas que você pode tomar para impedir que um ataque de *ransomware* sequer chegue a afetá-lo. Além disso, mostrará os detalhes do que você precisa fazer antes que possa se tornar vítima de *ransomware*, e o passo a passo do que fazer se for explorado. Você não precisa ser uma vítima, você pode revidar.

Contudo, qualquer um pode ser uma vítima de *ransomware*, algo difícil de derrotar nos dias de hoje. O objetivo deste livro não é mostrar que você tem 100% de chances de derrotar o *ransomware*, por que não tem. Ninguém pode fazer essa afirmação. Defesas no âmbito da cibersegurança se resumem à minimização de riscos tanto quanto possível, não à sua eliminação. Minha meta, portanto, é ajudá-lo minimizar seus próprios riscos. Se você seguir as ideias e os passos explicados neste livro, minimizará o risco de acabar sendo explorado por *ransomware* tanto quanto viável no atual cenário, até que contemos com novas defesas que funcionem melhor para todos nós (tema abordado no Capítulo 2, "Prevenção de *ransomware*").

Vale a pena engrossar essa luta!

PARA QUEM ESTE LIVRO É VOLTADO?

O público-alvo deste livro abrange especialmente aquelas pessoas encarregadas de gerir a segurança computacional de suas organizações, desde o defensor na linha de frente até o executivo de alto escalão nos bastidores. Trata-se de uma obra voltada a todos aqueles que estão pensando em revisar, comprar ou implementar defesas de segurança computacional pela primeira ou pela décima vez.

Medidas necessárias para prevenir e mitigar o *ransomware* precisam ser seguidas à risca contra todas as ameaças de *hackers* maliciosos e *malware*. As lições ensinadas neste livro, caso sejam observadas, diminuirão significativamente todos os ataques de *hackers* maliciosos e *malware*. Mesmo que um dia a modalidade de *ransomware* acabe desaparecendo, as lições tiradas aqui poderão ser prontamente aplicadas ao próximo modismo de ciberataque. O *ransomware* não é seu verdadeiro problema; ele é um resultado do seu verdadeiro problema.

O QUE É ABORDADO NESTE LIVRO?

O *Manual de proteção contra ransomware* contém 12 capítulos separados em duas partes distintas.

Parte I: Introdução

A Parte I resume o que o *ransomware* faz, qual seu nível de sofisticação e o que fazer para impedir que ele explore sua organização e seus dispositivos. Muita gente não percebe o quanto o *ransomware* amadureceu, e a maioria não se concentra o suficiente em impedi-lo antes mesmo que ataque.

Capítulo 1, "Introdução ao *ransomware*" – o Capítulo 1 aborda o tema do *ransomware* a começar por seus principais marcos históricos, para então examinar as versões bastante maduras e sofisticadas encontradas mais recentemente. A indústria do *ransomware* é conduzida mais como uma empresa/ecossistema de *marketing* multinível do que com qualquer outra coisa, e o Capítulo 1 cobre suas peças e partes comuns. Por ser uma introdução abrangente, também é o capítulo mais longo do livro.

Capítulo 2, "Prevenção de *ransomware*" – a prevenção ao *ransomware* é algo que não é suficientemente comentado. O controle "preventivo" mais recomendado, um bom *backup*, não é nem de perto uma verdadeira prevenção. Com isso em mente, o Capítulo 2 fala sobre as medidas que cada pessoas e cada organização deveriam tomar para prevenir o *ransomware* da melhor forma que podem. E ao se discutir maneiras de vencer o *ransomware*, também se discute por tabela as melhores armas contra todos os *hackers* maliciosos e *malware*.

Capítulo 3, "Seguro cibernético" – a decisão de adquirir seguro cibernético é um grande dilema para organizações ameaçadas por *ransomware*, já que essa modalidade de seguro é complexo. O Capítulo 3 proporciona ao leitor uma compreensão básica do seguro cibernético, incluindo os aspectos a serem evitados ao considerar uma apólice. Ele se encerra com uma discussão franca a respeito das mudanças massivas pelas quais a indústria do *ransomware* está passando atualmente e para onde ela está rumando.

Capítulo 4, "Considerações legais" – o Capítulo 4 aborda as considerações legais ao se lidar com um ataque bem-sucedido de *ransomware*, não apenas sobre a decisão de pagar ou não o resgate, mas também sobre como usar ajuda jurídica em seu benefício durante um ataque. O Capítulo 4 contém dicas e recomendações que todas as organizações devem colocar em prática em seu planejamento e em suas respostas frente a eventos de *ransomware*.

Parte II: Detecção e recuperação

A Parte II o ajudará a se planejar e a reagir a um ataque bem-sucedido de *ransomware*.

Capítulo 5, "Plano de resposta a *ransomware*" – toda e cada organização deve contar com um plano detalhado de resposta a *ransomware*, criado e treinado previamente a qualquer ataque. O Capítulo 5 esmiúça tudo aquilo que seu plano de resposta deve conter.

Capítulo 6, "Detecção de *ransomware*" – caso você não consiga impedir que uma exploração de cibersegurança aconteça, a segunda melhor medida a ser posta em prática é um sistema prévio de alerta e detecção. O Capítulo 6 analisa as melhores maneiras de detectar ataques de *ransomware* e mostra quais são suas maiores chances de pará-lo antes que comece a causar verdadeiros danos.

Capítulo 7, "Minimização de danos" – o Capítulo 7 parte da hipótese de que um *ransomware* já conseguiu comprometer um ambiente e já criptografou arquivos e exfiltrou dados. Como você pode minimizar a proliferação do *ransomware* e seus danos nas primeiras horas após detectado o ataque? O Capítulo 7 traz as respostas.

Capítulo 8, "Primeiras respostas" – uma vez evitado que o dano inicial se espalhe ainda mais, agora vêm a limpeza inicial, uma varrição cuidadosa e respostas adicionais. O Capítulo 8 mostra o que você precisa fazer depois do primeiro ou do segundo dia pós-ataque. Seu nível de desempenho nessa parte da resposta muitas vezes determina o tempo que será necessário para uma recuperação integral.

Capítulo 9, "Recuperação do ambiente" – o Capítulo 9 aborda o que você precisa fazer passados os primeiros dias. Você interrompeu a proliferação, minimizou os danos e começou a ressuscitar parte do sistema. O Capítulo 9 apresenta as medidas que você deve tomar depois que o pior inicial já passou, abordando aspectos a longo prazo e que frequentemente levam semanas ou meses para recuperar ou reconstruir.

Capítulo 10, "Próximos passos" – então, apesar dos seus melhores esforços de prevenção, você foi mesmo vítima de *ransomware*. O Capítulo 10 traz as lições que você precisa tirar e as mitigações que precisa implementar para prevenir que isso aconteça de novo. Muitas vítimas de *ransomware* pulam esse passo e muitas vezes acabam sendo atacadas outra vez, geralmente com resultados ainda piores. Aprenda o que você precisa saber e fazer para se tornar mais resiliente contra o *ransomware*.

Capítulo 11, "O que não fazer" – saber o que não fazer numa emergência é tão importante quanto saber o que fazer. Muitas vítimas de *ransomware* tornam a situação ainda pior ao cometerem erros cruciais já de início. O Capítulo 11 examina as coisas que uma organização deve evitar para não piorar a situação em que já se encontram.

Capítulo 12, "Futuro do *ransomware*" – o Capítulo 12 aborda o futuro provável do *ransomware*, como ele evoluirá e o que será finalmente necessário para derrotá-lo para sempre.

COMO ENTRAR EM CONTATO COM A EDITORA OU COM O AUTOR

A Wiley se esforça para mantê-lo abastecido com as mais recentes ferramentas e informações que você precisa para o seu trabalho. Por favor, confira o nosso *site*, em www.wiley.com/go/ransomwareprotectionplaybook, onde postaremos conteúdos adicionais e atualizações que suplementam este livro, caso surja a necessidade.

Se você tiver quaisquer dúvidas, sugestões ou correções, fique à vontade para me contatar em roger@banneretcs.com.

Sumário

PARTE I – Introdução

1 Introdução ao *ransomware* 3
2 Prevenção de *ransomware* 57
3 Seguro cibernético 87
4 Considerações legais 115

PARTE 2 – Detecção e recuperação

5 Plano de resposta a *ransomware* 137
6 Detecção de *ransomware* 157
7 Minimização de danos 179
8 Primeiras respostas 197
9 Recuperação do ambiente 221
10 Próximos passos 237

11 O que não fazer 253
12 O futuro do *ransomware* 263

- Índice 277

PARTE 1

Introdução

- **1** Introdução ao *ransomware*
- **2** Prevenção de *ransomware*
- **3** Seguro cibernético
- **4** Considerações legais

1

Introdução ao *ransomware*

Este capítulo é uma introdução geral ao *ransomware*, começando pelo básico e avançando para uma discussão mais madura sobre todos os recursos e componentes que tornam essa ameaça tão poderosa nos dias de hoje. Você aprenderá que boa parte da indústria do *ransomware* é conduzida mais como um ramo corporativo profissional e menos segundo a percepção tradicional de alguns bandidos ou gangues escondidos em porões, bebendo energéticos altamente cafeinados e cercados por embalagens vazias de salgadinho. Na verdade, o mais provável é encontrar CEOs, folhas de pagamento, desenvolvedores profissionais e parceiros comerciais. Ao final, você terá uma ótima compreensão do *ransomware* atual, do que ele é capaz e de como age e dos árduos desafios para vencê-lo.

> Nota ao leitor: este é o capítulo mais longo do livro.

QUAL É A GRAVIDADE DO PROBLEMA?

Ao falarem com a imprensa, muitos especialistas do ramo parecem competir entre si para empregar os superlativos mais exagerados ao comentarem sobre *ransomware*. Contudo, pela primeira vez no mundo da segurança computacional, as estatísticas e a reputação assustadora são bem-merecidas. Já tivemos outras péssimas e longas fases de *malware* causando danos, como dos vírus em *boot* de DOS, vírus que formatavam discos rígidos como o Michelangelo (1992), *worms* que derrubavam sistemas de *e-mail* e *pager* como o Iloveyou (2000), *worms* de contágio rápido e capazes de comprometer bases de dados como o SQL Slammer (2003), ameaças que se espelhavam via *pendrive* como o Conficker (2008), *bots* de *spam* e os criptomineradores que exaurem recursos. Faz tempo que convivemos com *malware* causador de danos, mas nenhuma ameaça anterior gerou as perdas e as interrupções operacionais como as causadas por *ransomware*. Isso simplesmente não encontra paralelo na história humana, o que não é uma hipérbole. Talvez este seja o evento causador de um ponto de virada, finalmente forçando um aumento significativo da segurança na internet.

Por mais que os problemas causados por *ransomware* sejam graves, estão se tornando ainda piores. A quantidade de tentativas de ataque contra possíveis vítimas está crescendo. O número de ataques bem-sucedidos está aumentando. Os resgates exigidos por coação estão cada vez mais altos. O percentual de vítimas que pagam resgates vem subindo. O dano geral, financeiro e em outros âmbitos está crescendo exponencialmente. Desde o nascimento da modalidade de *ransomware*, e especialmente desde que o bitcoin surgiu e passou a permitir que ela florescesse, a cada ano esses programas e seus exploradores obtêm mais e mais sucesso. Provavelmente estamos vivendo a época áurea do *malware*, pelo menos do ponto de vista dos bandidos. Eis algumas das últimas estatísticas quando da escrita deste capítulo:

- O FBI informa que está investigando cerca de 100 tipos diferentes de programas de *ransomware* (`https://www.reuters.com/technology/fbi-says-it-is-investigating-about-100-types-ransomware-wsj-2021-06-04/`).
- Ataques de *ransomware* foram bem-sucedidos contra 68% das organizações pesquisadas em um mesmo ano (`https://cyber-edge.com/wp-content/uploads/2021/04/CyberEdge-2021-CDR-Report-v1.1-1.pdf`). Essa cifra por si só é impressionante.
- O mesmo levantamento concluiu que o valor médio dos resgates pagos em 2020 ficou em US$ 166,47 e que 57% das vítimas pagaram o resgate.

- Segundo a empresa especializada Coveware, o valor médio dos resgates pagos no primeiro trimestre de 2021 foi de US$ 220.298 (https://www.coveware.com/blog/ransomware-attack-vectors-shift-as-new-software-vulnerability-exploits-abound). Por que a cifra da Coveware é mais alta do que a do relatório recém-citado? Provavelmente porque seus dados são mais recentes. Quando deparo com uma cifra um tanto baixa, geralmente confiro a data da estatística – que quase sempre é antiga; nesse caso de apenas um ou dois anos atrás. Seja como for, as cifras envolvidas em *ransomware* estão crescendo vertiginosamente com o tempo.
- Até onde sei, o maior resgate já divulgado foi de US$ 40 milhões, mas há muitos na casa dos US$ 5-10 milhões. É bem provável que resgates privados superiores a US$ 40 milhões já tenham sido pagos, mas ainda não chegaram ao meu conhecimento.
- Conforme um relatório de 2019 (https://blog.emsisoft.com/en/34822/the-state-of-ransomware-in-the-us-report-and-statistics-2019/), o custo médio de um incidente de *ransomware* é de US$ 8,1 milhões, levando uma média de 287 dias para a vítima se recuperar.
- Segundo a empresa especializada Emsisoft (https://blog.emsisoft.com/en/38426/the-cost-of-ransomware-in-2021-a-country-by-country-analysis/), US$ 18 bilhões foram pagos globalmente em resgates, e os custos totais estão na casa de centenas de bilhões de dólares... ao ano.

Em resumo, o problema do *ransomware* é bastante grave e só piora com o passar do tempo.

A diversidade de dados sobre *ransomware*

As coisas estão avançando tão depressa no mundo do *ransomware* que é uma corrida maluca tentar se manter atualizado sobre as cifras e estatísticas da área. Diferentes fornecedores e levantamentos em períodos diversos afirmam coisas completamente distintas. Muitos fornecedores de cibersegurança, por exemplo, falam sobre gangues de *ransomware* que ficam vários meses secretamente infiltradas depois de um ataque, para descobrirem a exata quantia que podem pedir como resgate, enquanto outros garantem que a "maioria" dos pedidos de *ransomware* já acontece logo depois de uma invasão ou poucas horas após a infiltração bem-sucedida inicial, e que todas as vítimas recebem uma exigência fixa de resgate. Quem está certo? Provavelmente ninguém. Há pelo menos 100 programas diferentes de *ransomware* codificados por todos os tipos de criminosos, com variados níveis de habilidades e experiência, atacando desde dezenas a centenas de milhares de organizações e indivíduos ao ano. Diferentes grupos especializados também atacam diferentes indústrias, setores e regiões. As cifras e estatísticas só podem variar amplamente.

Até mesmo respostas idênticas podem se basear em números diferentes de uma mesma empresa do ramo. O relatório do primeiro trimestre de 2021 divulgado pela Coveware e mencionado anteriormente afirma que o resgate médio pago foi de US$ 220.298, mas também afirma que a mediana de pagamento de resgate foi de US$ 78.398. As duas cifras parecem bem discrepantes. Essa aparente anormalidade estatística significa que algumas vítimas esporádicas no extremo superior da distribuição estão pagando bem mais do que o restante das vítimas, o que eleva a média geral do conjunto. Ocorre que alguns pagamentos de US$ 5 milhões e US$ 10 milhões acabam tendendo os resultados para cima.

Afinal, se você está tentando descobrir quanto um resgate desse tipo pode custar para a sua empresa, qual valor deve usar para estimar esse cálculo? Depende da sua perspectiva. A resposta mais conservadora se você quer se preparar para a pior das hipóteses é usar a estimativa razoavelmente mais elevada. Mas não é impossível que criminosos venham a pedir uma quantia fora da realidade, caso ataquem sua organização. Certamente nenhuma das organizações coagidas com resgates multimilionários concordaria com a razoabilidade de tais pedidos.

O montante que você teria de pagar dependeria do tipo de programa de *ransomware* usado no ataque, do nível de estrago causado antes da aplicação de um controle de danos e das suas possibilidades de recuperação. E só é possível conhecer esses dados no meio do furacão. É como entrar em uma cirurgia com uma dor horrível do lado esquerdo do abdome e perguntar ao médico qual será o custo da operação antes mesmo de receber a anestesia. Ninguém tem como saber.

Isso posto, quaisquer que sejam as cifras levadas em consideração e quer usem médias, medianas ou números do ano passado, os danos causados por *ransomware* são péssimos e não param de piorar. Os custos totais envolvidos podem facilmente ser de muitos milhões para organizações multimilionárias e de dezenas a centenas de milhões para organizações multibilionárias. Até mesmo resgates mais baixos podem ser devastadores para organizações de menor porte.

Os verdadeiros custos do *ransomware*

Muitos especialistas, ao tentarem destacar a necessidade de defesa contra *ransomware*, precisam mostrar os danos potenciais por eventos desse tipo. Os danos incorridos por uma organização variam drasticamente em relação aos de outra, dependendo de seus respectivos tamanho, fonte de receitas, preparação, valor dos dados envolvidos, gravidade do incidente e capacidade de reagir a cada ataque de *ransomware* específico. Há muitas variáveis em jogo. Um ataque a um indivíduo qualquer em sua casa gerado por um programa bem simples de *ransomware* pode acabar custando menos de mil dólares para limpar o único computador afetado. Já um ataque por outra variante de *ransomware* pode muito bem derrubar a rede inteira por semanas ou meses.

Ainda assim, muitos especialistas em defesa recebem pedidos para estimar custos e ajudar em decisões de gestão de risco de cibersegurança contra *ransomware*, envolvendo comprar ou não seguro de cibernético, atualizar ou não aquele antigo sistema de *backup* ou quanto investir para tentar impedir que ataques desse tipo sejam bem-sucedidos em sua organização. Infelizmente, como já vimos, os riscos e custos impostos por *ransomware* variam enormemente.

Uma das grandes discordâncias que você encontrará entre empresas de defesa e relatórios do ramo envolve o "custo de *ransomware*", ou algo que o valha. Uma empresa como a Cybersecurity Ventures, por exemplo, publica a cifra exorbitante de US$ 20 bilhões em custo *ransomware* no ano de 2021 e afirma que esse valor chegará a US$ 256 bilhões em danos em 2031 (`https://cybersecurityventures.com/global-ransomware -damage-costs-predicted-to-reach-250-billion -usd-by-2031/`). Enquanto isso, é possível encontrar alguém dizendo que esse custo na verdade é de "apenas" alguns milhões de dólares. O respeitadíssimo relatório do FBI intitulado Internet Crime Report (https://www.ic3.gov/Media/PDF/AnnualReport/2020_IC3Report.pdf), por exemplo, afirma: "Em 2020, o IC3 [Internet Crime Complaint Center] recebeu 2.474 queixas identificadas como *ransomware*, com prejuízos ajustados de mais de US$ 29,1 milhões". Desse modo, uma empresa do ramo fala em US$ 20 bilhões em 2021, enquanto outra agência fala em apenas US$ 29,1 milhões em 2020. Duvido que os danos por *ransomware* tenham aumentado mais de 687 vezes em apenas um ano.

A chave para reconciliar essas enormes discrepâncias e identificar qual cifra é mais precisa reside em perceber que muitas vezes se está divulgando coisas muito diferentes. No caso do FBI, seu relatório trata apenas de ataques de *ransomware* que chegaram à sua ciência. As cifras mais altas, na casa dos bilhões, sempre incluem considerações globais.

Seja como for, os números do FBI ainda parecem baixos. Se dividirmos as perdas citadas (US$ 29,1 milhões) pelo número de vítimas, chegaremos à baixíssima média de US$ 11.762 em danos. Não sei ao certo o que os "prejuízos ajustados" do FBI incluem, mas parecem baixos, mesmo que contenham apenas o resgate em si. A maioria dos outros relatórios sobre *ransomware* cita números bem acima de US$ 50 mil a US$ 200 mil apenas em termos do resgate.

Talvez grande parte da diferença esteja na definição de "prejuízos ajustados", que podem incluir apenas perdas contábeis computadas após o recebimento de seguro contra esse tipo de ataque. Um estudo da desenvolvedora de *software* Sophos (https://www.sophos.com/en-us/medialibrary/Gated-Assets/white-papers/sophos-the-state-of-ransomware-2020-wp.pdf) afirma que 64% das vítimas de *ransomware* tinham seguro com cobertura contra esse tipo de ataque. Sendo assim, quase dois terços das vítimas de *ransomware* provavelmente precisaram pagar apenas uma pequena franquia (e não o montante total do resgate), a menos que o resgate e os danos tenham ultrapassado seu limite de cobertura.

Muitos desenvolvedores que divulgam relatórios estatísticos sobre *ransomware* incluem tanto valores de resgate pago quanto o montante total gasto para a vítima voltar ao seu funcionamento normal. Muitos eventos de *ransomware* podem incluir outros custos indiretos que muita gente não leva em consideração e que várias vezes não são listados em relatórios. Se você estiver fazendo um cálculo de avaliação de risco para mitigar *ransomware*, para estimar se pode arcar com um seguro que cubra esse tipo de ataque ou para estimar todos os custos reais gerados por um evento de *ransomware*, leve em consideração os seguintes custos relacionados.

- Quer um evento de *ransomware* tenha ocorrido ou não, custos de:
    - mitigação de *ransomware* para prevenir que ataques sequer cheguem a acontecer;
    - elevação em custos de *backup* e mão de obra para preparar protocolos de recuperação pós-ataque de *ransomware*;
    - prêmios de seguro de cibersegurança, caso existam.
- Em caso de ocorrência de um ataque de *ransomware*, custos de:
    - resgate pago, se for o caso;
    - despesas com recuperação;
    - prejuízos por interrupção de negócios, tanto pela própria vítima quanto na esteira dela;
    - custos legais e de investigação;
    - alterações do quadro de pessoal, adições/deleções/mudanças, se existirem;
    - lentidão de produtividade devido a novos procedimentos e proteções, se existirem;
    - dano à reputação;
    - preparações adicionais de defesa para mitigar próximos ataques;
    - franquia/taxas de seguro cibernético.

Quando levamos em conta todos os custos associados com a recuperação após um ataque de *ransomware*, podemos perceber que eles podem ir bem além do mero pagamento de um resgate e da incorrência em "danos de recuperação". Em outras palavras, impedir que um ataque de *ransomware* sequer chegue a ocorrer sempre é a alternativa mais barata.

TIPOS DE *RANSOMWARE*

Não existe um tipo singular de *ransomware*, embora a maioria dos programas compartilhe características em comum, as quais acabamos associando a ideia geral de *ransomware*, incluindo:

- trata-se de um programa de *software* malicioso (*malware*);
- invade ou é secretamente inserido no(s) computador(es) ou dispositivo(s) da vítima;
- tem a capacidade de criptografar arquivos;
- exige um resgate para fornecer a(s) chave(s) de criptografia.

Desde o primeiríssimo programa de *ransomware*, o cavalo de Troia PC Cyborg, de 1989, abordado na introdução deste livro, a maior parte dos programas tradicionais de *ransomware* seguiu esse padrão básico pelas duas primeiras décadas de sua existência. Mas o *ransomware* mudou com o tempo. Hoje existem muitos tipos diferentes, e enquanto este livro está sendo escrito, significativas mudanças evolutivas seguem acontecendo. Ao compreendermos os diferentes tipos, podemos perceber a cada ataque efetuado que a modalidade de *ransomware* não é monolítica e podemos nos preparar melhor para qualquer variação. Eis os tipos e as características diferentes dos vários programas de *ransomware*:

- *ransomware* falso;
- de ação imediata *versus* ação retardada;
- automático ou direcionado por humanos;
- impacto sobre um dispositivo isolado ou sobre múltiplos dispositivos;
- cavalo de Troia *versus worm*;
- criptografia de arquivos *versus* infecção de *boot*;
- boa *versus* má criptografia;
- infecção *versus* mais *payloads*;
- *ransomware* como serviço.

Ransomware falso

Nem todo *malware* que se diz *ransomware* realmente está criptografando arquivos e tomando o controle definitivo sobre o computador de alguém. Existem muitos programas de *malware* bem menos sofisticados e também subaplicativos (*applets*) simples em JavaScript que alegam ser *ransomware*, mas que são simplesmente falsos. Não estão criptografando coisa nenhuma. Esse tipo é geralmente conhecido como **scareware**.

Ele costuma assumir o poder sobre uma sessão atual de navegação de uma pessoa na internet de tal modo que a vítima-alvo pode acabar achando que perdeu o controle sobre seu computador ou telefone e que precisa pagar o resgate para retomá-lo. As exigências falsas de *ransomware* geralmente são comunicadas mediante um aviso de que a vítima foi filmada fazendo alguma coisa embaraçosa (assistindo a pornografia, etc.) ou algo ilegal (assistindo a pornografia infantil, deixando de pagar impostos devidos por lei, etc.). A Figura 1.1 mostra um aviso falso de *ransomware* desse tipo, alegando envolver o Departamento de Justiça dos Estados Unidos *e* o Federal Bureau of Investigations (FBI).

Avisos de *ransomware* falso também são populares em mídia de dispositivos móveis. Você pode duvidar que alguém se deixaria enganar por um aviso como esse, mas há décadas um certo percentual de pessoas vem pagando resgates exigidos por programas de *ransomware* falso. Já houve inúmeros casos de suicídio e no mínimo um caso de homicídio seguido de suicídio (`https://hotforsecurity.bitdefender.com/blog/romanian-man-commits-suicide-and-kills-his-4-year-old-after-falling-for-police-ransomware-8168.html`) por vítimas que acreditaram nos avisos de *ransomware* falso e que se sentiram envergonhadas por suas supostas ações. É muito triste.

Em muitos casos de *ransomware* falso, tudo que a vítima precisa fazer é descobrir um jeito de remover o programa do seu computador. Este é o tipo mais fácil de remover, pois geralmente basta reiniciar o programa do navegador afetado, embora isso possa dar algum trabalho, já que o programa de *ransomware* falso "assume o controle" do navegador. Algumas vítimas desse tipo de ataque conseguem facilmente fechar seus navegadores afetados, enquanto outras precisam encontrar um modo de forçar seu encerramento.

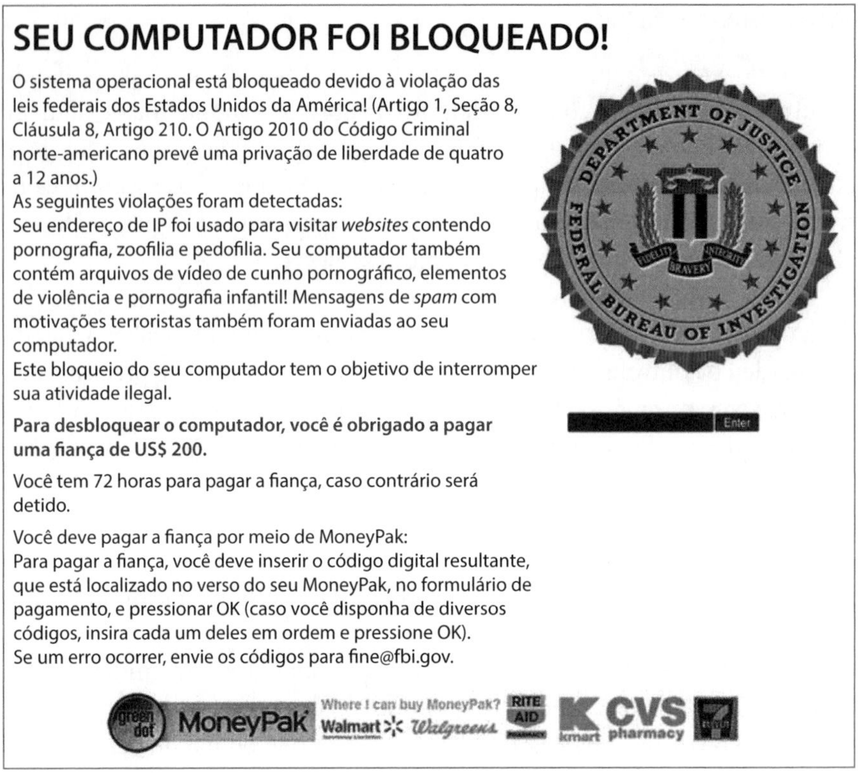
SEU COMPUTADOR FOI BLOQUEADO!
O sistema operacional está bloqueado devido à violação das leis federais dos Estados Unidos da América! (Artigo 1, Seção 8, Cláusula 8, Artigo 210. O Artigo 2010 do Código Criminal norte-americano prevê uma privação de liberdade de quatro a 12 anos.)
As seguintes violações foram detectadas:
Seu endereço de IP foi usado para visitar *websites* contendo pornografia, zoofilia e pedofilia. Seu computador também contém arquivos de vídeo de cunho pornográfico, elementos de violência e pornografia infantil! Mensagens de *spam* com motivações terroristas também foram enviadas ao seu computador.
Este bloqueio do seu computador tem o objetivo de interromper sua atividade ilegal.
Para desbloquear o computador, você é obrigado a pagar uma fiança de US$ 200.
Você tem 72 horas para pagar a fiança, caso contrário será detido.
Você deve pagar a fiança por meio de MoneyPak:
Para pagar a fiança, você deve inserir o código digital resultante, que está localizado no verso do seu MoneyPak, no formulário de pagamento, e pressionar OK (caso você disponha de diversos códigos, insira cada um deles em ordem e pressione OK).
Se um erro ocorrer, envie os códigos para fine@fbi.gov.
DEPARTMENT OF JUSTICE
FEDERAL BUREAU OF INVESTIGATION
Enter
green dot
MoneyPak
Where I can buy MoneyPak?
Walmart
Walgreens
RITE AID
kmart
CVS pharmacy

Figura 1.1. Exemplo de captura de tela de *scareware*.

No Microsoft Windows, pode ser preciso pressionar Ctrl-Alt-Del, iniciar o Gerenciador de Tarefas e encerrar o(s) processo(s) envolvido(s).

Caso não seja possível fechar ou reiniciar o navegador, às vezes basta dar um *reboot* na máquina, desde que o programa de *ransomware* falso não tenha modificado arquivos locais do computador. Em minha experiência prática, em sua maioria os programas de *ransomware* falso podem ser erradicados fechando o navegador ou reiniciando o dispositivo afetado; no entanto, se o seu navegador está configurado para abrir automaticamente após um reinício, pode dar mais algum trabalho desabilitar essa função automática.

Caso o programa de *ransomware* falso tenha conseguido modificar arquivos locais do dispositivo, sendo, portanto, capaz de reaparecer automaticamente e tomar o controle após um *reboot*, então o usuário terá de encontrar outro método para driblar o processo normal de *boot* para remover os arquivos de *ransomware* falso e suas instruções de inicialização. Em um computador rodando Microsoft Windows, isso normalmente exige um *boot* em Modo de Segurança, para então encontrar e deletar o arquivo malicioso e/ou as entradas de registro.

Para quem tem experiência em lidar com programas verdadeiros de *ransomware*, é possível identificar um certo "visual" nos programas de *ransomware* falso que é diferente dos reais. Muitas vezes, as versões falsas tentam, por exemplo, sugerir que capturaram ações antiéticas ou ilegais da vítima ou que descobriram suas senhas e que causarão mais danos se a vítima não pagar certa quantia (este último cenário é algo que um *ransomware* verdadeiro é capaz de fazer, mas não costuma manifestar durante a interação inicial). Assim, se você encontrar um aviso de *ransomware* se esforçando para alegar que gravou suas ações, o mais provável é que se trate de *scareware*, e não de um verdadeiro *ransomware*.

Alguns programas nocivos de *malware* estão mais para *scareware* do que verdadeiro *ransomware*, embora se saiam um pouco melhor em seu fingimento. O StrRAT, por exemplo, não criptografa arquivos, mas é de fato capaz de renomeá-los e de adicionar a eles uma extensão de arquivo.`crimson (https://latesthackingnews.com/2021/05/24/microsoft-warns-of-fake-ransomware-strrat-that-is-actually-a-potent-malware/)`. Em um sistema Microsoft Windows, quando um arquivo é renomeado com uma extensão ilegítima, ele passa a ser representado por um ícone inválido, que não abre ou não é executado normalmente, o que em geral pode induzir muitas vítimas a acharem erroneamente que um evento real de *ransomware* está ocorrendo. No entanto, em casos desse tipo, basta renomear o arquivo com o seu nome completo original para torná-lo operacional de novo. Os arquivos em si não estão verdadeiramente criptografados e não exigem uma chave criptográfica para serem restaurados. Quando você suspeitar desse tipo de *malware*, não custa abrir um desses arquivos "criptografados" cujo conteúdo você conhece, bastando renomeá-lo com sua extensão original e conferindo se você ainda é capaz de lê-lo. Em geral, isso pode ser feito como teste em arquivos verdadeiramente criptografados sem causar danos adicionais.

Do outro lado do espectro, há programas de *malware* que afirmam ter criptografado arquivos que serão liberados em troca de um resgate, mas sem jamais cumprirem essa promessa. O ataque pelo NotPetya (`https://`

en.wikipedia.org/wiki/2017_cyberattacks_on_Ukraine) na Ucrânia é um ótimo exemplo, tendo afetado centenas de milhares de computadores, sobretudo no país de origem. Ao ser executado, informava que liberaria os arquivos criptografados se um resgate fosse pago (veja uma captura de tela dessa mensagem na Figura 1.2). Na verdade, porém, jamais liberava os arquivos, mesmo que o resgate fosse pago. A informação na mensagem era um mero subterfúgio para confundir as vítimas e causar danos mais duradouros até que elas percebessem que a liberação prometida mediante o resgate jamais chegaria.

Programas de *malware* capazes de dar *boot* em setores e arquivos sem a intenção de permitir uma fácil recuperação são conhecidos como programas *wiper*. O NotPetya era um programa *wiper*, não um *ransomware*, embora seja muitas vezes classificado e mencionado como se fosse de fato *ransomware*. Isso ocorre porque boa parte do código do NotPetya foi tomado emprestado de outro verdadeiro programa de *ransomware* conhecido como Petya. Contudo, o programa de *ransomware* Petya foi modificado para se

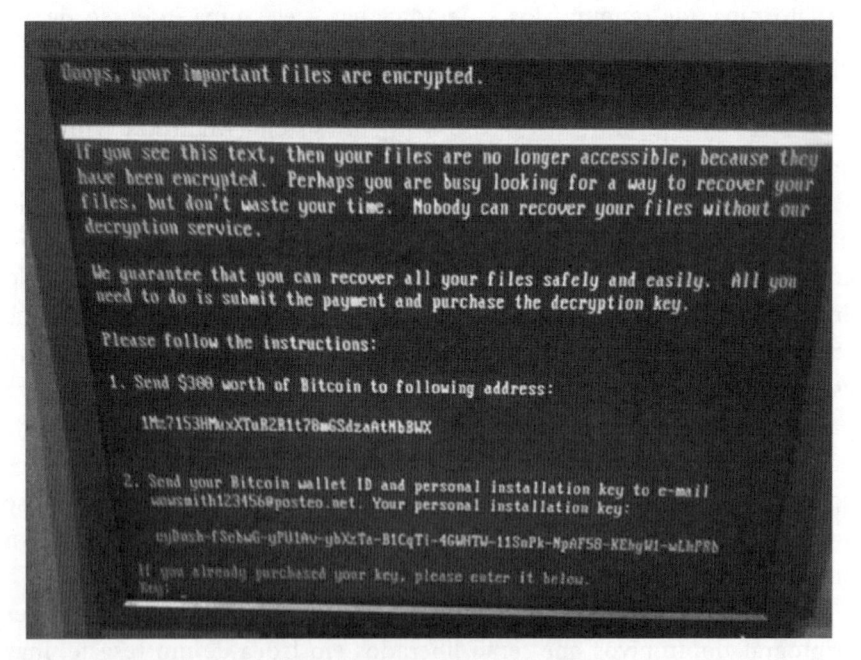

Figura 1.2. Captura de tela do NotPetya ativado e afirmando ser um *ransomware*. Cortesia da Wikipedia.

tornar um programa *wiper*, o que explica em parte porque ficou conhecido como NotPetya. Quando um programa exige um resgate, mas jamais recebe o resgate para liberar os arquivos criptografados, então está carecendo da parte mais importante do *ransomware*... o resgate!

Ação imediata *versus* ação retardada

Em seus primórdios, a maioria dos programas de *ransomware* atacava e criptografava arquivos assim que era executada. Até poucos anos atrás, cerca de 70% dos programas de *ransomware* agiam assim. Programas de *ransomware* de ação imediata são mais fáceis de redigir, têm menos chances de ser detectados antes de executar seu *payload* (carga útil) e resultam em pagamentos mais ágeis, já que costumam causar menos dano e exigir resgates mais baixos. Também são conhecidos como **malware de ação direta**.

Atualmente, programas de *ransomware* de ação imediata são a minoria. A partir do final de 2019, cavalos de Troia de ação imediata passaram a ser menos comuns. Ainda são inúmeros (são mais fáceis de redigir), mas hoje a maior parte dos programas de *ransomware* "hiberna" por alguns dias, meses ou até anos antes de executar seus *payloads*. Mais adiante, abordaremos esse assunto em mais detalhes na seção "Típicos processos e componentes de *ransomware*". A Figura 1.3 exibe um exemplo de programa comum de *ransomware* de ação imediata conhecido como Cryptic.

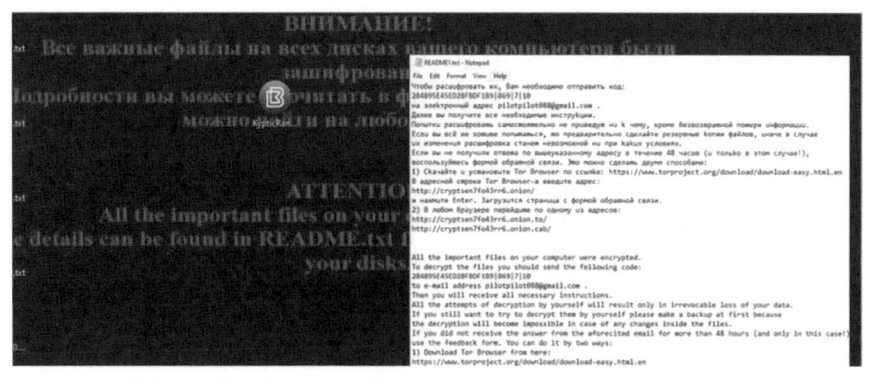

Figura 1.3. Captura de tela do *ransomware* de ação imediata Cryptic.

Obs.: Uma versão maior dessa figura encontra-se disponível para *download* em `www.wiley.com/go/ransomwareprotectionplaybook`

Baixei esse programa de um *website* que hospeda *malware*, para usá-lo em um webinário que estava apresentando. Fiquei literalmente surpreso de ter encontrado um programa de *ransomware* que foi executado e travou o ambiente de teste da máquina virtual que eu estava usando em menos de 15 segundos. Embora não seja possível ver diretamente os arquivos criptografados, ficam expostos os arquivos TXT recém-criados, que são os avisos de *ransomware* em cirílico e em inglês. Alguns programas de *ransomware* de ação imediata também desempenham rapidamente outros *payloads*, como coletar senhas e enviá-las para a gangue de *hackers*, antes de criptografar arquivos. *Malware* de ação direta é automatizado para cumprir aquilo que foi programado para fazer em questão de segundos.

Outro programa de *ransomware* de ação direta é o chamado Kolz (`https://heimdalsecurity.com/blog/kolz-ransomware/`). Ele criptografa arquivos, adiciona uma extensão a todos os arquivos criptografados e então exige que a vítima envie entre US$ 490–980 ao criminoso responsável para poder receber a chave de criptografia.

No entanto, fica claro que cada vez mais programas de *ransomware* estão levando mais tempo dentro dos dispositivos e redes das vítimas sem serem detectados, por maior que seja seu período de hibernação. Isso é preocupante no mínimo em dois níveis cruciais. Em primeiro lugar, quanto mais um *malware* passa hibernando, maior é o risco de dano. Ao agir assim, o programa de *malware* tem mais tempo para ficar bisbilhotando, capturar senhas e se espalhar para outros computadores. Quanto maior é o período de hibernação de um *malware*, maior é o risco para a vítima.

Em segundo lugar, isso indica um enorme problema nas defesas de cibersegurança. A maioria das pessoas e das organizações conta com defesas antivírus atualizadas, envolvendo algum tipo de programa que vasculha de maneira proativa novos arquivos e conteúdos recém-chegados em busca de marcadores ou atividades maliciosas. E a grande maioria dos ataques de *ransomware* ainda encontra sucesso, apesar da presença de programas antivírus atualizados. Na verdade, a maior parte das organizações afetadas providencia tudo aquilo que parece necessário para combater com êxito *hackers* e *malware* e ainda assim está sendo explorada. Muitas delas acham que estão fazendo um "bom trabalho" em segurança computacional. Contam com programas antivírus, *firewalls*, aplicação de *patches* e assim por diante e, apesar disso tudo, continuam sendo invadidas por *malware* e por *hackers*.

Se há uma coisa que o *ransomware* nos ensinou e que pode ser visto sob o lado positivo é a exposição de que a maioria das organizações não dispõe de *backups* confiáveis e rigorosos. Desde que os computadores passaram a existir, todas as organizações foram aconselhadas ou exigidas a ter *backups* bons, sólidos e confiáveis. Donos de computadores recebem essa recomendação não apenas diante de *ransomware*, mas frente a qualquer desastre ou evento que venha a perturbar os negócios. E a maioria das organizações achava que dispunha de bons *backups*, chegando inclusive a repassar essa ideia a seus auditores de *compliance*. No entanto, com o advento do *ransomware*, dos arquivos criptografados e das exigências de resgate em troca de chaves de criptografia, muitas das organizações vítimas se deram conta de que não dispunham de *backups* bons e confiáveis, pelo menos não na escala necessária para combater um ataque indiscriminado à empresa como um todo. Além do mais, muitas organizações até contavam com *backups* confiáveis, mas descobriram que não estavam tão protegidas quanto poderiam quando gangues de *ransomware* deletaram tais *backups* antes de acionarem a criptografia. Em geral, o *ransomware* serviu como um claríssimo sinal de alerta de que muitas, senão a maioria, das organizações não dispunham dos *backups* sólidos e amplos que alegavam ter a todos aqueles interessados em seus negócios. Contar com sistemas de *backup* confiáveis pode ser bastante útil em muitos outros tipos de eventos, como na recuperação pós-desastres.

Ransomware automático ou direcionado por humanos

A variação entre *malware* automático ou direcionado por humanos representa uma das mudanças mais significativas na maturidade de *ransomware* (e na verdade em todos os tipos de *malware*) na última década. O *malware* tradicional fazia aquilo que era programado para fazer. Não podia atuar de nenhuma outra maneira que não aquela programada. Até mesmo o *ransomware* com ações retardadas muitas vezes é programado desse jeito. O primeiro programa do gênero, por exemplo, o cavalo de Troia AIDS Cyborg, era programado para obscurecer arquivos e pastas cerca de 90 *reboots* depois de sua execução inicial. Mas quanto a isso, não tinha qualquer flexibilidade; fazia o que era programado para fazer.

Atualmente, boa parte dos programas de *malware* e a maioria dos de *ransomware* utilizam algum método automatizado, como um cavalo de Troia ou um *worm*, para invadir e estabelecer um "território" de acesso a um dispositivo e/ou ambiente. Em seguida, permite que adversários humanos cheguem, assumam o controle e conduzam suas ações futuras. O *ransomware* direcionado por humanos veio para mudar o jogo e é muito mais perigoso e insidioso. Afinal de contas, humanos, ao contrário de programas automatizados, são capazes de modificar suas táticas, suas capacidades ofensivas e suas defesas no improviso, conforme as circunstâncias e os cenários vão mudando. Um *hacker*, por exemplo, pode invadir, vasculhar uma caixa de *e-mail*, descobrir informações importantes e então usá-las para extorquir um pagamento mais alto. Ou então um invasor humanamente direcionado pode lançar programas de *malware* adicionais, como o Trickbot, para coletar a maior quantidade que conseguir de senhas antes de causar os problemas de criptografia. *Malware* direcionado por humanos e com capacidade de hibernação representa um problema bem mais grave do que simples programas de *ransomware* de ação direta. No fim deste capítulo, voltaremos a abordar esse assunto.

Impacto sobre um dispositivo isolado ou sobre múltiplos dispositivos

Programas de *ransomware* antigos e simples afetam apenas o dispositivo em que foram originalmente executados. Hoje, a maior parte desses programas ou afeta diretamente mais dispositivos ou permite que adversários humanos explorem e comprometam mais bens. Considere-se sortudo se o programa de *ransomware*, como o Cryptic, que foi mostrado na Figura 1.2, criptografar apenas o computador em que está localizado.

Anos atrás, programas de *ransomware* que exploravam mais computadores o faziam ao coletar credenciais administrativas de *logon* da memória de um computador. Isso costumava acontecer com computadores Microsoft Windows conectados a redes gerenciadas por Microsoft Active Directory. O programa de *ransomware* utilizava *keyloggers* ou programas como Trickbot, Mimikatz ou Wince para roubar senhas ou *hashes* de senhas para credenciais administrativas de *logon* da memória ou de um arquivo, que usavam então para se espalhar por mais dispositivos por meio das credenciais roubadas.

Hoje em dia, o *ransomware* é capaz de usar esses mesmos métodos automatizados, ou então adversários humanos podem entrar no ambiente explorado, bisbilhotar e usar várias ferramentas e *scripts* para coletar os tipos de credenciais que estão procurando a fim de explorar computadores adicionais (ou seja, movimento lateral). A maioria dos programas atuais de *ransomware* explora e criptografa múltiplos computadores ao mesmo tempo, pois isso aumenta as chances e os montantes de um pagamento de resgate. Já ouvi falar de centenas a dezenas de milhares de computadores sendo travados ao mesmo tempo. Mesmo quando menos da metade dos computadores de uma organização está sendo criptografada, ela precisa partir do princípio de que todos estão comprometidos. A organização precisa limpar ou atestar que todos os computadores estão seguros antes de voltar a confiar neles.

A capacidade que muitas gangues de *ransomware* têm de explorar e criptografar múltiplos computadores simultaneamente significa que qualquer vítima explorada precisa supor a pior das hipóteses antes que cada computador potencialmente acessível seja investigado e considerado limpo. É comum ouvir falar de conglomerados globais inteiros serem tirados do ar depois que uma mera divisão local é realmente afetada.

Isso aconteceu com o infame ataque à Colonial Pipeline (`https://en.wikipedia.org/wiki/Colonial_Pipeline_cyber_attack`). Segundo relatos da imprensa, o *ransomware* afetou diretamente apenas o sistema de cobrança da Colonial, mas sistemas operacionais muito mais amplos tiveram de ser tirados do ar até que o setor de cobranças fosse retomado e que a empresa tivesse confirmado que podia reabrir o oleoduto com segurança. Além disso, o fechamento do oleoduto gerou problemas no abastecimento de gasolina que não estavam diretamente relacionados com o ataque. Houve, por exemplo, uma corrida em massa aos postos de gasolina em partes da Flórida que não eram atendidas pelo gasoduto e que não tiveram qualquer interrupção, simplesmente porque os consumidores passaram a temer que as bombas secassem. Pessoas em países distantes e não afetados, como a Holanda, foram alertadas de que poderiam sofrer interrupções devido ao ataque. Isso mostra que mesmo incidentes de *ransomware* afetando um pequeno percentual de computadores de uma organização podem causar grandes problemas.

Mesmo quando você acha que sofreu um ataque de ação direta de *ransomware* sobre um computador isolado, como pode ter certeza disso? O cálculo de risco de uma organização torna-se muito mais complicado pela mera existência de *ransomware* envolvendo múltiplos dispositivos, mesmo que haja apenas a ameaça dessa possibilidade.

Ransomware de *exploit* de causa-raiz

Os *hackers* podem empregar inúmeros métodos para infiltrar *ransomware* em uma organização, incluindo:

- engenharia social;
- *malware*;
- *software* sem *patch*;
- exploração de configurações falhas;
- chute de senhas;
- uso de senhas de vítimas previamente comprometidas;
- infecções via *pendrive*;
- parceiros confiáveis comprometidos.

O método mais comum para espalhar *ransomware* é por meio da disseminação e da execução de um programa cavalo de Troia mediante a engenharia social de *e-mail* ou mensagem de *pop-up* de *websites*. Na maior parte do tempo, a engenharia social é responsável pela grande maioria dos ataques de *ransomware* (embora haja outros métodos preferenciais em certos períodos).

Também há programas de *ransomware*, como o WannaCry (`https://en.wikipedia.org/wiki/WannaCry_ransomware_attack`), que se espalham como *worms*. Um *worm* de computador utiliza sua própria codificação, geralmente procurando e explorando um *software* sem *patch* ou indo atrás de configurações falhas que seja capaz de explorar. O WannaCry, em particular, saía em busca e explorava versões sem *patches* do Microsoft Windows que eram suscetíveis ao *exploit* Server Message Block (SMB) "Azul Eterno". O SMB é o protocolo subjacente a compartilhamentos de arquivos do Windows e muitos outros de seus mecanismos de bastidores. Esse *exploit* foi descoberto pela Agência Americana de Segurança Nacional (NSA), depois foi roubado por um ou mais grupos de *hackers*, sendo usado por fim no WannaCry, no NotPetya e em outros programas de *malware*.

Programas de *ransomware* baseados em *worm* são bem menos populares do que as versões baseadas em cavalos de Troia, mas eles são propensos a se espalhar mais depressa, dependendo de sua agressividade, de sua capacidade de explorar dispositivos e da quantidade de dispositivos acessíveis em geral. A engenharia social tem o potencial de funcionar com as mais diversas plataformas e não precisa depender de vulnerabilidades por falta de *patches* para ser bem-sucedida.

> Programas de *ransomware* que agem como vírus de computador, infectando outros arquivos e os utilizando para se espalhar são raros ou inexistentes. Em geral, os vírus de computador são menos usados em *malware*, já que são mais difíceis de redigir e de operar em uma gama de cenários. Em razão disso, a maioria dos programas de *ransomware* consiste em cavalos de Troia ou *worms* baseados em engenharia social.

Criptografia de arquivos *versus* infecção de *boot*

Um *ransomware* geralmente criptografa a maioria dos arquivos (ou arquivos com extensões selecionadas) que consegue encontrar no computador hospedeiro explorado. A maioria desses programas deixa os arquivos e processos de *boot* do computador intocados, a fim de que sigam rodando bem o suficiente para comunicar o que aconteceu, informar sobre o pedido de resgate e possivelmente permitir que a chave de descriptografia seja rodada para destravar os arquivos afetados. Alguns programas de *ransomware* criptografam de tudo, até mesmo os arquivos de *boot*, mas deixam funções remanescentes apenas para que os destinatários descubram o que aconteceu.

Outros programas de *ransomware*, como o Petya (`https://en.wikipedia.org/wiki/Petya_(malware)`), criptografam somente os arquivos de *boot* de um sistema operacional, como o *master boot record* (MBR) ou outros arquivos críticos relacionados do sistema (como o *file system table*). Em muitos casos, como todos os demais arquivos envolvidos não estão verdadeiramente criptografados, isso pode aumentar as chances de uma recuperação completa ou parcial sem que o resgate seja pago ou que as chaves de descriptografia sejam usadas. No entanto, quando arquivos ou *file tables* de *boot* estão criptografados, isso apaga a localização dos arquivos e todos seus setores relacionados no disco. Os arquivos e pastas ainda estão lá em seu estado não criptografado, mas pode ser difícil encontrá-los e reconstruí-los. Por si só, a criptografia de arquivos de *boot* ou de *file system table* provavelmente será desastrosa para a vítima de um verdadeiro *ransomware* criptográfico, embora haja maior chance (mas ainda pequena) de que a vítima venha a recuperar os arquivos criptografados e seu conteúdo novamente.

É mais difícil um programa de *malware* infectar arquivos de *boot* e *file system tables* corretamente do que criptografar arquivos e pastas. Já houve casos em que o programa de *ransomware* não criptografou corretamente os arquivos de *boot* ou *file system tables*, ficando impedido de ser executado como previsto. Chegou a mostrar um aviso de *ransomware*, mas não afetou o sistema de nenhuma outra forma. Em outros casos, especialistas em recuperação de dados foram capazes de recuperar ou usar cópias adicionais do setor de *boot* ou dos *file system tables* que um sistema operacional cria para restaurar as porções criptografadas a seus estados pré-ataque.

Isso quer dizer que, embora *ransomware* de criptografia de arquivos de *boot* ou *file system tables* sejam danosos, não são tão problemáticos e tecnicamente desastrosos de recuperar quanto um verdadeiro *ransomware* de criptografia de arquivos em geral. Uma vez atacadas por *ransomware* sem poder recorrer a *backups*, algumas vítimas torceriam para que o *ransomware* envolvido fosse apenas de criptografia de arquivos de *boot* ou *file system table*. Se a vítima tiver informações específicas que queira recuperar, terá maior chance nesse caso.

Também há muitos programas de *ransomware* que buscam apenas criptografar tipos específicos de arquivos, geralmente nos formatos Microsoft Office (como o `.docx` do Microsoft Word, o `.xlsx` do Microsoft Excel, etc.). O raciocínio do *hacker* é que desse jeito ele pode criptografar mais dados mais rapidamente usando um menor número de arquivos e, ainda assim, receber seu pagamento, o que frequentemente é verdade. Dados criados pelo usuário são mais valiosos do que arquivos comuns e estáticos do sistema operacional.

Boa *versus* má criptografia

Seja como for que um programa de *ransomware* criptografe arquivos, é importante entender qual tipo de criptografia ele usa. Alguns programas antigos de *ransomware*, como o cavalo de Troia PC Cyborg, agem mais por ofuscação do que por verdadeira criptografia – o que, às vezes, ainda ocorre nos dias de hoje. Alguns programas menos sofisticados de *ransomware* ou aplicam táticas de ofuscação, em vez de boa criptografia, ou então usam má criptografia mesmo. Boa criptografia é difícil de produzir. Até mesmo os criptógrafos mais treinados e preparados do mercado têm dificuldade em desenvolver programas de criptografia bons, novos e confiáveis.

No mundo do *ransomware*, os primeiros programas usavam ofuscação e codificação de fundo de quintal (i.e., com má criptografia). A maior parte desses esforços iniciais podia ser revertida sem grande trabalho por parte de um criptógrafo treinado ou mesmo por uma pessoa comum sem treinamento (que entendesse o que estava acontecendo e que soubesse ao menos um pouco de programação).

Atualmente, a maioria dos programas de *ransomware* utiliza criptografia de boa qualidade e bem aceita, como RSA e Advanced Encryption Standard (AES). Arquivos criptografados por programas competentes geralmente não podem ser desencriptografados sem a chave adequada. Ainda assim, se a vítima tiver sorte, às vezes a criptografia não é das melhores, e os arquivos podem ser desencriptografados sem a(s) chave(s). Também há versões menos sofisticadas de *ransomware* por aí. Às vezes as mesmas chaves são usadas por todas as versões de um mesmo programa de *ransomware*; nesse caso, basta uma vítima descobrir quais chaves são essas para que todos os afetados possam usá-las, caso sejam divulgadas publicamente, sem a necessidade de pagar o resgate. Existem muitos *websites* dedicados ao compartilhamento de chaves de *ransomware* para esses tipos de programas que usam sempre as mesmas chaves (trataremos mais desse assunto nos próximos capítulos).

> É fundamental descobrir qual programa de *ransomware* e em que versão é responsável por um ataque para logo poder determinar se um resgate precisa de fato ser pago para recuperar os arquivos criptografados.

Infecção *versus* mais *payloads*

Nos "bons e velhos tempos", um *ransomware* apenas criptografava arquivos, o que valeu até o fim de 2019. A partir de outubro desse ano, um certo programa de *ransomware* chamado Maze começou a ameaçar compartilhar publicamente dados exfiltrados. Alguns meses antes, a mesma gangue de *ransomware* já vinha fazendo algumas ameaças de publicar dados roubados se não recebesse pagamentos, mas ainda não as tinha cumprido. Então, em novembro de 2019 (`https://www.bleepingcomputer.com/news/security/allied-universal-breached-by-maze-ransomware-stolen-data-leaked/`), o Maze finalmente cumpriu a ameaça e divulgou dados roubados de uma vítima em diversos locais, incluindo no seu *site* pessoal e no Wikileaks. Logo em seguida, a prática se tornou comum. A Figura 1.4 mostra um exemplo do mundo real de arquivos roubados de um escritório de advocacia, com as evidências colocadas na *dark web* e com um aviso de extorsão.

Essa nova tática de exfiltração de dados levou o Maze a ter mais sucesso em receber pagamentos. Na sequência, outros grupos de *ransomware*, percebendo o sucesso do Maze, seguiram esse caminho. Em poucos meses, o REvil/

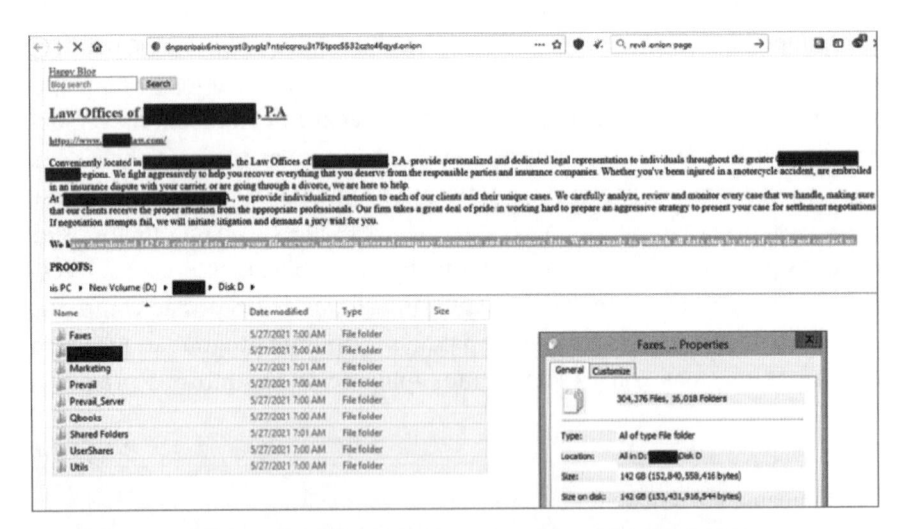

Figura 1.4. Uma demanda de resgate do mundo real por extorsão de dados.
Cortesia de Erich Kron.

Obs.: Uma versão maior desta figura está disponível para *download* em `www.wiley.com/go/ransomwareprotectionplaybook`

Sodinokibi e o Zeppelin começaram a usar essa tática. O que a princípio era uma gangue isolada usando esse subterfúgio logo se transformou na estratégia primordial do ramo. Ao final de 2020, mais de 70% de todos os ataques de *ransomware* estavam empregando exfiltração de dados como técnica principal; no primeiro trimestre de 2021, eram mais de 77%; e em meados de 2021, é provável que esse percentual tenha ultrapassado 80% (`https://www.coveware.com/blog/ransomware-attack-vectors-shift-as-new-software-vulnerability-exploits-abound`). Isso mostra que você tem muito mais chances de ser alvo de um programa de *ransomware* que exfiltra seus dados confidenciais antes de criptografá-los do que por algum que se atém à criptografia. Muita gente na mídia começou a chamar essa tática de **dupla exploração**, mas a verdade é ainda pior.

Gangues de *ransomware* estavam cansadas de não serem pagas porque suas vítimas tinham bons *backups* e perceberam que o trunfo que o condutor de um *ransomware* tinha não era a capacidade de criptografar arquivos, e sim o acesso não autorizado ao ambiente comprometido e a tudo que ele continha. Lançando mão de seu acesso não autorizado, os infiltrados podiam assumir controle completo de uma rede, descobrir senhas e obter acesso a todos os dados e sistemas críticos. Operacionalmente, podiam furtar e fazer tudo aquilo que os sistemas comprometidos permitissem.

Além de pegar dados, os responsáveis por ataques de *ransomware* estão roubando senhas da empresa, dos funcionários e dos clientes. No passado, quando roubavam senhas era apenas com a intenção de se espalharem lateralmente a fim de explorar mais máquinas na mesma rede. Mas isso mudou. Agora, desde 2019–2020, seu objetivo primordial ao roubar senhas é usá-las para maximizar sua pressão por extorsão ou então em esforços criminais adicionais para aumentar os lucros.

Deixando para trás os cavalos de Troia de ação imediata, os programas de *ransomware* estão hibernando sem serem detectados no dispositivo ou na rede de alguém por algumas horas ou até por um ano. Vejo por aí cifras diferentes para períodos diferentes quanto à média de tempo que um programa de *ransomware* passa hibernando sem ser descoberto, mas as estatísticas que mais encontro ficam na casa dos 120 a 200 dias. Sei de muitas empresas cujas redes hospedaram *ransomware* sem saber por um ano ou mais. Conheço um caso em que o programa de *ransomware* hibernou por mais de três anos sem ser detectado.

> Segundo a FireEye Mandiant, 1% dos programas de *ransomware* passa hibernando por mais de 700 dias (`https://www.bankinfosecurity.com/attackers-dwell-time-plummets-as-ransomware-hits-continue-a-16508`), embora o tempo médio em geral seja bem mais curto.

Os programas atuais de *ransomware* coletam não apenas dados de rede para espalhar por ela, como também todas as senhas usadas por funcionários em um sistema enquanto estão hibernando. Além de senhas de rede, os programas estão obtendo senhas para *websites* e serviços usados pelos sistemas e pelos funcionários em nome da empresa, sem contar com todas as senhas que os funcionários usam em seus *sites* pessoais. Brian Krebs, um dos mais influentes blogueiros na área de segurança computacional na internet, conta sobre um ataque de *ransomware* no período de 2019-2020 (`https://krebsonsecurity.com/2020/01/the-hidden-cost-of-ransomware-wholesale-password-theft/`) que resultou para a empresa na perda de mais de 300 tipos diferentes de senhas, incluindo aquelas usadas em portais bancários, em *sites* de atendimento de saúde, em *sites* de licitações, serviços de folha de pagamento e até mesmo de suas contas postais.

Programas de *ransomware* costumam roubar senhas dos funcionários durante seu período de hibernação, quando os funcionários visitam incontáveis *sites* pessoais, como o *website* do seu banco, *sites* de investimentos em ações, previdência social e privada, Amazon para encomendar alguma compra, Instagram, Facebook, TikTok, etc. Durante todo esse tempo, o programa de *ransomware*, ou cavalo de Troia ou *script*, fica coletando todas essas senhas. O mesmo ocorre com consumidores. Se você possui um *website* no qual consumidores se logam e se ele fica hospedado em um ambiente que foi comprometido, pode ter certeza de que as gangues de *ransomware* também estão coletando as senhas deles, cientes de que essas pessoas provavelmente usam as mesmas senhas em outros lugares.

Uma vez que os dados e senhas são exfiltrados, os *hackers* entram em contato com os funcionários e clientes da organização que foi a vítima original, informam a eles o que coletaram e afirmam: "Se você não nos pagar, vamos expor suas informações comprometedoras, suas senhas ou seus registros pessoais para o mundo inteiro!". Muitas vezes, dizem aos funcionários e clientes que só estão extorquindo deles porque a empresa vítima original está se recusando a pagar. Isso causa problemas de reputação e confiança, sem falar em questões emocionais, e pode levar a ainda mais comprometimento de dados sensíveis, incluindo roubo de identidade, se as credenciais roubadas forem publicadas ou usadas por outros *hackers*.

Em um caso específico (https://krebsonsecurity.com/2021/04/ransom-gangs-emailing-victim-customers-for-leverage/), clientes das lojas de conveniência e postos de gasolina da marca RaceTrac receberam pedidos de resgate. Em outra ocasião (https://healthitsecurity.com/news/hackers-demand-ransom-from-patients-after-breaching-florida-clinic), pacientes de uma clínica de cirurgia plástica da Flórida foram extorquidos por *hackers* que, usando *ransomware*, ameaçavam divulgar suas informações médicas – incluindo fotos – caso não fossem pagos. Uma das piores notícias que eu li foi sobre um ataque de *ransomware* em 2020 em Helsinki, Finlândia (https://www.wired.com/story/vastaamo-psychotherapy-patients-hack-data-breach/). O invasor roubou dados pessoais de dezenas de milhares de pacientes com problemas mentais. Trinta mil ex-pacientes receberam exigências individuais de resgate, e centenas de histórias bastantes emotivas foram divulgadas em público. No mínimo alguns ex-pacientes revelaram ter pensamentos suicidas em razão da liberação de suas informações pessoais.

Gangues de *ransomware* também estão extorquindo financeiramente os funcionários e clientes da vítima original, causando grandes problemas de reputação. E mesmo quando esses terceiros não são extorquidos financeiramente, o *hacker* por trás do *ransomware* faz questão de que eles saibam que suas informações estão sob seu controle, fazendo ameaças e se certificando de que os funcionários e clientes saibam em quem botar a culpa. A Figura 1.5 exibe um exemplo das mensagens maliciosas e emocionais que os *hackers* de *ransomware* usam para causar embaraço e dano à vítima original.

Os *hackers* responsáveis por esse *ransomware* colocaram o aviso mostrado na Figura 1.5 na página principal do *website* da vítima, para que qualquer consumidor visitante pudesse ver o que estava acontecendo. Eles criaram um domínio adicional relacionado, que envolvia o nome do *site* original da vítima somado à palavra "extorsão", e abriram um novo endereço de

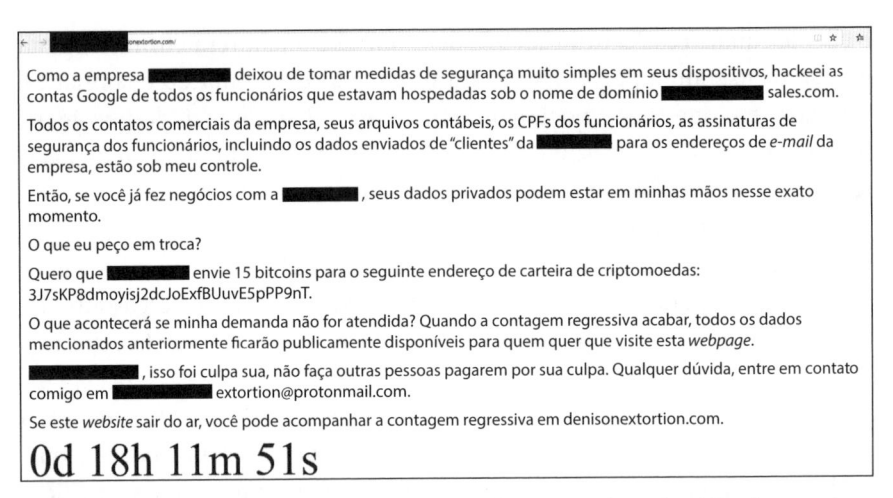

```
Como a empresa ▮▮▮▮▮ deixou de tomar medidas de segurança muito simples em seus dispositivos, hackeei as
contas Google de todos os funcionários que estavam hospedadas sob o nome de domínio ▮▮▮▮▮ sales.com.
Todos os contatos comerciais da empresa, seus arquivos contábeis, os CPFs dos funcionários, as assinaturas de
segurança dos funcionários, incluindo os dados enviados de "clientes" da ▮▮▮▮▮ para os endereços de e-mail da
empresa, estão sob meu controle.
Então, se você já fez negócios com a ▮▮▮▮▮, seus dados privados podem estar em minhas mãos nesse exato
momento.
O que eu peço em troca?
Quero que ▮▮▮▮▮ envie 15 bitcoins para o seguinte endereço de carteira de criptomoedas:
3J7sKP8dmoyisj2dcJoExfBUuvE5pPP9nT.
O que acontecerá se minha demanda não for atendida? Quando a contagem regressiva acabar, todos os dados
mencionados anteriormente ficarão publicamente disponíveis para quem quer que visite esta webpage.
▮▮▮▮▮, isso foi culpa sua, não faça outras pessoas pagarem por sua culpa. Qualquer dúvida, entre em contato
comigo em ▮▮▮▮▮ extortion@protonmail.com.
Se este website sair do ar, você pode acompanhar a contagem regressiva em denisonextortion.com.

0d 18h 11m 51s
```

Figura 1.5. Uma demanda de resgate por extorsão no mundo real publicada na *web* comum.

Obs.: Uma versão maior desta figura está disponível para *download* em `www.wiley.com/go/ransomwareprotectionplaybook`

e-mail com esse mesmo domínio, para que funcionários e clientes pudessem entrar em contato com eles. Os *hackers* colocaram esse aviso no *website* real da vítima e também no novo *website* que criaram, para que quando o original fosse derrubado ou limpo, as pessoas ainda soubessem o andamento da contagem regressiva. Quer a vítima pagasse ou não o resgate, o dano à sua reputação já estava feito.

Enquanto os *hackers* estão dentro dos sistemas de suas vítimas, aproveitam para ler *e-mails* e investigar as relações comerciais que a vítima tem com outros fornecedores e parceiros de negócios. Os *hackers* podem usar essas informações para enviar *e-mails* de *spear phishing* a fim de induzir esses parceiros a abrirem documentos maliciosos ou rodarem programas do tipo cavalo de Troia. As novas vítimas recebem *e-mails* vindos da vítima original, em quem confiam e com quem têm um relacionamento duradouro. Mesmo sem entender direito porque uma pessoa em quem eles confiam está repentinamente lhes pedindo para abrir um novo documento ou arquivo qualquer, muitos o fazem quase sem hesitar. Pronto. Agora também são novas vítimas de *ransomware* e acabarão colocando no mínimo parte da culpa no parceiro comercial remetente (e, é claro, na gangue de *ransomware*).

Hackers que praticam *ransomware* também divulgam publicamente sua invasão (conforme mostrado nas Figuras 1.4 e 1.5) a fim de pressionar ao máximo um rápido pagamento de resgate por parte da organização vítima. Se a vítima estava torcendo para que o ataque de *ransomware* não vazasse para a mídia e fosse mantido em sigilo, pode ir esquecendo. Os *hackers* atuam por conta própria, como sua própria empresa de relações públicas (RP), e enviam para a mídia provas dos últimos ataques. Quando eu trabalhava como colunista semanal de segurança para as revistas *InfoWorld* e *CSO Online* (por quase 15 anos), rotineiramente era contatado por gangues de *ransomware* no fim de 2019 tentando ver se eu publicaria seus mais recentes esquemas de extorsão. Lembro que tive uma reunião com um editor-chefe da empresa dona da revista para definirmos que não queríamos agir como agências de RP indiretas para as gangues de *ransomware*. Aparentemente, elas também encontraram resistência junto a outras publicações do ramo, já que começaram a colocar no ar seus próprios *websites* dedicados a seus mais recentes ataques.

> Você pode encontrar uma lista de alguns dos programas mais populares de *ransomware* e seus *websites* de PR em `https://www.reddit.com/r/Malware/comments/ixvgoq/list_of_ransomware_groups_and_their_pr_pages/`. Infelizmente, você terá de se filiar à rede Tor para ver a maioria deles (qualquer um com uma extensão `.onion`.)

No fim das contas, depois de tudo isso, se uma vítima ainda estiver relutante em pagar o resgate, os *hackers* farão tudo que puderem para convencê-la. Uma tática que está se tornando mais comum é a condução de ataques massivos de negação distribuída de serviço (*distributed denial-of-service* – DDoS) quando a vítima possui *sites* secundários não afetados pelo evento original de *ransomware*. Às vezes o *ransomware* derruba apenas a rede corporativa da vítima, mas não seus servidores de atendimento ao público, que podem estar hospedados em um lugar completamente diferente. Nesse caso, os *hackers* também podem tentar derrubá-los, a fim de causar o máximo de transtorno para forçar um pagamento. Em resumo, eis o que a maioria dos programas atuais de *ransomware* é capaz de fazer:

- criptografar dados;

- exfiltrar *e-mails*, dados, informações confidenciais e endereços de IP, divulgando-os publicamente ou entregando-os para *hackers*, para concorrentes, para a *dark web* ou para a internet pública, caso não haja pagamento;
- furtar credenciais de *logon* de empresas, funcionários e clientes;
- extorquir funcionários e clientes;
- fisgar parceiros comerciais com *e-mails* de *phishing* enviados dos próprios computadores da vítima, usando endereços de *e-mail* reais e assuntos em que os parceiros confiam;
- conduzir ataques de DDoS contra quaisquer serviços que a vítima ainda esteja conseguindo manter em funcionamento;
- causar embaraço público à empresa vítima.

Isso é um problema em sete frentes. Se você tiver sorte, terá de lidar com apenas cinco delas. É por isso que, quando vejo a expressão "dupla extorsão" ser usada para descrever as ameaças de *ransomware* atuais, eu penso "Quem dera fossem só duas!".

> Comecei a cobrir todas as ações de *ransomware* além da criptografia pela primeira vez em janeiro de 2020, no meu webnário intitulado Nuclear Ransomware (`https://info.knowbe4.com/nuclear-ransomware`) e em um artigo que escrevi (`https://blog.knowbe4.com/encryption-isnt-your-only-ransomware-problem-there-are-some-other-nasty-issues`).

Você precisa se certificar de que os encarregados na sua organização por defesas de cibersegurança, gestão de risco e administração sênior compreendam o que o *ransomware* atual é capaz de fazer. Não se trata de um mero problema de criptografia ou de mera exfiltração de dados. Outros quatro ou cinco problemas podem estar envolvidos, para os quais nem adianta ter bons *backups*. Sua defesa primordial precisa ser a prevenção, o que requer um combate à engenharia social e a saudável manutenção de *patches* para mitigar a maior parte dos riscos. Você precisa levar tudo isso em consideração no seu plano de defesa, o que é abordado em mais detalhes no Capítulo 5, "Plano de resposta a *ransomware*".

Ransomware como serviço

O *ransomware* como serviço (*ransomware as a service* – RaaS) é um conceito jocoso sobre as recentes expressões da moda (como SaaS, IaaS, etc.), mas de fato é algo real. O *ransomware* tradicional era um programa automatizado que fazia aquilo que era programado para fazer. Mesmo em seus primórdios, *hackers* e outros desocupados sem qualquer habilidade em *hacking* podiam comprar um programa de *ransomware* e botá-lo para funcionar. Esses programas frequentemente precisavam ser atualizados para incluir os mais recentes *exploits*, correções de *bugs* e novos recursos, assim como qualquer outro *software*. Acontece que atualizar *software* é tão chato para os usuários legítimos quanto para os criminosos. Com isso, muitos programas de *ransomware* começaram a se autoatualizar. Depois de invadir o computador de uma vítima, eles conferem várias vezes ao dia para ver se há uma nova versão ou outro *malware* para *download*.

Assim, criadores de *ransomware* decidiram que, se Microsoft, Google, Salesforce e outros podem oferecer *software* em nuvem, eles também podiam. Então, de uns anos para cá, algumas das gangues do ramo começaram a oferecer *ransomware* como uma espécie de serviço baseado em nuvem. Não era verdadeiramente um serviço em nuvem no sentido geral, mas cada vez mais foi se aproximando disso.

Programas tradicionais de *ransomware* podiam ser comprados por uma taxa única ou possivelmente uma taxa para atualizações. Essa taxa isolada inicial podia ir de centenas a muitas dezenas de milhares de dólares, dependendo do desenvolvedor de *ransomware* e da gangue. Por sua vez, RaaS não requer uma alta taxa inicial. Em vez disso, um "afiliado" assina um serviço de *ransomware* e pode usar o programa de *ransomware*, mas deve pagar uma taxa fixa para cada invasão ou uma taxa percentual sobre o resgate total extorquido. O pagamento percentual do afiliado ao desenvolvedor do programa de *ransomware* pode ir de alguns pontos percentuais até dezenas, como 30%.

Há uma acirrada concorrência entre os provedores de RaaS para oferecer as menores taxas aos afiliados, para que fiquem com uma maior parte de seus resgates. Por outro lado, os melhores programas de *ransomware* podem se dar ao luxo de cobrar mais sobre os resgates obtidos pelos seus afiliados, já que oferecem versões mais bem-sucedidas em termos de extorsão. Assim, mesmo com o afiliado pagando um percentual mais alto sobre o que obteve, ele ainda sai ganhando mais no total do que se optasse por um fornecedor mais barato. Eis um bom artigo sobre os fundamentos do RaaS: `https://www.upguard.com/blog/what-is-ransomware-as-a-service`.

Alguns fornecedores de RaaS impõem "regras" a seus afiliados, conduzem algumas de suas atividades e podem puni-los por mau comportamento ou por colocar em risco o próprio serviço devido às suas ações. Isso ocorreu quando o afiliado de *ransomware* Darkside comprometeu a operadora de oleodutos Colonial Pipeline, o que resultou em problemas no abastecimento de gasolina nos Estados Unidos. Tais problemas acabaram levando ao envolvimento do Departamento de Justiça, FBI, CIA, NSA e até mesmo do presidente Biden, ou seja, atraíram toda uma atenção indesejada. Depois disso, o provedor de RaaS divulgou diversas declarações se desculpando pelo comportamento do afiliado e por sua escolha como alvo. Chegou, inclusive, a afirmar que havia "demitido" o tal afiliado e modificado seus termos de licenciamento para que algo como o ataque à Colonial Pipeline jamais voltasse a acontecer, em uma extraordinária demonstração de desculpas e campanha de RP.

Há mais diferenças entre os vários tipos de *ransomware*, mas essas classificações principais dão ao leitor uma boa noção das categorias de programas existentes no ramo.

Típicos processos e componentes de *ransomware*

Como existem muitos tipos diferentes de programas de *ransomware*, seus processos não seguem um padrão perfeitamente repetível. Como vimos anteriormente, o mínimo que pode acontecer é o *ransomware* conseguir se infiltrar de alguma forma, explorar um ou mais computadores, talvez impor diferentes *payloads* adicionais, criptografar arquivos e apresentar um aviso de pedido de resgate. Programas automatizados de *ransomware* agem assim. Gangues de *ransomware* direcionado por humanos agem assim. *Ransomware* como serviço age assim. Contudo, eles podem atingir esses objetivos de formas muito diversas uns dos outros. Ao se considerar todas as permutações possíveis, há versões que vêm ganhando popularidade e mudando esse cenário. A próxima parte do Capítulo 1 examinará esse processo mais comum de *ransomware*.

Infiltração

O primeiro passo de todos os programas de *ransomware* é obter, de uma forma ou de outra, acesso inicial ao (primeiro) dispositivo da vítima, fazendo para isso o que for preciso. Na maioria das vezes, isso ocorre por meio de engenharia social, geralmente com a vítima recebendo um *e-mail* de *phishing* pedindo que ela abra um documento anexado, execute o arquivo ou clique em um *link* oferecido. Outra subterfúgio é atrair o usuário a visitar um *website* que então apresenta um *link* ou um *pop-up* malicioso. Seja como for, o usuário é levado a clicar em algo e a executar o programa de *malware* inicial.

Como alternativa, algo dentro do ambiente da vítima pode conter uma vulnerabilidade por *software* sem *patch*, da qual o *hacker* acaba se aproveitando. Isso ocorre na maioria das vezes com *software* de clientes, em que um usuário visita um *website* comprometido – basta visitar uma página maliciosa contendo um JavaScript comprometedor para infectar invisivelmente o computador do usuário. Isso recebe o nome de *silent-drive-by download*. Às vezes, o *software* sem *patch* é encontrado em um servidor voltado para a internet. Já ouvi falar de todos os tipos possíveis de vulnerabilidade de *software*, tais como servidores de VPN sem *patches* (`https://arstechnica.com/information-technology/2020/01/unpatched-vpn-makes-travelex-latest-victim-of-revil-ransomware/`) que expuseram a corretora de câmbio Travelex a um *ransomware* que explorou especificamente servidores Microsoft Exchange sem *patches* (`https://siliconangle.com/2021/05/31/new-epsilon-red-ransomware-targeting-unpatched-microsoft-exchange-servers/`) liderado por um ataque não relacionado de Estado-nação. A falta de *patches* em *software* representa o segundo meio mais comum para o comprometimento malicioso por ataques de *hackers* em geral, embora nem sempre para *ransomware* (que ainda assim é a causa principal).

Outra maneira comum de um *ransomware* invadir um sistema é chutando senhas em portais de *logon* acessíveis pela internet e interfaces de programação de aplicativos (APIs). O *software* mais visado por *hackers* ou *malware* para repetidamente tentar adivinhar senhas são instâncias do Remote Desktop Control (RDC) da Microsoft. Como veremos em mais detalhes no Capítulo 2, "Prevenção de *ransomware*", de acordo com alguns levantamentos, aparentemente metade dos programas de *ransomware* nesse mundo utiliza a prática de adivinhar senhas no RDP com a intenção de *hackear* suas vítimas, incluindo programas como CrySiS, Dharma, Maze e SamSam. Para deixar claro, ataques que tentam adivinhar senhas "chutando" à exaustão só obtêm sucesso em *logons* RDP que contam com senhas fraquíssimas ou que permitem tentativas ilimitadas sem jamais travar a conta do usuário envolvido (o que representa uma grave falha de segurança). Muitas vezes, o sistema de tentativas de *logon* não está incluído no programa de *malware*, sendo conduzido, na verdade, por *hackers* que empregam outras ferramentas que tentam adivinhar senhas para obter acesso inicial à rede da vítima. Em seguida, depois de conseguir adivinhar a senha e ganhar acesso, o *hacker* faz o *upload* do programa de *ransomware* e o coloca para rodar.

A empresa Coveware (`https://www.coveware.com/blog/ransomware-attack-vectors-shift-as-new-software-vulnerability-exploits-abound`) rotineiramente indica o RDP como o principal vetor de ataques iniciais de acesso, mas sem os detalhes envolvidos, não é possível saber se isso inclui RDP sem *patches* (que também é uma importante causa de brecha inicial) ou apenas ataques de tentativas de acertar senhas em RDP. Nenhuma outra fonte além da Coveware divulga percentuais tão altos assim para ataques a RDP. Seja como for, isso indica que o RDP impõe sérios riscos se não for protegido corretamente.

Existe um pequeno percentual de outras brechas originais, como infecções por *pendrive* e ataques de agentes internos, mas os três alvos recém-comentados – engenharia social, *software* sem *patches* e adivinhação de senhas – representam as maneiras mais populares de um *ransomware* invadir uma organização vítima, com todas as demais alternativas sendo bem mais raras.

Depois da execução inicial

É importante lembrar que na maioria dos cenários envolvendo *ransomware*, o programa responsável pela criptografia em si ainda não foi instalado. O primeiro programa de *malware* que é usado para invadir o sistema da vítima é desenvolvido com esse propósito. Costumamos chamá-lo de **stub** ou **downloader**, às vezes abreviado como **loader**. Ele geralmente se estabelece no dispositivo comprometido de tal forma que consegue ser reaberto automaticamente depois de um *reboot* ou de uma queda de energia, proporcionando acesso ao sistema infectado para que ataques adicionais possam ser conduzidos.

Em um sistema Microsoft Windows, um *loader* desse tipo costuma modificar qualquer uma das dezenas de recursos que a Microsoft criou para permitir a execução automática de código depois de um *reboot* ou do retorno da energia. Os alvos mais comuns são aqueles ligados ao registro, na forma de uma tarefa agendada ou de um serviço malicioso. Há no mínimo uma dúzia de locais que o *ransomware* pode modificar em um sistema Windows para que seja executado automaticamente depois de um *reboot*. A primeira tarefa do programa *stub* é garantir a continuidade da sua execução após o comprometimento de acesso inicial.

Contato com a base

Na maioria dos casos, o programa *stub* coleta certas informações em seu ambiente hospedeiro, suficientes para identificá-lo claramente ao responsável pelo ataque, além de tudo mais que o operador de *ransomware* quiser obter, e então volta a se conectar com os servidores que o controlam. Os servidores/serviços controladores são conhecidos como servidores de **comando e controle** (C&C, ou C2). Tipicamente, os servidores C&C são apenas mais um programa de *malware* esperando que os arquivos de *stub* ou os "*bots*" de *ransomware* se conectem com ele. Tais servidores podem estar hospedados em qualquer local acessível da internet. Muitas vezes encontram-se estacionados em um ou mais computadores comprometidos de terceiros, para proporcionar resiliência à rede de *ransomware*. No mundo inteiro, há provavelmente centenas de pessoas reclamando da lentidão de seus PCs sem saber que estão hospedando centenas ou milhares de programas *stub* e *ransomware* desenvolvidos para "contatar a base". Um desenvolvedor de *ransomware* costuma contar com no mínimo dois serviços diferentes de C&C, pois se um deles for eliminado por programas antivírus ou caçadores de ameaças, pelo menos o outro sobreviverá e continuará no controle.

Uma das primeiras coisas que o programa *stub* consulta junto aos servidores de C&C é por quanto tempo deve esperar e como deve se conectar novamente a eles. Ele precisa dessa informação porque o servidor de C&C fica pulando de um servidor para outro a cada poucas horas ou a cada dia, sem permanecer no mesmo local por muito tempo. Os endereços de IP do serviço de hospedagem de C&C mudam juntamente com seus nomes de Domain Name System (DNS). Em geral, os nomes de DNS são nomes de domínio dinâmicos e de curtíssima existência. Ficam valendo durante apenas algumas horas ou dias e depois expiram. Desse modo, o programa *stub* de *malware* precisa ficar perguntando a quais novos nomes dinâmicos de domínio de DNS deve se conectar da próxima vez. É comum haver múltiplos nomes de DNS, cada qual vinculado a um ou mais endereços de IP, mudando o tempo todo. Com essa espécie de artimanha, fica mais difícil para os programas de defesa encontrarem e derrubarem os servidores de C&C de um *ransomware*. Caçadores de ameaças frequentemente conseguem farejar o tráfego de um programa de *ransomware* tentando ativamente estabelecer a conexão, para assim descobrir onde os servidores de C&C estão atualmente localizados e quais serão os próximos endereços.

Para evitar que os programas de defesa detectem facilmente tráfego malicioso do *ransomware*, cerca de metade dos programas de *malware* envolve suas conexões para seus servidores de C&C usando criptografia do tipo Transport Layer Security (TLS) (`https://news.sophos.com/en-us/2021/04/21/nearly-half-of-malware-now-use-tls-to-conceal-communications/`) pela porta 443, e essa proporção está aumentando com o tempo. Empregam esse artifício pois assim é mais difícil que seu tráfego seja "farejado" (ou seja, registrado e revisado). Além disso, quase todos *firewalls* de inspeção sempre conferem permissão para tráfego de saída pela porta 443. Dentre os programas de *malware* que usam TLS para se conectar a servidores de C&C, o *ransomware* responde por 90% das conexões. Por isso, se você descobrir uma conexão TLS inesperada indo dos seus computadores para um local estranho na internet que você não sabe explicar, não custa dar uma investigada.

Quando não usam conexões TLS, acabam muitas vezes se passando por tráfego "inofensivo" de saída de rede, como DNS. Pacotes DNS têm um visual e um jeito muito característicos. Assim, *malware* e *ransomware* criam pacotes DNS falsos, inserindo seus comandos como dados falsos ou *lookups* de DNS que supostamente se parecem com solicitações comuns de DNS sendo enviadas para um servidor DNS. Alguém que encontre esse tipo de tráfego DNS falso sem esperar que tenha sido criado por *malware* dificilmente perceberia algo suspeito, a menos que abrisse o pacote DNS e desse uma boa investigada nos detalhes. Ademais, *malware* e *ransomware* também usam outras portas comuns, como 8080 e 1433 (Microsoft SQL).

Outro truque do *ransomware* é usar produtos e serviços de parceiros confiáveis, como Google WorkSpaces, Google Docs, Amazon Workspaces, Telegram (`https://www.bleepingcomputer.com/news/security/telecrypt-ransomware-uses-telegram-as-candc-server/`), Discord, Pastebin, etc., para se comunicar ou atuar como seus servidores de C&C e escapar de fácil detecção.

Basicamente, os desenvolvedores de *ransomware* muitas vezes utilizam uma porta ou serviço de rede que ganha permissão da maioria dos *firewalls*, para então se misturar ao tráfego legítimo. A adoção de um aplicativo ou plataforma de terceiros traz ainda outros benefícios, já que assim as informações costumam ser predefinidamente criptografadas, e a porção centralizada é robusta, ampliável e confiada pela maioria dos filtros de reputação. Fica difícil para um serviço de reputação anti-*malware* distinguir um usuário legítimo de Google Docs ou Telegram de um programa malicioso de terceiros fazendo o mesmo. Desenvolvedores de *ransomware* não param de bolar maneiras novas e criativas de estabelecer comunicação entre o *bot* e o operador. Programas de *ransomware* que empregam esse método de ofuscação são especialmente árduos de detectar, o que lhes confere maiores chances de ter sucesso explorativo e de evitar detecção.

Autoatualização

Geralmente, o passo seguinte dos programas de *ransomware* é se autossubstituírem por versões mais novas ou baixarem um ou mais programas adicionais de *malware*. Somente um ou dois dos mais de 100 programas de *ransomware* existentes costumam ser detectados por antivírus.

Na minha própria experiência, de todos programas de *ransomware* que testei pessoalmente por mais de dois anos, um único espécime foi detectado como malicioso por um antivírus, na verdade por apenas um dos mais de 70 antivírus que usei para inspecionar cada amostra de *ransomware* que chegava até mim. Mesmo nesse caso, eu queria rodar o programa de *ransomware* para descobrir como ele agia e como se conectava, então decidi executá-lo. Em menos de 15 segundos, ele se conectou não apenas com seus servidores de C&C mas com outro conjunto de servidores C&C em outro domínio, além de ter baixado uma nova cópia de si mesmo que não foi detectada como maliciosa por nenhum dos escaneadores que eu estava usando (como o *site* VirusTotal, da Google) e baixado e instalado dois outros programas de *malware* em diferentes locais, que passaram despercebidos por todos os programas antivírus que eu estava usando. De certa forma, foi algo lindo de se ver. E como é preciso ver para crer, isso serviu para me mostrar porque a ampla maioria das vítimas de *ransomware* foi explorada mesmo contando com antivírus atualizados em seus computadores. Toda hora escuto empresas de antivírus citando estatísticas de que precisam detectar centenas de milhões de novos programas de *malware* a cada ano, cada qual diferente o bastante dos exemplares do ano passado a ponto de exigir o uso de novas assinaturas de detecção. E mesmo assim, os escaneadores antivírus simplesmente não conseguem dar conta do problema. Se pudessem, *ransomware* não seria o problema que é hoje.

Ocorre, porém, que os programas de *ransomware* não estão se automodificando drasticamente. Em geral, estão apenas se recriptografando em tempo real com uma chave criptográfica diferente, o que torna cada nova cópia diferente das anteriores, ao menos enquanto criptografadas. Assim que diferentes programas antivírus começam a detectar melhor as cópias diferentes, o programa de *malware* renomeia e rearranja sub-rotinas e insere inúmeras porções aleatórias de código-lixo para dificultar bem mais a inspeção e a desmontagem. Cedo ou tarde, até mesmo essas alterações "polimórficas" são descobertas pelas empresas de antivírus, e é quando então os desenvolvedores de *ransomware* introduzem uma versão inteiramente diferente e atualizada. Chega a lembrar uma versão criminal digital do mito de Sísifo.

Hoje em dia, o "arquivo *stub*" muitas vezes não passa de uma série de *scripts*, como os *scripts* Microsoft PowerShell. Veja um artigo que apresenta um exemplo disso em `https://www.acronis.com/en-us/blog/posts/suncrypt-adopts-attacking-techniques-netwalker-and-maze-ransomware`. Isso ocorre porque *scripts* são mais fáceis de modificar e bem mais difíceis de detectar como *malware*. Um *script* malicioso é capaz de fazer praticamente tudo que um executável regular faz, incluindo compilar, baixar e executar outros programas executáveis. Ao ser rodada, a maioria dos *scripts* cria outros executáveis maliciosos, essencialmente usando o *script* para fazer um *malware* passar incólume por quaisquer *firewalls* intrometidos ou escaneadores de detecção de intrusão.

A certa altura, o arquivo *stub*, se usado, é substituído pelo programa principal de *malware*, o qual age praticamente como o programa *stub* agia, estabelecendo contato frequente com o servidor de C&C, fazendo autoatualizações e assim por diante. Contudo, seu código automatizado pode incluir ações como procurar e roubar senhas, vasculhar e extrair tipos específicos de dados, usar senhas de rede para se transferir a outras máquinas, etc. A diferença crucial entre o programa *stub* e uma versão não *stub* é que o programa mais permanente é maior em tamanho e tem bem mais capacidades.

Conferir a localização

Durante a execução inicial ou logo em seguida, a ampla maioria dos programas de *ransomware* confere quais línguas escritas estão instaladas e rodando no sistema que está sendo explorado. Isso ocorre porque em geral não desejam explorar ou prejudicar um sistema em seu país natal ou em aliados com laços fortes com seu país, já que isso poderia aumentar as chances de uma captura local e/ou problemas políticos. Sendo assim, em sua maioria os desenvolvedores de programas de *ransomware* têm um acordo tácito com o país onde moram para não causarem infecções locais. Essa precaução em não prejudicar concidadãos, somada a alguns polpudos subornos, geralmente é mais do que suficiente para garantir o funcionamento dos cartéis de *ransomware* sem que os braços da lei ou os governos tentem fechá-los.

Como exemplo, muitos, senão a maioria, dos ataques de *ransomware* vêm da Rússia. Desse modo, assim que são iniciados, todos os ataques desse tipo partindo da Rússia conferem se há no computador-alvo a presença de línguas comuns usadas na própria Rússia ou em seus aliados próximos. Essas línguas incluem russo, azerbaijano, quirguiz, cazaque, turcomeno, ucraniano, tártaro, uzbeque e sérvio. Se o *ransomware* russo detectar essas línguas, se autoencerrará ou se removerá. Alguns especialistas em defesa recomendam habilitar o russo como segunda língua em seu computador, se possível, para impedir que muitos programas de *ransomware* causem problemas. É uma defesa grosseira, mas muitas vezes funciona.

> **Paraísos de cibercriminosos**
> Países que fazem vista grossa enquanto *hackers* atacam outros países com *malware* são chamados de **paraísos de cibercriminosos** e representam um motivo crucial para que o *ransomware* seja um problema tão grave e haja geralmente tão pouca punição.

Payloads iniciais automáticos

Quando um programa de *ransomware* conta com algum *payload* automático, como criptografia de arquivos e exibição de um pedido de resgate, é a essa altura que ele aparece em seu ciclo de vida. A bem da verdade, isso pode acontecer meros segundos após a invasão original pelo *malware*. Já vi arquivos *stub* que acham uma brecha, conquistam acesso continuado, roubam senhas, enviam essas senhas para os servidores de C&C, se autoatualizam, baixam e instalam novos programas e então começam a criptografar arquivos – tudo isso em 15 segundos. Com seu código automatizado, isso leva pouquíssimo tempo, se é o que eles são programados para fazer. Caso um *payload* automático não seja executado, o programa de *ransomware* simplesmente fica esperando, acordando de tempos em tempos para fazer contato com a base junto aos servidores C&C para obter suas mais recentes atualizações.

Espera

É durante esse tempo que muitos programas de *ransomware* passam pelos seus mais longos períodos de hibernação. Eles já comprometeram uma vítima e estão agora no modo "parar e esperar". O responsável pelo ataque pode não ter ficado ciente do comprometimento ocorrido, pode estar atarefado demais trabalhando em outro ataque ou simplesmente não teve tempo ainda de vasculhar o ambiente interno da vítima.

Hackers conferem o C&C

Mais cedo ou mais tarde, caso o programa de *ransomware* não tenha desencadeado seu *payload* final de criptografia, que pode levar de horas a anos após o evento original de invasão, um *hacker* afiliado a tal programa confere seus servidores de C&C para ver o que o *malware* já reportou. Às vezes constam apenas os endereços de IP, e ele precisa fazer sua própria pesquisa. Em outros casos, os programas de *ransomware* reportam os nomes de domínio dos locais onde estão parados aguardando, além de todas as senhas que encontraram. A essa altura, adversários humanos são envolvidos e passam a pesquisar os resultados automatizados. Em seguida, pode ser que retomem o caso da última vítima, reexaminem a lista inteira ou então comecem a priorizar e a decidir qual vítima explorarão primeiro.

Os consoles de admin de *ransomware* costumam ser invejáveis, rodando como pequenos servidores *web* nos computadores comprometidos da vítima. Entre outras coisas, os consoles costuma reportar estatísticas, incluindo quantas explorações bem-sucedidas já ocorreram no total, quais tipos de plataformas computacionais foram comprometidas, quais vulnerabilidades foram exploradas para comprometer a vítima e assim por diante.

Outras ferramentas usadas

Frequentemente, *malware* automatizado e *ransomware* direcionado por humanos inserem outras ferramentas de *hacking* no dispositivo da vítima. Essas ferramentas são empregadas para investigar melhor o ambiente invadido, para se movimentar lateralmente pela rede até outros dispositivos e para procurar e exfiltrar *e-mails*, senhas e dados.

Ferramentas comuns de *hacking* que acabam sendo usadas incluem *scripts* customizados, ferramentas comerciais de ataque (como Cobalt Strike, Metasploit, etc.), Mimikatz, Empire PowerShell Toolkit, Trickbot e PsExec do Windows Sysinternals. Os responsáveis pelo ataque desabilitam as defesas, coletam credenciais de *logon*, desabilitam qualquer *backup* que encontrem pelo caminho e instalam outros programas de *malware* e *scripts*. Sempre que possível, a maioria dos programas de *ransomware* está começando a deixar de lado ferramentas de *hacking* publicamente conhecidas em favor de *scripts*, que são simplesmente mais difíceis de barrar e de detectar como maliciosos.

Reconhecimento

Alguns programas de *ransomware* ganham acesso inicial ao sistema da vítima e começam a criptografar de imediato. Outros tentam ver quantos computadores podem explorar e criptografar dentro de algumas horas.

Outros ainda permitem que *hackers* acessem e explorem o ambiente comprometido, fazendo um reconhecimento minucioso dele por dias, semanas, meses ou até anos. Começam a vagar pelo ambiente, lendo *e-mails*, vasculhando aplicativos e bases de dados e basicamente tentando descobrir quais são as "joias da coroa" da vítima e quais são seus pontos frágeis. O que desejam é ou roubar as joias da coroa ou determinar o que precisam criptografar para causar as maiores agruras operacionais.

Nesse sentido, monitoram o *e-mail* de executivos de alto escalão para descobrir suas prioridades, quais são as hierarquias de comunicação, quanto a organização fatura ou tem em caixa e até mesmo se a vítima possui seguro cibernético que cobre *ransomware*. Caso possua, vão tentar descobrir qual é a franquia e a quantia máxima de cobertura. Isso já aconteceu tantas vezes que empresas de combate a *ransomware* passaram a sugerir que seus clientes não mantenham apólices de seguro cibernético em uma rede em que *hackers* possam encontrá-las. Além disso, os responsáveis por esses ataques costumam procurar palavras-chave em *e-mails*, como "*hacker*", "*malware*", "*ransomware*", etc., para que fiquem sabendo de antemão caso alguém comece a perceber suas atividades.

Caso outras oportunidades se apresentem, o *hacker* tirará proveito delas. Pode ser que encontre, por exemplo, uma conversa de *e-mail* entre um funcionário responsável pelas contas a receber da empresa vítima e um funcionário de contas a pagar de outra. Desse modo, pode aproveitar essa relação de confiança para comprometer a empresa do funcionário de contas a pagar ou para enviar instruções falsas de transferência de recursos para a próxima fatura a ser paga. Quando um adversário humano está envolvido no ataque, ele não hesitará em mudar de planos conforme as circunstâncias vão mudando, sempre tentando maximizar seus ganhos potenciais.

Algumas das gangues de *ransomware* são pagas para atacar especificamente algumas empresas-alvo em busca de certos tipos de dados (como propriedade intelectual, planos comerciais e até mesmo coisas inesperadas, como termos de empréstimos). Às vezes, o adversário humano está trabalhando para um concorrente da vítima, tentando descobrir detalhes e custos de um projeto. Em outras ocasiões, pode trabalhar em prol do seu governo para roubar planos de engenharia ultrassecretos, como de bombardeiros de nova geração.

Preparação para a criptografia

Mais para o fim de seu ciclo de vida, programas de *ransomware* ou seus controladores acabam se posicionando e se preparando para rotinas de criptografia com o uso de uma ou mais chaves criptográficas. Caso o *ransomware* tenha comprometido múltiplas máquinas, tentará, então, criptografar o máximo que conseguir – e tudo de uma só vez. Às vezes, as vítimas dão sorte e percebem o primeiro ou os primeiros computadores sendo criptografados e ainda conseguem desligar as demais máquinas potencialmente visadas antes que também o sejam. Até 25% de todas tentativas de criptografia por *ransomware* são interrompidas antes de serem desencadeadas ou completadas. Essa cifra parece alta, já que raramente ouvimos falar de alguém que interrompeu um programa de *ransomware* antes de ser executado. Na verdade, já ouvi falar dessas histórias de sucesso, mas não são muitas. Parece-me que não ouvimos falar tanto dessas instâncias porque, quando o processo criptográfico do *ransomware* é prevenido ou interrompido, o caso não ganha grande publicidade, por não exigir pagamento de resgate nem a divulgação de violação de dados.

Quando múltiplos computadores comprometidos estão envolvidos, geralmente várias chaves criptográficas, diferentes para cada máquina ou arquivo, são usadas pelo *hacker*. Isso ocorre sobretudo porque ele quer ser capaz de desbloquear pelos menos um computador ou arquivo para mostrar que tem controle sobre o *ransomware* e possui a chave de descriptografia. Ao obter essa chave, a vítima pode atestar que ela de fato desbloqueia os dados. Isso é conhecido como **prova de controle**, ou **prova de descriptografia**. A essa altura, a gangue de *ransomware* geralmente acaba exigindo o pagamento de um pequeno resgate, "na forma de uma demonstração mútua de confiança" para liberar a chave amostral de descriptografia. Para quem está disposto a pagar o resgate para obter as chaves definitivas, esse tipo de arranjo traz vantagens para ambas as partes. Afinal, a vítima se certifica de que não está pagando por algo que não funciona, e a gangue de *ransomware* pode tentar cobrar mais por uma solução depois que provar que a descriptografia realmente funciona. Jamais pague o resgate total sem ter testado se a chave e o processo da prova de descriptografia realmente funcionam.

Exfiltração de dados

A vasta maioria dos programas de *ransomware* exfiltra dados (incluindo arquivos de base de dados, senhas, *e-mails*, etc.) antes de desencadear a criptografia. Para fazer as cópias, o *hacker* muitas vezes desliga a base de dados e os serviços de *e-mail* tarde da noite. Desse modo, uma boa maneira de detectar atividades suspeitas no seu sistema é ficar alerta a sinais de interrupções inesperadas de serviço nas madrugadas.

Hackers que exfiltram dados costumam copiá-los para outros servidores dentro do mesmo ambiente, que servem de locais de ensaio para abrigar grandes volumes (muitos gigabytes) de arquivos compactados (como TAR, ZIP, GZIP, ARC, etc.). Sendo assim, não é um bom sinal encontrar pilhas de pesados arquivos criptografados inexplicavelmente espalhados pela sua rede. Em seguida, os *hackers* geralmente os copiam para algum serviço de armazenamento em nuvem gratuito e compartilhado ou para outros computadores comprometidos da própria organização. É possível então que aqueles enormes arquivos zipados que você encontrou nem sejam seus próprios dados.

Há também relatos de *hackers* de *ransomware* que exploram os serviços de *backup* em nuvem da própria vítima como forma de roubar os arquivos (https://www.bleepingcomputer.com/news/security/ransomware-attackers-use-your-cloud-backups-against-you/). Quando eles descobrem que a vítima conta com um serviço desse tipo, muitas vezes usam suas credenciais para copiar os dados para outro local sob seu controle. Em seguida, deletam os *backups* da vítima.

Como quer que a exfiltração de dados seja efetuada, é importante saber que a criptografia não deve ser a única preocupação das vítimas de *ransomware*, já que muitos desses programas também exfiltram dados.

Criptografia

Com poucas exceções, mais cedo ou mais tarde o processo de criptografia tem início. Alguns programas de *ransomware* criptografam todos os arquivos e pastas que encontram pela frente. Outros, como o Cerber e o Locky, saem em busca e criptografam apenas certos tipos de documentos. E ainda outros, como o Petya, criptografam apenas arquivos de *boot* e *file system tables*. Alguns desses programas procuram e criptografam arquivos armazenados na nuvem; outros, apenas arquivos locais. Nunca se sabe com qual se está lidando.

A maior parte da criptografia por *ransomware* utiliza chaves públicas criptográficas tanto assimétricas quanto simétricas. A criptografia com chave assimétrica é usada para proteger as chaves simétricas que fazem toda a criptografia de arquivos (exatamente como todo bom e distribuído programa de criptografia faria). O processo de criptografia se dá mais ou menos conforme descrito a seguir.

1. O programa de *ransomware* gera um ou mais pares de chaves públicas/privadas assimétricas e uma ou mais chaves simétricas. Pode haver uma diferente chave simétrica para cada arquivo ou computador.
2. As chaves simétricas são usadas para criptografar os dados, deletando permanentemente as versões de dados em *plaintext* depois que a versão criptografada é concluída. A maioria dos programas de *ransomware* adiciona uma extensão de arquivo reconhecível às cópias dos arquivos de dados criptografados.
3. As chaves simétricas são criptografadas com a chave pública assimétrica e então a versão *plaintext* é deletada.
4. A chave privada assimétrica é enviada para o servidor de armazenamento de chaves do *ransomware*, a fim de aguardar por novas instruções.

Diferentes programas de *ransomware* usam diferentes tipos de criptografia, mas quase sempre bastante padronizada e de boa qualidade. A gangue de *ransomware* Maze, por exemplo, usa RSA com chaves de 2048 bits ou ChaCha20. Se você nunca ouvi falar em ChaCha20 (`https://www.cryptopp.com/wiki/`), trata-se de uma boa cifra simétrica criada pelo célebre professor de segurança computacional Daniel J. Berstein. Ele sabe o que faz e é um dos melhores criptógrafos do mundo. Na verdade, não criou o ChaCha20 para *ransomware*, mas gangues do ramo sabem dar valor quando se deparam com esse tipo de coisa. Simplesmente não pode ser quebrado. Muitos programas de *ransomware* preferem usar a cifra bem mais popular de criptografia AES, mas o ChaCha20 é forte e muitas vezes mais rápido.

É importante contar com a criptografia mais rápida possível. Assim que um dos computadores explorados pelo *ransomware* começa a criptografar arquivos, é só uma questão de tempo até que alguém perceba o resultado e tente impedir que todos os demais computadores sejam criptografados. Quanto mais depressa o programa de *ransomware* consegue criptografar os dados em todas as máquinas, melhor... para a gangue de *ransomware*. Por isso, esses grupos gostam de usar o ChaCha20, que é rápido e forte. Por sua vez, o *ransomware* Petya usa criptografia de curvas elípticas (ECDH) e SALSA20, outra antiga cifra simétrica criada por D. J. Berstein.

> Quando alguém se depara com um dos primeiros processos de criptografia e percebe o que está acontecendo, ainda pode desligar a rede e quaisquer outros computadores que possam ser afetados, a fim de minimizar o dano e a proliferação.

Extorsão

Como aviso de invasão, todos os programas de *ransomware* deixam pequenos arquivos de texto espalhados pelo sistema, estampam uma mensagem na tela ou enviam um *e-mail*. Às vezes surge um arquivo de texto no monitor exibindo o aviso de *ransomware* e o pedido de resgate, outras vezes são encontrados inúmeros arquivos de texto, cada qual em uma pasta e um diretório, exibindo essencialmente a mesma mensagem. Eis alguns exemplos de nomes de arquivo envolvidos em *ransomware*:

- O *ransomware* Locky exibe `HELP_instructions.bmp` e `_HELP_instructions.html`.
- O *ransomware* Torrent coloca uma extensão de arquivo `.encryption` em todos os arquivos criptografados, junto com um arquivo de aviso `PLEASE_READ.txt`.
- O *ransomware* Dharma acrescenta uma extensão `.onion` a todos os arquivos criptografados e exibe `FILES_ENCRYPTED.txt`.

O *link* a seguir exibe dezenas de extensões comuns de arquivo adicionadas por vários programas de *ransomware* aos arquivos criptografados: https://techviral.net/ransomware-encrypted-file-extensions/.

Negociações

A vítima é informada sobre como contatar o criminoso responsável via *e-mail*, Skype ou algum outro método de comunicação *on-line*. Muitas vezes, o criminoso lista em seu pedido de resgate um número de identificação que deve ser incluído nas comunicações iniciais. Dessa forma, ele tem como saber quem o está contatando e como identificar a chave pública de criptografia que diz respeito àquela vítima em questão. Alguns avisos de *ransomware* exibem uma quantia fixa a ser paga, geralmente na forma de dólares americanos ou bitcoins (BTC). As variantes de ação direta tendem a usar montantes fixos. Muitos outros programas de *ransomware* não mencionam o valor do resgate a ser extorquido e só pedem que as vítimas entrem em contato. Somente então é que as gangues de *ransomware* informam o valor, o que lhes dá tempo suficiente para pesquisar o quanto podem arrancar de cada vítima. Frequentemente, o aviso de *ransomware* inclui um prazo máximo medido em dias, para instigar na vítima uma sensação de urgência.

Em muitos casos, a gangue de *ransomware* retorna o contato com uma alta estimativa do que espera receber como pagamento por extorsão. Dentre as pessoas que planejam pagar, algumas acatam o primeiro valor exigido, mas a maioria tenta negociar um valor menor. Algumas inclusive fazem contrapropostas muito mais baixas, às vezes porque de fato não possuem muito dinheiro para arcar com um resgate, ou então como uma tática de blefe, ou ainda porque seus egos não lhes permitem pagar todo o valor pedido. Muitas gangues do ramo estão abertas a contrapropostas razoáveis e concordam em receber menos do que o pedido inicial.

Também já vi gangues de *ransomware* se sentirem tão insultadas pela contraproposta da vítima que elevaram bem mais aquilo que fora originalmente exigido. Já vi gangues que simplesmente informaram que não entregariam a chave de descriptografia para a vítima e então cortaram todas as comunicações. Já vi gangues redobrarem os ataques à vítima com danos adicionais (incluindo exfiltração de dados, DDoS, ameaças de indiscrição, ameaças de divulgar dados a concorrentes, e assim por diante). Caso a vítima não tenha a intenção de pagar, nem de oferecer uma contraproposta ridiculamente mais baixa, a sequência mais comum de negociação é a gangue de *ransomware* informar que possui dados da vítima e que planeja liberá-los para outros *hackers*, para a *dark web*, para a concorrência ou para a internet pública, caso não receba uma quantia razoável. Depois de ameaçar a vítima com exfiltração de dados, a gangue volta a pedir a quantia original ou um valor ainda mais alto. Já vi grupos dobrando o valor do resgate depois de anunciarem a ameaça de exfiltração. Geralmente há ainda outras rodadas de negociação por certo período adicional, e a maioria dos grupos de *ransomware* concederá alguns dias a mais para isso. Seja como for, as negociações iniciais estabelecem o tom de como o processo de pagamento ou não de resgate pode se desenrolar.

Fornecimento de chaves de descriptografia

Se um resgate for pago, o grupo de *ransomware* fornecerá uma ou mais chaves de desencriptografia a serem usadas, além das instruções de como usá-las, ou então será fornecido um programa ou *script* juntamente com as chaves de desencriptografia. Seja como for, o processo desencriptográfico não é simples, mesmo quando é automatizado ao máximo. Ainda que haja as melhores intenções de ambos os lados, muitas vezes tal processo não funciona bem ou até fracassa por completo. Toda hora vejo estatísticas indicando que algo como 10 a 25% das vítimas de *ransomware* que pagam o resgate de fato recuperam **todos** os seus dados de volta. Essas cifras geralmente ficam entre 60 a 80% para o caso das vítimas que obtêm ao menos alguns dados de volta. Como quer que seja, a recuperação de dados é sempre problemática. As gangues de *ransomware* não são desenvolvedores superprofissionais que investem muito tempo e energia limpando seus programas de *bugs* e de problemas. A recuperação, mesmo com as chaves de descriptografia, sempre é bem trabalhosa, isso se tudo estiver funcionando o melhor possível. Como já mencionado, as chaves de descriptografia normalmente são fornecidas em lotes – primeiro um "lote de teste" para provar que os responsáveis pelo *ransomware* possuem de fato as chaves relevantes e que elas funcionam, e mais tarde o restante, depois que a maior parte do resgate é paga.

Os *hackers* também podem ficar atualizando suas páginas de RP para que o mundo inteiro saiba sobre sua mais recente vítima, o que foi roubado e se o resgate foi pago ou não. Caso tenha sido, os criminosos pegam seus bitcoins, transferem-nos para um novo endereço ou começam a sacá-los na forma de dinheiro. Enquanto isso, inúmeros outros processos se desenrolam em paralelo do lado da vítima, incluindo esforços de recuperação. Abordaremos esses esforços em mais detalhes nos Capítulos 7 a 10.

Ransomware torna-se um conglomerado

Iniciando com minha ressalva frequente de que os praticantes de *ransomware* estão distribuídos ao longo de um espectro de diferentes tipos de atores, nesta seção desejo abordar especificamente o alto escalão desse nicho. O *ransomware* começou a ser desenvolvido e elaborado por indivíduos, e por muito tempo essa tendência se manteve. Cedo ou tarde, pequenos grupos de irmãos em armas no mundo do *malware* começaram a criar e distribuir *ransomware* a partir de gangues não oficiais de pequeno porte. Até mais ou menos 2013, as criptomoedas não valiam grande coisa, e era difícil para os perpetradores receberem seus resgates sem serem rastreados e presos.

Foi então que o bitcoin chegou com tudo. Líder entre as criptomoedas, foi lançado em 2009, mas poucas pessoas viam seu potencial até então, nem mesmo as gangues de *ransomware*. Em dezembro de 2013, porém, um antigo programa de *ransomware* bastante difundido, chamado CryptoLocker (`https://en.wikipedia.org/wiki/CryptoLocker`), começou a exigir o pagamento de um resgate de US$ 300 em bitcoin, com boa taxa de sucesso. Em pouco tempo, seus criadores estavam faturando dezenas de milhões de dólares (`https://www.zdnet.com/article/cryptolockers-crimewave-a-trail-of-millions-in-laundered-bitcoin/`). O sucesso instiga a concorrência, e alguns anos depois centenas de milhões de dólares estavam sendo pagos em bitcoins a dezenas de diferentes desenvolvedores de *ransomware*.

> Uma ótima linha do tempo ilustrada retomando os nomes mais significativos na história do *ransomware* pode ser encontrada em `https://www.watchguard.com/wgrd-resource-center/infographic/ransomware-timeline`.

Com esse grande sucesso financeiro, vieram os profissionais. Gente que já havia trabalhado como peixe grande em gangues de alto nível e até mesmo na máfia começou a liderar organizações de *ransomware* e *malware*. A elevação vertiginosa das quantias arrecadadas por esses meios escusos permitiu que essas gangues passassem a contratar verdadeiros talentos. Programadores, *designers*, engenheiros e gestores eticamente comprometidos que normalmente teriam ido trabalhar em empresas legítimas agora estavam sendo seduzidos pela promessa de altos salários. Assim, as gangues de *ransomware* se transformaram em verdadeiras corporações, com executivos de alto escalão, administradores, departamento de recursos humanos e folhas de pagamento. Essa tendência, na verdade, valia para todos os criadores de *malware*, embora o ramo de *ransomware* fosse o mais lucrativo. Trickbot, o *malware* que roubava senhas e informações de cartão de crédito, também estava fazendo a limpa. No fim das contas, todo esse dinheiro começou a atrair ainda mais profissionais.

Lembro que a ficha caiu para mim quando uma empresa de cibersegurança, a Cyberwise, analisou um dos mais populares programas cavalo de Troia, o Cerberus. Ao examinar diferentes exemplos do tipo, a empresa conseguiu determinar o desenho da infraestrutura de rede que o criador do Cerberus tinha preparado para suportá-lo. A Figura 1.6 mostra uma recriação dessa infraestrutura a partir da excelente análise da Cyberwise (`https://www.cyberwise.com.tr/Cerberus.pdf`).

Fiquei pasmo a primeira vez que vi esse diagrama. Não se tratava de um garoto administrando seu *malware* em meio período a partir do seu porão. O que havia por trás disso era um profissional com muitos recursos que desenhara uma rede completamente redundante, resiliente e bem pensada. Ele contava com servidores *proxy*, servidores Campaign, portais de admin, serviço ao cliente, centrais de dados e até mesmo validação de chaves de licenças. Aí estava um cara com treinamento técnico em *design* e execução de redes redundantes em larga escala. Poderia muito bem entrar em qualquer grande empresa e pleitear um cargo de chefe de TI, com total qualificação. Provavelmente já havia trabalhado para uma empresa legítima de grande porte em algum lugar do mundo e se saído bem. Quando vi esse diagrama, me dei conta de que o inimigo enfrentado pelos sistemas de segurança computacionais é bem mais sofisticado do que aquele que vínhamos imaginando durante as décadas anteriores.

Isso ficou claro novamente quando o líder de um grupo de *ransomware* intitulado Darkside ganhou as manchetes por ter atacado a Colonial Pipeline, uma operadora norte-americana de oleodutos. Conforme abordado anteriormente, o porta-voz do Darkside divulgou uma declaração após outra no *site* do grupo (`https://www.abc.net.au/news/2021-05-11/darkside-says-aim-as-cash-no-chaos-colonial`

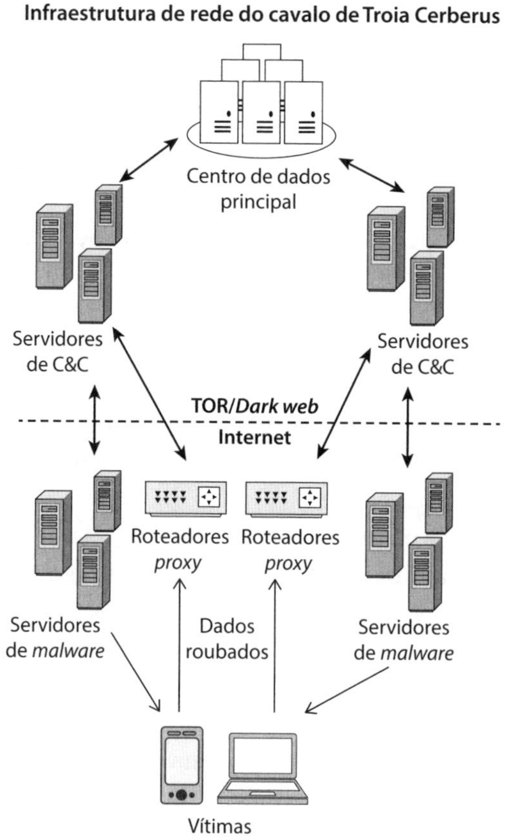

Figura 1.6. Diagrama lógico da rede do cavalo de Troia Cerberus.

-pipeline/100130020) reafirmando o impacto não intencional sobre o abastecimento de energia nos Estados Unidos e a resultante reação na política e nas agências de inteligência. O desenvolvedor de *ransomware* se desculpou e afirmou que o grupo estava tomando medidas para abater os *hackers* afiliados que usaram sua plataforma de *ransomware* como serviço. Embora as declarações escritas em inglês estivessem repletas de erros ortográficos típicos de quem não é falante nativo dessa língua, o porta-voz mencionou tudo aquilo que costumamos ouvir de um CEO corporativo em momentos legítimos de crise. Foi então que percebi que fazia sentido, pois os grandes conglomerados de *ransomware* são mais similares a estruturas corporativas do que a qualquer outra coisa.

Tempos depois, ouvi outro CEO de *ransomware* sendo entrevistado em um programa de rádio. Falava sobre sua empresa de *ransomware* do mesmo modo que alguém administrando a Microsoft falaria. Mostrava-se obviamente orgulhoso de seu produto. Vangloriava-se de seu conjunto de recursos, de sua forte compensação a afiliados, facilidade de uso e ótima satisfação dos clientes. Quando o repórter perguntou se era verdade que outro grupo famoso de *ransomware* era originalmente dissidente do seu grupo, ele ignorou a pergunta com a habilidade dos melhores políticos e então comentou sobre como prezava pela concorrência. "A competição fez bem para todo mundo!", disse ele. "Espere só até nossa nova versão ser lançada!", continuou. "É ótimo saber que podemos bater a concorrência e continuar ampliando nossa base de clientes."

Mal pude acreditar no que eu estava ouvindo. Não deixava nada a dever a algum executivo da Microsoft fugindo de uma pergunta sobre computadores da Apple e sua crescente fatia de mercado. Novamente, ficou claríssimo para mim que os líderes dos maiores grupos de *ransomware* estão tocando organizações profissionais com um aspecto corporativo. E muitos dos membros nessas organizações poderiam ser executivos bem remunerados em qualquer ramo legítimo. Simplesmente optaram por uma vida de crime para ganharem ainda mais dinheiro, ou não tiveram acesso a oportunidades profissionais que pagassem tão bem. Para ser claro, isso não é bom. A última coisa que queremos é que nossos criminosos atuem como profissionais corporativos. É mais fácil combatê-los quando são apenas caras em um porão bebendo refrigerante.

Componentes do setor de *ransomware*

O que quero dizer por "aspecto de corporação"? Quer dizer, além do fato de serem organizações conduzidas profissionalmente, com diferentes departamentos, desenvolvedores, executivos, folha de pagamento, e assim por diante, refiro-me a uma estrutura moderna de cadeia logística. A corporação atual de *ransomware* é apenas uma parte da estrutura maior. A corporação em si controla o desenvolvimento e o licenciamento de *ransomware*. Por sua vez, os desenvolvedores podem ser internos ou terceirizados, ou ambos. Além disso, há encarregados de redes, de licenciamento, de criptografia, de desenvolvimento *web* e de suporte técnico. Em geral, o núcleo corporativo cria o programa de *ransomware*, financia seu desenvolvimento e distribui o programa para ser usado por seus clientes afiliados. Uma vez aprovados em um processo de triagem, tais afiliados têm permissão para alugar o programa de *ransomware* e utilizá-lo para extorquir vítimas. Em compensação, devolvem certo percentual sobre seus ganhos escusos para a empresa central de *ransomware*.

Também existem grupos de pessoas que ganham acesso inicial a várias organizações para então vender esse acesso em fóruns na *dark web*. Na verdade, poderiam fazer o que quisessem com esse acesso, inclusive espalhar *malware* por conta própria. No entanto, decidiram que seu papel é apenas de ganhar acesso a uma empresa e então lavar as mãos e vender tal brecha a quem pagar mais alto. Se você estiver atrás de acesso a tal e tal empresa, eles estarão lá para vendê-lo. Custará mais caro, obviamente, o acesso a empresas de grande porte com mais dados e recursos, mas também com defesas mais difíceis de romper. Para o provedor de acesso, o risco é baixo e a compensação é moderada. Dessa forma, embolsam quase tanto quanto os afiliados por cada trabalho, mas tentam ganhar mesmo é no volume.

Esse é outro motivo pelo qual muitos programas de *ransomware* passam um bom tempo hibernando. As pessoas que encontram uma brecha e conquistam o acesso inicial não são as mesmas que tiram proveito final da organização vítima. Há hoje literalmente dezenas de milhares de empresas e organizações comprometidas ao redor do mundo, com suas brechas ilicitamente abertas apenas esperando serem vendidas a quem pagar mais, e elas sequer sabem disso.

Esses tipos de *hackers* ganham acesso inicial enviando bilhões de *e-mails* de engenharia social, comprometendo *websites* para implantarem *kits* de *exploit*, saindo à cata de *software* sem *patches*, vasculhando depósitos de senhas na *dark web* e fazendo ataques de preenchimento de credenciais (*credential stuffing*) contra APIs. Entre eles, há grupos que se atêm a vender senhas de acesso às maiores empresas do mundo para afiliados de *ransomware*. No mundo profissional, poderiam ser chamados de geradores de *leads*.

> Existem ainda gangues de *ransomware* que pagam infiltrados de confiança para plantarem *malware* no sistema de suas empresas. A Tesla foi uma vítima potencial de uma conspiração fracassada desse tipo (`https://www.tripwire.com/state-of-security/featured/closer-look-attempted-ransomware-attack-tesla/`). Para cada fracasso, dá para apostar que há outros funcionários descontentes que aceitaram um suborno de US$ 1 milhão e não deram um pio. Como resultado, a empresa em que trabalham acaba sendo infectada e extorquida, sem nem imaginar que um funcionário traidor saiu lucrando com seu infortúnio.

Todos esses grupos de conglomerados especializados no lado do suprimento de *malware* competem entre si, tentando maximizar seus lucros. As principais empresas do ramo estão continuamente inovando seus produtos e acrescentando novos recursos. Oferecem suporte técnico a qualquer dia e qualquer hora e até mesmo serviços de câmbio de bitcoin para ajudar a converter criptomoedas em moeda sonante (em troca de uma comissão, é claro).

Se você é um *hacker* e teme ser rastreado de alguma forma por suas transações ilegais em bitcoins, bem, eles também oferecem um serviço que resolve esse problema... por um preço. Acontece que a *blockchain* do bitcoin, que registra todas as transações até um bilionésimo de centavo de quem enviou e quem recebeu, também pode ser maquiada. Assim, tais grupos contam com prestadores de serviço cujo único trabalho é deixar essas transações de bitcoin mais opacas e mais difíceis de rastrear. Basta fazer seus programas de *ransomware* enviarem seus bitcoins para essa carteira central de criptolavagem. Lá, os bitcoins que você coletou serão misturados com os bitcoins coletados por outras pessoas, serão fatiados em pedaços menores e retornarão lavados para seus outros endereços de carteira na outra ponta do processo. A menos que os investigadores consigam entrar na carteira digital dos responsáveis pela criptolavagem, não terão como acompanhar para onde o dinheiro está indo. Esses tipos de serviços de bitcoin são conhecidos como *laundries* ou *mixers* (lavanderias ou misturadores).

> Às vezes, investigadores acabam tendo acesso a carteiras de bitcoin, empregando métodos que não divulgam. Com acesso a uma carteira como essa, agentes federais frequentemente podem rastrear melhor os proventos. Em certos casos, como no do ataque à Colonial Pipeline, os investigadores até conseguem recuperar parte do resgate (`https://www.wsj.com/articles/how-the-fbi-got-colonial-pipelines-ransom-money-back-11623403981`).

Existem até mesmo mercados centrais *on-line* com *blogs* e resenhas sobre os diferentes grupos, afiliados e provedores de serviços de *ransomware*, algo similar ao que se vê em resenhas da Amazon em que clientes atribuem estrelinhas a diferentes produtos. Quando um fornecedor do ramo recebe uma resenha desfavorável de uma única estrela, geralmente passa a oferecer licenças adicionais, taxas temporariamente mais baixas a afiliados ou suporte técnico mais íntimo – qualquer coisa para não perder clientes e alavancar as vendas.

Há toda uma gama de personagens, papéis e organizações secundárias atualmente envolvida na proliferação de *ransomware* e na coleta do dinheiro. Há pessoas que ajudam a pagar subornos, pessoas que ajudam a evitar impostos, especialistas em apagar pistas. E há também folhas de pagamento, pedidos de férias e departamentos de recursos humanos. Há encarregados por examinar currículos *on-line* e entrevistar potenciais desenvolvedores. Trata-se de um grande negócio. Parece-se mais com uma empresa de *marketing* multinível do que com qualquer outra coisa. Estamos falando em imensas empresas conglomeradas com milhares e milhares de funcionários. A bem da verdade, os maiores grupos de *ransomware* são medidos em dezenas de pessoas, mas há uma centena de grupos diferentes e todo um ecossistema de concorrência voltado a roubar dinheiro de uma grande parte do mundo.

Alguém me disse que o setor de *ransomware* é o segundo maior da Rússia, atrás apenas do petróleo. Isso significa que é importante para a economia, para o crescimento das receitas e para a arrecadação de impostos do país. E existe tanto dinheiro e indivíduos importantes envolvidos que essa indústria só sairá de lá se for forçada. Na época do *spam* na forma de *worms* e *bots*, eu dizia que o crime cibernético havia se profissionalizado. Depois cresceu mais ainda, e eu dizia que tinha se tornado corporativo. Hoje em dia, creio que a única forma de descrever esse processo é dizer que se tornou um conglomerado.

Não quero encerrar este capítulo pintando o pior dos mundos, mas o cenário atual é tenebroso. Resgates de *ransomware* totalizam bilhões a dezenas de bilhões por ano, e se nada acontecer muita gente prevê que as cifras alcançarão centenas de bilhões de dólares em danos dentro de uma década.

Mas há esperança. O *ransomware* cedo ou tarde será derrotado. Todos os demais capítulos deste livro são dedicados a esse objetivo, a começar pelo Capítulo 2, "Prevenção de *ransomware*", em que falo sobre o que você e sua organização podem fazer para reduzir significativamente seu risco de sofrer um ataque bem-sucedido de *ransomware*.

RESUMO

Esse capítulo abordou a indústria do *ransomware*, como ela funciona, a gravidade do problema e os diferentes tipos de *ransomware* e processos de seu ciclo de vida. O Capítulo 2 discute como evitar um ataque de *ransomware*.

2

Prevenção de *ransomware*

A prevenção deve ser a estratégia primordial de mitigação para todos que buscam se defender. O foco deste capítulo são as defesas que você pode adotar para impedir que ataques de *ransomware* sequer cheguem a ganhar acesso ao seu sistema. Trata-se do capítulo mais importante deste livro.

DEZENOVE MINUTOS PARA A CASA CAIR

Uma vez que um *hacker* ou um *malware* tenha fincado pé em seu dispositivo ou seu ambiente, torna-se significativamente mais difícil minimizar danos adicionais do que antes desse acesso. Prevenir é mais fácil e mais barato, mesmo quando a prevenção é difícil e cara.

Do ponto de vista dos *hackers*, a parte mais difícil de um ataque cibernético é o acesso inicial. Depois disso, a maioria deles passa a ter mais facilidade para se proliferar de um programa ou dispositivo comprometido para muitos outros. Usar um único dispositivo comprometido como uma "base de operações" para assumir o controle de um ambiente inteiro geralmente requer menos esforço do que o necessário para comprometer o dispositivo original (o que, infelizmente, talvez não seja lá muito difícil). Muitos estudos, incluindo `https://www.wired.com/story/russian-hackers-speed-intrusion-breach/`, mostram que *hackers* sofisticados são capazes de pular de um dispositivo comprometido para muitos outros dentro de meros 19 minutos.

Por isso, impedir que *hackers* e *malware* ganhem esse acesso inicial deve ser o foco primordial de qualquer defesa de cibersegurança. Infelizmente, "Mantenha um bom *backup*" é, muitas vezes, a primeira – e talvez a única – recomendação de "prevenção" contra *ransomware*. Mas *backups* não são prevenção, são minimização de riscos. Se você está usando *backup* como uma tábua de salvação, seus controles de prevenção já falharam, e o *ransomware* tem acesso ao seu ambiente.

Programas de *ransomware* vêm se mostrando aptos a driblarem qualquer detecção depois que são executados em um ambiente. Um levantamento (`https://www.datto.com/resources/dattos-2020-global-state-of-the-channel-ransomware-report`) revelou que 86% das vítimas comprometidas contavam com detecção de antivírus atualizada em seus sistemas. Alguns outros estudos sugerem que antivírus e outras soluções de detecção em *endpoint* barram *ransomware* em até 50% das ocasiões, mas fica claro que se esse tipo de detecção funcionasse de verdade o *ransomware* não seria o problema que é hoje.

Quando programas de *ransomware* são executados, a maioria deles começa a cumprir os passos descritos no Capítulo 1 ("contato com a base", abertura de brecha para que o *hacker* se infiltre, exfiltração de dados, roubo de credenciais de *logon*, criptografia, extorsões, etc.). É evidente que um bom *backup* não salvará as vítimas e definitivamente não é prevenção. Impedir o *ransomware* de sequer ser executado com sucesso – isso sim é prevenção. O restante deste capítulo abordará medidas para prevenir que o *ransomware* seja bem-sucedido. São raros os defensores que investem o tempo e os recursos adequados em controles de prevenção. Este livro mostrará como.

> **Oitenta por cento das vítimas de *ransomware* sofrem um segundo ataque**
> `https://blog.knowbe4.com/80-of-ransomware-victim-organizations-experience-a-second-attack`
> Isso acontece principalmente porque elas não fazem o suficiente para impedir um segundo ataque, mesmo depois de já terem sofrido um primeiro.

BOAS ESTRATÉGIAS GERAIS DE DEFESA COMPUTACIONAL

Qualquer defesa abrange no mínimo três tipos de controles focados em três objetivos diferentes. Chamo-os de pilares 3 × 3 de controle de segurança (exibidos graficamente na Figura 2.1), embora costumem ser descritos em mais fases e mais tipos de controle por outras estruturas de defesa computacional. Prefiro, porém, minimizar os tipos de controles e os objetivos para deixar a coisa o mais enxuta possível.

Os controles se apresentam em três fases diferentes: preventiva, detectiva e recuperativa. Os controles preventivos abrangem tudo aquilo que um sistema faz para impedir que algo aconteça – no nosso caso específico, *ransomware*. Já os controles detectivos incluem tudo aquilo que o sistema faz para detectar qualquer ameaça que tenha conseguido passar pelos controles preventivos, ganhando acesso não autorizado a um ambiente (ou impedindo que outros obtenham acesso legítimo). É a essa altura que tentamos implementar um sistema de alertas prévios: caso não seja possível impedir que algo de ruim aconteça, a melhor coisa a fazer em seguida é emitir um aviso imediato, a fim de arregimentar uma resposta rápida para idealmente minimizar danos. O último conjunto de controles diz respeito a tudo aquilo que se pode fazer rapidamente como recuperação após um evento malicioso para minimizar o período de inoperância e as despesas.

Às vezes, parte da sua recuperação pode envolver voltar atrás e atualizar os controles preventivos para impedir que o mesmo evento danoso se repita novamente. Talvez o evento danoso tenha driblado seus controles preventivos porque eles se mostraram incompletos – ou no mínimo inadequados

Figura 2.1. Pilares 3 × 3 de controle de segurança.

em termos de local e dose certos. Em outros casos, a brecha pode ter sido aberta porque alguém ou alguma coisa não obedeceu aos controles preventivos conforme prescritos. No mundo atual da cibersegurança, é especialmente importante atualizar seus controles preventivos em resposta às lições aprendidas a partir de um ataque bem-sucedido. Vítimas que deixam de investigar adequadamente seus fracassos e de atualizar seus controles preventivos expõem-se a maiores riscos de falhas futuras.

O Capítulo 6, "Detecção de *ransomware*", abordará os controles detectivos recomendados. Já os Capítulos 7 a 11 tratarão dos planejamentos e processos de recuperação. Um capítulo dedicado à prevenção e cinco dedicados à recuperação: essa matemática deixa claro qual dessas duas coisas é mais fácil de fazer. Quando as pessoas comentam comigo sobre como a prevenção de *ransomware* é algo difícil, eu respondo: "Isso não é nada comparado com a dificuldade de recuperação".

Repetindo, há três tipos principais de controle: preventivo, detectivo e recuperativo. E há três componentes que perfazem cada tipo de controle: políticas, defesas técnicas e educação. As políticas abrangem quaisquer regras, regulamentações ou recomendações que são implementadas e comunicadas para minimizar riscos – por exemplo, nunca informe a sua senha a uma solicitação por *e-mail*, nunca execute um programa nem abra um documento proveniente de um endereço de *e-mail* inesperado, nunca use a mesma senha para diferentes *sites* ou serviços. As políticas às vezes são similares à educação, mas podem ter um foco e uma abordagem diferentes.

As políticas também incluem procedimentos ("um jeito de fazer as coisas") e padrões ("o que deve ser feito ou o que deve ser usado"). Uma política pode ser algo do tipo "Durante transmissões, todos os arquivos devem ser criptografados usando sistemas e tamanhos de chave bem aceitos". Um procedimento inclui os passos que devem ser dados para colocar uma medida em prática, tal como "Como criptografar arquivos antes de enviá-los pela rede". Um padrão pode ser uma orientação para colocar em prática, algo como "TLS usando *hashes* SHA-256, criptografia assimétrica RSA com chaves de 2048 bits ou mais longas, e criptografia simétrica AES com chaves de 256 bits ou mais longas devem ser usados para criptografar arquivos enviados pela rede".

Defesas técnicas são quaisquer ferramentas que ajudam a prevenir, detectar, mitigar ou responder a ameaças e riscos. Defesas técnicas no mundo da cibersegurança incluem aspectos como *software* antivírus, *software* de detecção e resposta em *endpoint* (EDR), *firewalls*, configurações de segurança, filtragem de conteúdo, filtros anti-*phishing*, etc.

Por melhor que sejam suas políticas e defesas de segurança, é provável que certo grau de ameaças acabe chegando ao usuário final, que precisará observá-las e confrontá-las. A educação (também conhecida como **treinamento de conscientização em segurança**) busca ensinar os usuários finais a reconhecer algo malicioso que chega ao seu conhecimento e a minimizar danos. Idealmente, os usuários finais são orientados a alertar para tentativas maliciosas e a deletá-las ou ignorá-las. Contudo, como mostra a história, o uso de engenharia social para induzir os usuários finais a lidarem incorretamente com eventos maliciosos é o principal meio de encontrar brechas para ataques desse tipo.

Muito difundido nos dias de hoje, o que o dogma metafórico frequentemente descrito como "defesa em profundidade" advoga é que todo e qualquer sistema deve apresentar o melhor conjunto de camadas múltiplas e sobrepostas de controles preventivo, detectivo e recuperativo, usando políticas, defesas técnicas e educação. De fato, com controles e constituintes sobrepostos, você normalmente diminui os riscos de uma falha isolada de controle, já que um obstáculo acaba abatendo aquilo que os outros deixaram passar. Assim, o ideal é contar com o melhor conjunto de defesa em profundidade a partir de camadas sobrepostas de controles para impedir que o *ransomware* tenha sucesso.

COMPREENDENDO COMO O *RANSOMWARE* ATACA

Para melhor evitar que o *ransomware* finque pé em determinado dispositivo ou ambiente, você precisa se concentrar em como esses acessos iniciais são ganhos, o que costuma ser chamado no mundo da segurança computacional de ***exploits* de causa-raiz** ou ***exploits* iniciais de causa-raiz**. Para impedir *ransomware*, você precisa prevenir todos os *hackers* maliciosos e *malware*; contudo, o *ransomware* tem algumas peculiaridades que valem a pena conhecer. Esta seção examina ambos.

Reiterando, para reforçar: para prevenir *ransomware* você precisa se concentrar em como esse tipo de ataque obtém seu acesso inicial. Nesse caso, seu problema não é *ransomware*, é o *modo como* ele ganha esse acesso em primeiro lugar. O *ransomware* é um resultado do seu verdadeiro problema.

Vamos supor, por exemplo, que de uma hora para outra você é capaz de fazer todo e qualquer *ransomware* magicamente desaparecer. Em um estalar de dedos, o problema sumiu para nunca mais voltar. No entanto, se as raízes de como o *ransomware* conseguia entrar em sistemas ou ambientes seguissem existindo, *hackers* e *malware* continuariam explorando suas vítimas. Talvez não pudessem mais usar *ransomware*, mas lançariam mão de cavalos de Troia, vírus de computador, cavalo de Troia de *backdoor*, *keyloggers*, e assim por diante, a fim de cometerem todos os crimes que desejassem. O *ransomware* é um sintoma de um problema maior: uma vulnerabilidade na segurança que acaba sendo explorada. Assim, para barrar todo *malware*, *hacker* e *ransomware*, você precisa identificar os modos como eles invadem dispositivos e ambientes, para então fechar essas brechas.

Os nove métodos de *exploit* usados por todos os *hackers* e *malware*

Existem essencialmente apenas nove métodos de *exploit* que qualquer *hacker* ou *malware* pode usar para explorar um dispositivo ou ambiente vulnerável. Eis a lista:

- *bug* de programação (com *patch* disponível ou indisponível);
- engenharia social;
- ataque de autenticação;
- erro humano/má configuração;
- escuta não autorizada/ataque *man-in-the-middle* (MitM);
- malformação de tráfego de dados/rede
- ataque de agente interno;
- problema de confiança em terceiros (cadeia logística/fornecedor/parceiro/ataque de *watering hole*, etc.);
- ataque físico.

Há, ainda, a chance de algum vetor de ataque que não está representado aqui e para o qual não existem mitigações atualmente. Por ora, contudo, esses nove métodos descrevem as raízes de *exploit* usadas por todos os ataques conhecidos de *hackers* e *malware*. Para combatê-los, especialistas em cibersegurança precisam mitigar todos eles, a começar por aqueles mais usados e eficientes.

Principais métodos de *exploit* de causa-raiz de todos os *hackers* maliciosos e *malware*

Desde o advento dos computadores, dois métodos de causa-raiz respondem pela vasta maioria das invasões maliciosas a dispositivos e organizações: engenharia social e *software* sem *patch*. Existem inúmeros outros métodos de *malware* e *hacking* que ganharam popularidade ao longo dos anos – incluindo vírus de *boot*, infecções via *pendrive*, etc. – mas engenharia social e *software* sem *patch* figuraram ou no primeiro ou no segundo lugar entre os métodos de *exploit* mais populares na maior parte das últimas três décadas.

Tal liderança de popularidade desses dois métodos como as principais causas de exploração maliciosa por *hackers* e *malware* já foi testada e atestada em centenas de artigos e *whitepapers* publicados, incluindo:

- Entre 70 e 90% de todas as invasões maliciosas se devem a ataques de engenharia social e *phishing* (`https://blog.knowbe4.com/70-to-90-of-all-malicious-breaches-are-due-to-social-engineering-and-phishing-attacks`);
- CyberheistNews, volume 11, nº 14 – Alerta: *phishing* continua sendo a forma de ataque mais comum (`https://blog.knowbe4.com/cyberheistnews-vol-11-14-heads-up-phishing-remains-the-most-common-form-of-attack`);
- Uso de inteligência contra ameaças para construir sua defesa embasada em dados (`https://info.knowbe4.com/threat-intelligence-to-build-your-data-driven-defense`);
- Relatório de Investigações de Violações de Dados 2021 (DBIR) (`https://enterprise.verizon.com/resources/reports/2021/2021-data-breach-investigations-report.pdf`).

Todas as organizações, a menos que tenham experiência e expectativas para provar o contrário, podem se beneficiar de um foco redobrado em suprimir engenharia social e *phising* e em aplicar *patches* mais frequentes em seu ambiente. São as mais eficientes práticas para diminuir os riscos gerais em cibersegurança.

Principais métodos de *exploit* de causa-raiz para *ransomware*

Os principais métodos de *exploit* de causa-raiz para *ransomware* são similares aos outros métodos que todos *hackers* e *malware* empregam para exploração de vítimas, com uma diferença substancial. Para determinar as causas-raiz mais comuns de ataques de *ransomware*, consultei o maior número possível de relatórios públicos de empresas especializadas, notícias publicadas na imprensa e postagens em *blogs*, a fim de encontrar quais detalhavam percentuais exatos de cada tipo de *exploit* de causa-raiz usado por *ransomware* em ataques bem-sucedidos. Acessei quase 40 relatórios, uma centena de notícias e dezenas de postagens em *blogs*. Infelizmente, foram poucas as fontes, listadas a seguir, que mostraram percentuais exatos ou mesmo *rankings* de causas-raiz de *ransomware*:

- relatório do *blog* Coveware (https://www.coveware.com/blog/ransomware-attack-vectors-shift-as-new-software-vulnerability-exploits-abound);
- Statista (https://www.statista.com/statistics/700965/leading-cause-of-ransomware-infection/);
- matéria da revista *Forbes* (https://www.forbes.com/sites/forbestechcouncil/2021/04/22/six-best-practices-for-ransomware-recovery-and-risk-mitigation/);
- relatório da Datto sobre o estado global do canal de *ransomware* (https://www.datto.com/resources/dattos-2020-global-state-of-the-channel-ransomware-report);
- relatório de prontidão da Hiscox Cyber 2021 (https://www.hiscoxgroup.com/sites/group/files/documents/2021-04/Hiscox%20Cyber%20Readiness%20Report%202021.pdf).

Em sua maioria, as demais fontes simplesmente mencionavam as principais causas-raiz de *ransomware* como um todo, sem citar percentuais exatos ou mesmo percentual algum. Quase todos os relatórios listavam engenharia social, *software* sem *patch* e problemas com senhas como as principais causas para exploração por *ransomware*, mas sem ranqueá-las ou cotejá-las. Por sorte, havia afortunadas exceções. A Tabela 2.1 mostra as cifras tira-

TABELA 2.1. Causas-raiz de *ransomware* segundo relatórios

Nome do relatório	Engenharia social	RDP	Software sem patch	Adivinhação de senha	Furto de credencial	Ataque remoto a servidor	Terceiros	Pendrive	Outros
Relatório da Coveware	30%	45%	18%	–	–	–	–	–	5%
Statista	54%	20%	–	–	10%	–	–	–	–
Matéria da revista *Forbes*	1º	3º	2º	–	–	–	–	–	–
Relatório da Datto	54%	20%	–	21%	10%	–	–	–	–
Prontidão da Hiscox Cyber	65%	–	28%	19%	39%	–	34%	–	–
Relatório Sophos	45%	9%	–	–	–	21%	9%	7%	9%
Médias	50%	24%	23%	20%	20%	21%	22%	7%	7%

das dos cinco relatórios que listavam percentuais ou *rankings* específicos de causas-raiz.

A análise de causa-raiz é entravada pela falta de padronização entre diferentes investigadores ao questionarem clientes ou vítimas. Diferentes relatórios dão nomes diferentes às mesmas coisas e as incluem em categorias diversas.

Um ótimo exemplo desse dilema é o RDP, que diz respeito ao Remote Desktop Protocol da Microsoft. Trata-se do principal método pré-integrado para que usuários e administradores se conectem remotamente com um computador Microsoft Windows. Certas cepas de *ransomware* costumam se conectar a portais remotos de *logon*, como o RDP, para tentar adivinhar senhas. Muitas cepas também ficam constantemente à espreita de *exploits* em servidores e clientes vulneráveis de RDP sem *patch*. Um relatório poderia classificar esse tipo de *exploit* de RDP como *software* sem *patch*, enquanto outro poderia classificá-lo como RDP. Nessa mesma linha, um relatório pode inserir a adivinhação de senhas em portais de RDP na classificação "RDP", como a Coveware e a Statista parecem fazer, enquanto outros denominam essa prática de "adivinhação de senhas", como a Hiscox faz. Por fim, outros relatórios, como o da Datto, parecem dividir apropriadamente essa prática em classificações de "RDP" e "adivinhação de senhas".

A análise de dados parece ainda mais bagunçada quando nos aproximamos da fonte de como cada caso originalmente se desenrolou. A maioria dos furtos de credencial, por exemplo, acontece devido a engenharia social e vice-versa (`https://blog.knowbe4.com/new-verizon-dbir-credentials-stolen-in-85-of-social-engineering-breaches`). Três dos cinco relatórios abrem uma categoria específica de "furto de credencial" como um método usado por *ransomware* para comprometer uma vítima, mas não informam como esse furto de credencial se deu originalmente. Esse tipo de furto é um possível resultado final de um *exploit* de causa-raiz, mas não uma causa-raiz em si. É bastante provável que, se essa categoria fosse subdividida conforme cada respectivo método de causa-raiz usado para obter as credenciais, aqueles percentuais de engenharia social listados na Tabela 2.1 seriam bem mais altos.

Além disso, alguns relatórios abrem categorias dúbias como métodos de causa-raiz, como "*pendrive*" ou discos removíveis em geral conectados em portas USB. Um relatório cita que infecções via *pendrive* estariam envolvidas em até 7% de todos os ataques de *ransomware*. Nenhum outro relatório sequer menciona essa categoria de ataque como um método potencial usado por *ransomware*. Na melhor das hipóteses, esse método parece ser um ponto fora da curva temporário (embora não se possa descartar a experiência dos responsáveis por esse relatório sem uma análise mais aprofundada).

Outro relatório cita ameaças de agentes internos como mais uma causa de *ransomware*, em que alguém de confiança dentro de uma organização recebe um suborno para instalar *ransomware* ou é um membro direto de uma gangue de *ransomware*. Essa categoria pode estar relacionada à categoria de *pendrive* recém citada e incluída por outro relatório. Há relatos confirmados judicialmente de agentes internos de confiança que receberam suborno, às vezes de até US$ 1 milhão, para instalar *ransomware*. Um exemplo de notícia desse tipo envolvendo a Tesla pode ser encontrado em `https://www.wired.com/story/tesla-ransomware-insider-hack-attempt/`.

Seja como for, em geral três causas-raiz – engenharia social, *software* sem *patch* e RDP/adivinhação de senha – estão envolvidas na maioria dos *exploits* de *ransomware*.

PREVENÇÃO DE *RANSOMWARE*

Há três tipos de defesas que funcionam bem melhor do que quaisquer outras na prevenção de todos os *hackers*, *malware* e *ransomware*. Começaremos analisando essas três, para depois passarmos às demais.

Defesas primárias

Examinando todos os relatórios, quer citem percentuais específicos ou não, é seguro afirmar que a engenharia social é a causa-raiz mais consistente. Essa categoria foi indicada como o motivo número um de exploração bem-sucedida de *ransomware* por todos os relatórios estudados, exceto o produzido pela Coveware. Contudo, até mesmo esse relatório mostra a engenharia social figurando como a causa principal durante alguns períodos. Devido ao modo como resultados finais e causas-raiz estão misturados na maioria dos relatórios, é provável que os percentuais de engenharia social sejam ainda mais altos do que os diretamente divulgados. Isso seria consistente com o que ocorre com todos os ataques maliciosos por *hackers* e *malware* em geral.

Por isso, o que quer que um usuário ou organização possa fazer (incluindo políticas, defesas técnicas e educação) para mitigar a engenharia social deve ser sua máxima prioridade.

A melhor mitigação para prevenir o sucesso de tentativas de engenharia social é ensinar as vítimas potenciais a identificar os diferentes tipos de golpes e a lidar com eles. Uma parte importante desse ensino diz respeito a como as pessoas podem reconhecer os truques de URLs enganosos usados por golpistas para instigar as pessoas a clicarem em *links* maliciosos. Ensinar todo mundo a "passar o *mouse*" sobre um *link* de URL para conferir se é legítimo antes de clicar nele já faz uma diferença enorme no combate à engenharia social. Os usuários também devem suspeitar de qualquer *e-mail* inesperado, especialmente se contiver um arquivo anexado ou um *link* estranho. Há dezenas de outros ensinamentos que uma organização pode divulgar para mitigar o risco de engenharia social, mas ensinar um usuário a ler um URL está entre os melhores. Em geral, um bom programa de treinamento para conscientização em segurança é uma das mais eficientes defesas que qualquer organização pode implementar para derrotar *hackers* maliciosos e *malware*.

> **Um *e-book* completo sobre *phishing***
>
> Preparei um *e-book* abrangente para meu empregador, KnowBe4, que inclui tudo aquilo que me veio à cabeça para mitigar engenharia social. O livro pode ser encontrado em `https://info.knowbe4.com/comprehensive-anti-phishing-guide`.

No entanto, *software* sem *patch*, que figura em segundo lugar entre os *exploits* de causa-raiz mais comuns entre todos os *hackers* e *malware*, cai para um distante terceiro lugar (ou abaixo) em se tratando de *ransomware*. Isso provavelmente se deve ao envolvimento maior que o normal das diversas famílias de *ransomware* com a adivinhação de senhas no RDP da Microsoft.

Todas as organizações devem se esforçar para proteger o RDP e todos os portais de *logon* (incluindo quaisquer interfaces de programação de aplicações [APIs] acessíveis pela internet). Para isso, é preciso exigir e usar autenticação multifatorial (MFA) sempre que possível. Com isso, as senhas usadas devem ser longas e complexas – com no mínimo oito caracteres, incluindo obrigatoriamente alguns não alfabéticos. Políticas de travamento de contas devem ser habilitadas em todos os portais de *logon* e APIs. Após um certo número de *logons* malsucedidos, a conta do usuário em que muitas tentativas estão sendo feitas deve ser automaticamente inativada até que o administrador investigue o caso ou que o usuário prove sua identificação e a destrave.

Muitos guias recomendam que não se permita acesso ao RDP e a outras ferramentas de acesso remoto a partir da internet. Em vez disso, indicam a exigência de VPN para acessar o portal de *logon*, e esse não é um mau conselho. No entanto, a exigência de senhas fortes e a vigência de uma política aceitável de travamento de contas são igualmente aceitáveis. Esse conselho é aplicável a qualquer portal de *logon* ou API. Ademais, a Microsoft permite que o RDP seja protegido por certificados digitais. Desse modo, sem um certificado digital instalado e de confiança, um *hacker* não teria permissão para sequer tentar um *logon* no RDP. Portanto, trata-se de um bom controle preventivo para conexões RDP e está disponível há décadas. Já escrevi sobre isso no passado, em `https://www.idginsiderpro.com/article/3318123/experience-an-rdp-attack-it-s-your-fault-not-microsoft-s.html`.

Todos os dispositivos e organizações sempre devem aplicar todos os *patches* críticos de segurança assim que ficam disponíveis. Com qual regularidade? A maioria dos guias recomenda sua aplicação no mínimo a cada 30 dias. Sou ainda mais agressivo: creio que todos os *patches* críticos de segurança devem ser aplicados dentro de uma semana após seu lançamento pelo fornecedor – obviamente após terem sido testados em plena escala em um ambiente de produção.

Todas as organizações devem tentar cumprir essa meta com 100% dos *patches*, aplicando-os assim que ficam disponíveis nos programas de *software* mais propensos a ataques de *hackers*, *malware* e *ransomware*. Isso inclui sistemas operacionais, navegadores, *add-ins*, Microsoft RDP, servidores *web*, portais de admin, programas de base de dados e *software* VPN do lado do servidor. Este último é especialmente visado pelas gangues de *ransomware*.

Claramente, todas organizações que desejam reduzir ao máximo os riscos de cibersegurança devem mitigar a engenharia social e não deixar *software* sem *patch*. Aquelas que desejam mitigar especificamente o *ransomware* devem se concentrar nessas duas mitigações e adicionar outras contra ataques de adivinhação de senha e RDP, talvez até mesmo acima da aplicação de *patches*, caso seja preciso estipular uma ordem de prioridade entre as três recomendações.

Resumindo, as três principais prevenções a *ransomware* são as seguintes:

- mitigar engenharia social, primeiro e acima de tudo;
- proteger portais de *logon* e APIs usando MFA ou políticas de senhas fortes e permitindo o travamento de senhas;
- aplicar constantemente *patches* críticos de segurança.

Demais recomendações

Abaixo desses três controles preventivos, há muitas outras medidas que os defensores podem tomar para barrar *hackers*, *malware* e *ransomware*. A seguir, listo-as em ordem decrescente de efetividade contra riscos de cibersegurança (depois dos três controles preventivos listados anteriormente):

- uso de controle de aplicativos;
- prevenção por antivírus/EDR;
- configurações de segurança;
- gestão de contas privilegiadas;
- segmentação de fronteiras de segurança;
- proteção de dados;
- bloqueio de *pendrive*;
- implementação de russo como língua estrangeira.

> Outros controles, que são mais úteis para detecção e domínio de danos, serão abordados em capítulos futuros.

Uso de controle de aplicativos

O uso de um programa de controle de aplicativos em modo estrito é a principal estratégia de mitigação defensiva que qualquer indivíduo ou organização pode adotar para barrar todos *hackers, malware* e *ransomware*. Eu teria colocado esse item entre as defesas primárias se não fosse pelo fato de que a maioria dos indivíduos e organizações não tem como implementá-lo. Ainda assim, sua capacidade singular de reduzir significativamente ataques maliciosos e proliferação lateral, se implementado, merece ser abordada em prol das organizações aptas a considerar seu uso. Além disso, o controle de aplicativos em modo exclusivo de monitoramento/auditoria pode ser implementado por qualquer organização como um sólido controle detectivo. Esse uso é examinado no Capítulo 6, "Detecção de *ransomware*".

Programas de controle de aplicativos estão disponíveis há décadas, também sendo conhecidos tradicionalmente como programas de **lista negra** e **lista branca**. Esses modos são mais bem descritos como modo de bloqueio/negação (isto é, caindo na lista negra) e modo de permissão (caindo na lista branca). Programas de controle de aplicativos nesse modo de listagens permitem que apenas aplicativos e *scripts* predefinidos e pré-aprovados sejam executados. Ao negar tudo aquilo que não é pré-aprovado, rejeitam a execução de todo e qualquer *ransomware* por definição (a não ser aqueles capazes de driblar os controles de listagem de permissão).

No modo de bloqueio/negação, um programa de controle de aplicativos evita que apenas programas ou *scripts* específicos sejam executados. A ideia original de uma listagem de bloqueio era proporcionar a maior liberdade possível aos usuários sem perder a capacidade de barrar programas reconhecidamente maliciosos. Era uma ótima ideia em uma época em que o mundo cibernético contava apenas com dezenas ou centenas de programas maliciosos. Hoje em dia, porém, com centenas de milhões de novos programas de *malware* sendo criados e detectados a cada ano, as listagens de negação se tornaram em grande parte coisa do passado ou são usadas apenas em modos emergenciais, quando um programa malicioso específico precisa ser imediatamente mitigado durante um surto.

> **Flu-Shot!**
>
> O primeiro programa de controle de aplicativos de que consigo lembrar foi o chamado Flu-Shot! (vacina contra a gripe), de Ross Greenberg, no final dos anos 1980. Seu programa e seu livro homônimo são, em grande parte, responsáveis por instigar meu interesse em combater *hackers* maliciosos e *malware* atualmente. Um produto chamado Tripwire (https://en.wikipedia.org/wiki/Tripwire_(company)), lançado em 1992, tornou-se o primeiro programa de controle de aplicativos de uso difundido.

Hoje existem dezenas de programas de controle de aplicativos. A Microsoft oferece dois pré-incorporados às versões empresariais do Windows: o AppLocker e o Windows Defender Application Control. A Figura 2.2 exibe um exemplo de configuração do AppLocker.

Muitos provedores de segurança computacional oferecem um programa ou um conjunto de recursos de controle de aplicativos, incluindo McAfee, TrendMicro, Symantec, Beyond Trust, Carbon Black, Tripwire, Cisco e Ivanti.

Todos indivíduos e todas organizações deveriam implementar um programa de controle de aplicativos em listagem de modo estrito. Ao fazê-lo, barrariam a maioria dos *hackers* maliciosos, *malware* e *ransomware*, independentemente do seu método de *exploit* de causa-raiz. Nem todos, mas quase.

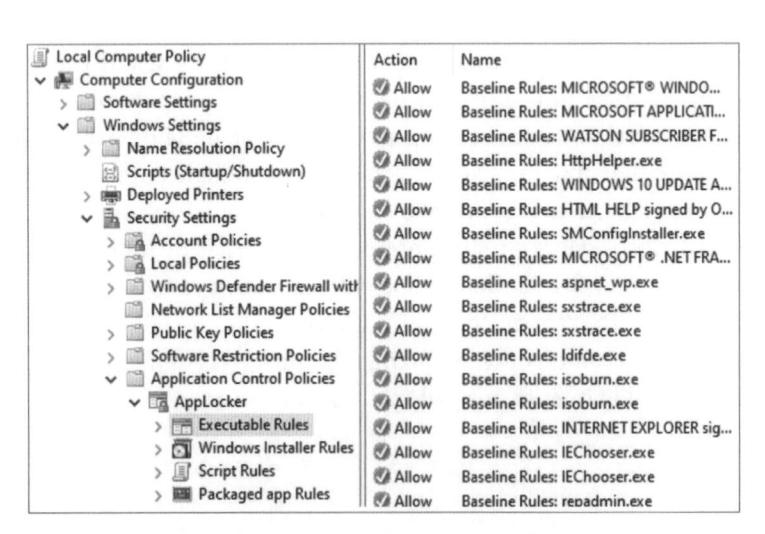

Action	Name
Allow	Baseline Rules: MICROSOFT® WINDO...
Allow	Baseline Rules: MICROSOFT APPLICATI...
Allow	Baseline Rules: WATSON SUBSCRIBER F...
Allow	Baseline Rules: HttpHelper.exe
Allow	Baseline Rules: WINDOWS 10 UPDATE A...
Allow	Baseline Rules: HTML HELP signed by O...
Allow	Baseline Rules: SMConfigInstaller.exe
Allow	Baseline Rules: MICROSOFT® .NET FRA...
Allow	Baseline Rules: aspnet_wp.exe
Allow	Baseline Rules: sxstrace.exe
Allow	Baseline Rules: sxstrace.exe
Allow	Baseline Rules: ldifde.exe
Allow	Baseline Rules: isoburn.exe
Allow	Baseline Rules: isoburn.exe
Allow	Baseline Rules: INTERNET EXPLORER sig...
Allow	Baseline Rules: IEChooser.exe
Allow	Baseline Rules: IEChooser.exe
Allow	Baseline Rules: repadmin.exe

Figura 2.2. Exemplo de configuração do Microsoft AppLocker.

Infelizmente, a maioria dos usuários e das organizações basicamente não deseja bloquear seus computadores e dispositivos de tal modo a rodarem apenas *software* pré-aprovado, pois veem isso como uma afronta à sua liberdade pessoal, à sua criatividade e à sua produtividade. Organizações temem que a implementação de uma listagem em modo estrito diminuiria internamente a produtividade e a criatividade, e não sem razão. Impedir que alguém rode todo e cada programa e *script* que deseja (e também outros indesejados) tolhe sua agilidade. Contudo, uma segurança computacional mais sólida requer esse tipo de controle, mesmo que haja um custo a pagar. Seja como for, muitas organizações carecem de especialização técnica ou de tempo para implementá-lo.

Caso a listagem de aplicativos autorizados em modo estrito seja habilitada, a organização envolvida deve se esforçar para ser bastante proativa e reagir a problemas sinalizados e a solicitações de novas aprovações de *software*. É justamente aí que a maioria dos projetos de controle de aplicativos por lista de permissão acaba fracassando. Em implementações do mundo real, novas aprovações de *software* legítimo podem demorar semanas a meses. Essa demora nas aprovações essencialmente faz a maioria dos usuários desistir desse tipo de projeto, levando a organização inteira também a desistir. Ainda assim, se o modo de listagem estrita fosse levado adiante, derrotaria em larga medida a maior parte dos *hackers* maliciosos e do *malware*, incluindo aí o *ransomware*.

Na verdade, é justamente porque a maioria dos indivíduos e organizações não pode implementar listagens estritas em larga escala que precisamos adotar todas as outras defesas, que, aliás, acabarão não se saindo tão bem sem essa barreira inicial. Este é um dos principais dilemas de segurança das três últimas décadas.

> Nem mesmo o controle de aplicativos em modo estrito é capaz de prevenir todos os ataques maliciosos, mas consegue reduzir **significativamente** o risco de um ataque bem-sucedido e de proliferação lateral.

Prevenção por antivírus

Embora entre 50 e 85% das vítimas de *ransomware* tivessem antivírus ou soluções EDR atualizadas (e outros tipos correlatos), esses modos de defesa conseguem barrar ou mitigar alguns ataques de *ransomware*, e só por isso já devem ser incluídos em todos os *kits* de defesa. Em milhões de ocasiões, uma proteção antivírus (ou qualquer outro tipo relacionado de segurança computacional) não conseguiu impedir que um *ransomware* fosse inicialmente executado ou então identificou-o logo após sua execução inicial. Nenhum controle de segurança é perfeito. Mesmo assim, antivírus e defesas de EDR atualizados devem estar rodando em todos os dispositivos suscetíveis a *ransomware*. Apenas não conte com sua precisão e perfeição em 100%. Essa superestimação é o que baixa a guarda de muitas futuras vítimas.

Configurações de segurança

Todos os dispositivos, serviços e aplicativos devem estar seguramente configurados. A maioria dos sistemas operacionais, serviços e aplicativos já é entregue bastante segura pelo desenvolvedor que os fornece. No entanto, é costumeiro administradores e usuários colocarem em prática esses produtos de um modo inseguro ou aplicarem configurações inseguras. Não é raro, por exemplo, que administradores acidentalmente concedam permissões lenientes demais a arquivos e pastas confidenciais. Muitos ataques de *ransomware* ocorreram depois que um desenvolvedor malicioso encontrou um *site* ou uma área de armazenamento permissivo demais e então aproveitou essa falha para plantar e executar seu *ransomware*. Todas as permissões a arquivos, pastas, serviços e *sites* devem ser o menos permissivas possível. Isso significa sempre ajustar permissões na configuração com o menor potencial de periculosidade para cada usuário, computador e serviço – o mínimo dos mínimos para que a tarefa ou função necessária seja realizada.

Também é muito comum que usuários, serviços e aplicativos recebam níveis de segurança ou filiações de grupo permissivos demais, tal como administrador ou *root*. Ameaças de *malware* que exploram programas ou serviços que rodam com esses contextos de segurança permissivos demais conseguem obter essas mesmas permissões e privilégios, o que facilita e acelera sua exploração e proliferação. Todos os usuários devem receber o nível de contexto de segurança mínimo para cumprirem seus respectivos trabalhos e tarefas. Todos os serviços e aplicativos devem rodar com os níveis mais baixos de privilégios para o seu contexto.

Gestão de contas privilegiadas

Nesse mesmo sentido, grupos e usuários com privilégios devem ser minimizados, a fim de reduzir o risco de que um *hacker* tome o controle dessas contas de livre circulação. Todos os *hackers* e a maior parte do *malware* estão sempre atrás das permissões de segurança dos grupos e contas mais privilegiados em um sistema comprometido.

Todos os grupos altamente privilegiados devem ser reduzidos à mínima quantidade necessária de membros permanentes a cada momento. Novos membros devem ser adicionados conforme o necessário para cada tarefa específica e somente ao longo de sua duração. A Microsoft, para a qual já trabalhei, costuma chamar isso de gestão de contas privilegiadas *just enough, just-in-time* (apenas o suficiente e pelo prazo certo).

Existem muitos programas e recursos de programas maiores que oferecem uma gestão de contas privilegiadas (*privileged account management* [PAM]). Programas de PAM permitem que grupos e usuários privilegiados sejam geridos com segurança e eficiência de modo a reduzir riscos às defesas da organização. Alguns desses programas permitem o *"check-out"* de certos grupos de privilégios, conforme necessário. Todos os usos de grupos e membros privilegiados devem ser investigados até a raiz.

Segmentação de fronteiras de segurança

A recomendação de "permissão de privilégios mínimos" aplica-se a todas as fronteiras de segurança e de rede. Quaisquer "bloqueios" entre duas fronteiras de segurança diminuem o risco de que um ataque e comprometimento de um dos lados consiga se espalhar facilmente até o outro. Fronteiras de segurança podem ser implementadas de modo físico ou de modo lógico. Uma segmentação de fronteira de segurança costuma ser proporcionada por *software* e por dispositivos, incluindo *firewalls*, roteadores, *switches*, VLANs e redes definidas por *software*.

Além disso, diferentes fronteiras de segurança *não* devem usar as mesmas credenciais de *logon*. Novamente, a reutilização de credenciais aumenta as chances de que um comprometimento de um lado da fronteira se espalhe facilmente para o outro. Em geral, com o passar do tempo a segmentação de fronteiras de segurança vem perdendo um pouco (ou todo) seu apelo em favor de defesas de "confiança zero", mas não resta dúvida de que fronteiras separadas de segurança podem proporcionar benefícios significativos quando geridas corretamente.

> **Confiança zero**
> Confiança zero é uma defesa de cibersegurança proposta por especialistas que afirmam essencialmente que as fronteiras de segurança jamais funcionaram muito bem. Como solução, a ideia aqui é tratar cada usuário e cada solicitação como não confiável, e então examinar a totalidade de que o usuário (ou computador, serviço, conexão) está fazendo para determinar sua intenção. Para ler mais sobre a confiança zero, consulte esse ótimo documento introdutório: https://www.nist.gov/publications/zero-trust-architecture.

Proteção de dados

Há muitas maneiras de proteger e encapsular dados para que não sejam facilmente exfiltrados por *hackers*. A maioria das organizações não faz o suficiente para impedir que grandes porções de dados sejam copiadas e roubadas por invasores não autorizados. Uma vez que ganham acesso a um ambiente, esse invasores simplesmente copiam o que eles desejam para onde desejam. Para isso, talvez precisem interromper temporariamente as bases de dados de um motor de *e-mail*, mas ainda assim é facílimo copiar gigabytes e mais gigabytes de informações para outro local, o que geralmente sequer dispara alarmes.

Uma das medidas mais protetivas que um defensor pode adotar é tornar difícil ou mesmo impossível (para quem quer que seja) copiar grandes porções de dados, ao menos de uma maneira não autorizada. Um método é criptografar os dados para que não possam ser copiados em seu estado criptografado para fora do sistema em que residem. Outro é manter os dados em um enclave altamente protegido, ao qual os outros sistemas só podem solicitar visualizações limitadas dos dados a cada período. Em geral, se você priorizar a proteção de dados e sistemas de prevenção de vazamentos, talvez não impeça todo e cada *malware* de entrar no seu ambiente, mas dificultará seu acesso e sua capacidade de roubar dados confidenciais.

Bloqueio de *pendrive*

Uma ínfima minoria dos ataques de *ransomware* ingressa no ambiente da vítima via *pendrives* ou outro tipo de disco removível. O bloqueio ao acesso de *pendrives* até pode reduzir o risco de comprometimentos malignos, mas idealmente a adoção de controle de listagem estrita de permissões seria preferível a um bloqueio completo, se possível.

Implementação de russo como língua estrangeira

Esta é uma recomendação quase jocosa, mas funciona. Em sua maior parte, os eventos de *ransomware* vêm da Rússia ou de seus aliados. Por isso, a maioria desses programas tenta descobrir se está rodando em um computador com uma língua comum falada na Rússia ou em um de seus aliados mais próximos. Caso descubra uma dessas línguas ativa no sistema, o programa de *ransomware* imediatamente encerra sua execução. Eis a seguir algumas das línguas que ataques de *ransomware* provenientes da Rússia conferem e evitam explorar:

- russo;
- ucraniano;
- armênio;
- azerbaijano;
- bielorrusso;
- cirílico;
- georgiano;
- cazaque;
- quirguiz;
- tártaro;
- romeno;
- sérvio;
- turcomeno;
- uzbeque.

Alguns especialistas recomendam habilitar no seu sistema operacional (geralmente Microsoft Windows) uma dessas línguas comumente evitadas, o que reduziria significativamente o risco de um programa de *ransomware* seguir sendo executado. Brian Krebs, jornalista e autor *best-seller* especializado em cibersegurança, abordou essa recomendação de defesa em `https://krebsonsecurity.com/2021/05/try-this-one-weird-trick-russian-hackers-hate/`.

Do ponto de vista de um especialista em segurança, esse tipo de defesa não é dos mais sólidos. Em primeiro lugar, um *ransomware* de fora da Rússia não fará essa conferência, e até mesmo alguns provenientes da Rússia não o fazem. Segundo, há muitas maneiras de um *ransomware* russo conferir se está presente em um dispositivo ou computador sediado na Rússia. Terceiro, qualquer que seja o método de defesa implementado, o *ransomware* russo pode tentar contorná-lo.

Ainda assim, muitos indícios mostram que a habilitação de uma das línguas comumente conferidas pode de fato barrar muitos, senão a maioria, dos programas de *ransomware* de base russa. Dessa forma, se o processo puder ser implementado de forma rápida e fácil, pode valer a pena, pelo menos até deixar de funcionar enquanto defesa.

Todos indivíduos e organizações devem implementar esses controles preventivos recomendados, a começar pelo combate à engenharia social e *phishing*, pela prevenção de ataques a senhas e pela aplicação mais constante de *patches*. Os demais controles preventivos recomendados também devem ser levados em consideração.

> **Ferramenta Cisa de prontidão contra *ransomware***
>
> A Agência Americana de Infraestrutura de Cibersegurança (Cisa) oferece uma ótima ferramenta gratuita de aferição de prontidão contra ransomware (`https://github.com/cisagov/cset/releases/tag/v10.3.0.0`) que qualquer um pode usar. É essencialmente um *checklist* autoaplicável de controles protetivos que qualquer defensor pode aproveitar para se proteger contra *ransomware*.

ALÉM DA AUTODEFESA

Há um limite para as medidas que usuários individuais e organizações podem tomar para prevenir *hackers* maliciosos, *malware* e *ransomware*. Os conselhos prévios não devem surpreender ninguém que circule há algum tempo no ramo da cibersegurança. Eles são os controles de segurança que recomendamos há décadas (para quem está há tanto tempo assim no setor). Todos os guias regulatórios de segurança computacional (como HIPAA, SOX, NERC, PCI-DSS, etc.) vêm recomendando as mesmas coisas desde que foram publicados. Talvez a única novidade que eu tenha incluído nas recomendações seja um foco intenso em controles preventivos, em *exploits* de causa-raiz e na ordem certa de priorização.

Não precisamos de novos controles, nem de novos documentos ou estruturas de controle para prevenir *ransomware*. No entanto, esforços individuais e organizacionais para derrotar o *ransomware* não são o bastante. O ambiente geopolítico e a insegurança subjacentes à internet permitem que *hackers* maliciosos e *malware* passem incólumes a qualquer punição. Precisamos de mais do que apenas controles individuais e organizacionais; precisamos de soluções geopolíticas e de uma internet mais segura.

Soluções geopolíticas

Há inúmeras soluções geopolíticas que podem minimizar significativamente as ameaças impostas pelo *ransomware*.

Cooperação internacional e cumprimento das leis

A maior parte dos ataques de *ransomware* se origina de paraísos internacionais de cibercriminosos, como a Rússia, ou se beneficia da ausência de cooperação jurisdicional entre muitos países. *Hackers* maliciosos e suas criações na forma de *malware* prosperam porque os criminosos perpetradores não podem ser identificados, e mesmo que o sejam, raramente são condenados. Com risco praticamente zero, esses cibercriminosos só têm a ganhar. Quais criminosos não tirariam proveito dessas condições? Roube um banco real e encare a possibilidade muito nítida de ser pego e ir parar na cadeia. Roube um banco *on-line*, ponha as mãos em bem mais dinheiro e tenha chances quase nulas de parar atrás das grades. Precisamos eliminar os paraísos dos crimes cibernéticos e estabelecer níveis mínimos de cooperação interjurisdicional ao investigar cibercrimes e ao acusar e prender cibercriminosos.

Já existem alguns bolsões de cooperação internacional entre alguns aliados próximos, mas certamente não entre países com tradicionais tensões antagônicas, como entre os Estados Unidos e a Rússia ou a China. Estes dois últimos países raramente fizeram cumprir mandatos de apreensão ou prisão originados nos Estados Unidos e voltados a cidadãos dentro de seus territórios, e vice-versa. Em razão disso, muitos crimes cibernéticos advêm dessas duas regiões. Alguns países, como Coreia do Norte e Rússia, parecem não apenas tolerar *ransomware*, mas até usá-lo em seu próprio proveito. Enquanto o crime cibernético for permitido, e até estimulado, entre adversários, teremos enormes dificuldades em eliminá-lo.

Para uma mudança de cenário, será preciso que os políticos concordem em trabalhar em prol de um ordenamento global de cibersegurança e que países concordem em aceitar essas novas regras. É difícil fazer qualquer grupo de pessoas concordarem sobre qualquer coisa. Se seus familiares próximos não concordam em todas as questões, imagine o mundo inteiro e as partes interessadas em cada lado de uma questão. Ainda assim, algumas organizações e pessoas estão tentando.

A Organização das Nações Unidas (ONU), por exemplo, vem há, no mínimo, seis anos trabalhando sobre um conjunto de padrões globais consensuais de cibersegurança e guerra cibernética, e nas décadas anteriores houve outras tentativas de acordos globais. A ONU conseguiu aprovar alguns itens. Em 10 de março de 2021, divulgou seu primeiro relatório sobre recomendações em cibersegurança global (`https://front.un-arm.org/wp-content/uploads/2021/03/Final-report-A-AC.290-2021-CRP.2.pdf`), uma espécie de Convenções de Genebra digitais. O documento eleva e afirma a autoridade das leis internacionais no ciberespaço e o conjunto de normas para comportamento responsável, além de estabelecer expectativas para comportamento cibernético responsável de Estados-nações e de discutir a necessidade de que todos os países se tornem mais ciber-resilientes. Como sempre, grandes nações estão remando contra, mas a França e outros países estão propondo saídas para avanços (`https://front.un-arm.org/wp-content/uploads/2020/10/joint-contribution-poa-future-of-cyber-discussions`

-at-un-10-08-2020.pdf). No cômputo geral, estamos mais próximos de um acordo global sobre o que deve ou não ser tolerado em âmbito cibernético.

Também será preciso um consenso global quanto a regras sobre provas de crimes digitais e como diferentes países aceitarão e farão cumprir mandatos e pedidos de prisão de suspeitos emitidos por outros países. Provavelmente será preciso também uma condenação ampla e global aos grandes países que são paraísos de cibercriminosos. Temos que aumentar o ônus dessas nações ao evitarem implementar medidas necessárias para tornar nossas atividades cibernéticas mais seguras.

Defesa técnica coordenada

A recém-formada Força-Tarefa de Ransomware dos Estados Unidos lançou um relatório intitulado "Combate ao *ransomware*: ordenamentos abrangentes para ação: recomendações-chave da Força-Tarefa de Ransomware" (https://securityandtechnology.org/ransomwaretaskforce/report/), que lista 48 ações diferentes recomendadas ao governo norte-americano para mitigar o *ransomware*.

Muitas de suas recomendações apelam por uma organização centralizada, coordenada e financiada pelo governo e pela iniciativa privada para combater diretamente o *ransomware*. Entre as ações recomendadas, podemos destacar:

- estabelecer um grupo de trabalho de inteligência cruzada para combater o *ransomware*;
- designar o *ransomware* como uma ameaça à segurança nacional (isso foi feito depois que o relatório foi publicado);
- estabelecer uma coalizão internacional para combater criminosos envolvidos em *ransomware*;
- criar uma rede global de centros de investigação de *ransomware*.

Perturbar o abastecimento financeiro

O relatório da Força-Tarefa de Ransomware também recomenda perturbar o abastecimento financeiro via criptomoedas usufruído atualmente pelas gangues de *ransomware*. O documento vincula claramente o aumento das coberturas de seguro contra esse tipo de ataque e o uso de criptomoedas à proliferação dos incidentes de *ransomware* e ao custo por incidente. A força-tarefa recomenda fortemente mitigar a capacidade das vítimas de pagarem resgate e das gangues de *ransomware* de coletarem tais pagamentos. Segundo o relatório, meros 199 endereços de bitcoin responderam por 80% de todos os pagamentos de *ransomware* enviados em 2020. Ao perturbar esses pagamentos, provavelmente diminuiriam os incentivos a essas gangues.

Consertar a internet

Mas se o que desejamos é reduzir de forma drástica o risco à cibersegurança imposto por verdadeiramente todas as fontes de crimes cibernéticos, incluindo *ransomware*, precisamos "consertar" a internet. Em outras palavras, tornar a internet um lugar significativamente mais seguro para o trânsito de dispositivos e pessoas. Isso não é tarefa fácil. Na verdade, é considerada pela maioria dos observadores uma tarefa impossível, sobretudo dentro de um prazo aceitável, digamos 10 anos ou menos.

Talvez você se pergunte por que a segurança já não foi reforçada na internet até agora. A resposta envolve alguns problemas principais, incluindo o fato examinado anteriormente de que é inviável processar a maioria dos *hackers*. Entre os outros desafios, podemos destacar:

- ao ser criada, a internet não foi construída com segurança em mente, e é difícil consertar o pneu com o carro andando;
- a internet é tão descomunal que modificá-la seria um empreendimento massivo que levaria muitos anos, mesmo que todo mundo concordasse com o projeto e quisesse implementá-lo;
- são inúmeros os grandes grupos que se opõem a tornar a internet mais segura, com tudo que isso exigiria, desde defensores da privacidade a governos e braços da lei (por motivos diametralmente opostos);
- muita gente acredita que o tamanho do problema até aqui é aceitável, comparando-o com o nível de criminalidade que vemos no mundo real, e por isso não fazem questão de mudanças;
- é improvável que obtenhamos um consenso global suficiente para tornar a internet mais segura sem um evento cataclísmico, um "ponto de virada" que unisse todo mundo em busca de uma solução.

Discuto em mais detalhes por que a internet não é mais segura em `https://www.linkedin.com/pulse/why-isnt-internet-more-secure-roger-grimes`.

O que surpreende muita gente é o fato de que é possível tornar a internet mais segura. A maioria das pessoas acha que isso é impossível, por não termos a tecnologia ou o *know-how*. Mas não se trata de uma questão técnica, e sim sociológica: fazer as pessoas se unirem em torno das medidas que precisam ser tomadas, para então concordarem sobre como implementá-las.

Ao longo da minha carreira, já escrevi muitas vezes sobre como acho que poderíamos atingir esse objetivo, incluindo diversos *whitepapers*, dezenas de artigos (em sua maioria para a *InfoWorld* e para a *CSO Online*, onde fui colunista semanal de segurança por quase 15 anos), e até mesmo manifestos acadêmicos dessas ideias em importantes fóruns universitários. Há muitas maneiras de tornar a internet mais segura. Aquelas pelas quais advogo não são as únicas, mas eis a seguir um breve resumo da minha proposta:

- Construir uma segunda versão opcional mais segura da internet (a internet original continuaria igualzinha para todos aqueles que quisessem usá-la), adotando os mesmos nós e conexões já existentes da internet. Na nova versão mais segura da internet:
  - uma autenticação pré-definida, disseminada e sólida de usuários, dispositivos e tráfego de rede substituiria o atual anonimato pré-definido e disseminado da internet;
  - todos usuários, dispositivos, redes e serviços poderiam estabelecer um nível mínimo de autenticação assegurada que estariam dispostos a aceitar de e para terceiros também dispostos;
  - haveria um serviço centralizado ao estilo DNS, mas para coletar e denunciar dinamicamente bolsões originários de elementos maliciosos;
  - tudo seria baseado em padrões e protocolos abertos.

Essa internet nova e mais segura descrita na minha proposta não impediria que alguém que quisesse permanecer anônimo pudesse fazê-lo. Na verdade, meu projeto permite que qualquer um escolha seu nível desejado de autenticação, indo desde o anonimato total até uma sólida autenticação de sua verdadeira identidade no mundo real para todo e cada serviço e conexão diferentes. Assim, você poderia optar por permanecer anônimo ao conversar com seu grupo de apoio a pacientes com câncer, mas talvez seu banco só aceitasse suas solicitações de saque mediante o uso de autenticação forte. Alguns serviços poderiam atender pessoas que desejassem anonimato absoluto, enquanto outros seriam voltados a pessoas no outro extremo do espectro. E se o dispositivo de alguém fosse comprometido e começasse a disseminar *malware*, o mundo inteiro saberia e conseguiria reagir de acordo, com as medidas que bem entendesse. E assim que esse dispositivo estivesse limpo e seguro para usar de novo, o mundo também ficaria sabendo.

Uma internet mais segura poderia ser implementada pelos inúmeros grupos que a controlam (como IETF, ICANN, W3C, etc.) caso se arregimentassem para colocar a ideia em prática. Todo planejamento poderia ser feito em alguns meses, sem sequer interromper uma única operação em andamento e sem exigir a compra de novos equipamentos. Boa parte disso poderia ser implementada por meio de atualizações de *software*, o que, aliás, poderia desencadear o surgimento de novas *startups* e de serviços voltados a tirar proveito dos novos conjuntos de recursos.

Se você está interessado em mais detalhes de como minha solução poderia consertar a internet, por favor consulte `https://www.linkedin.com/pulse/wanna-fix-internet-roger-grimes`. Minha proposta é apenas uma das soluções possíveis, pois há outras formas de tornar a internet mais segura. Precisamos apenas optar por uma solução e implementá-la. Será que isso pode acontecer em uma escala substancial sem um evento que marque um ponto de virada? A maioria das pessoas acha que não. Já eu creio que a gravidade do *ransomware* representa seu próprio ponto de virada. Talvez não seja um colapso cataclísmico da internet, mas o *ransomware* já é ruim o bastante, tão ruim quanto pode ficar antes de um verdadeiro colapso. Quem sabe já não exista gente o suficiente pensando da mesma forma para iniciar uma revolução.

RESUMO

Ao encerrar esse capítulo, o ponto principal a ser lembrado é que a prevenção é a chave para minimizar os danos e o impacto do *ransomware*. Um *backup* não é um controle preventivo. A maioria dos indivíduos e das organizações alcançaria os melhores resultados ao mitigar engenharia social, ao prevenir ataques contra senhas e ao aplicar *patches* mais regularmente. Há muitas outras medidas que defensores podem tomar para mitigar o *ransomware*. Todas as organizações precisam se concentrar mais em impedir que o *ransomware* sequer tenha sucesso em suas tentativas de invasão. Ao fim e ao cabo, prevenir *ransomware* sempre é mais barato do que tentar lidar com o problema depois que ele já está explorando seu ambiente. Todos precisamos fazer nosso melhor até que soluções geopolíticas envolvendo a internet cheguem para ajudar.

3

Seguro cibernético

Neste capítulo, examinaremos o seguro cibernético, detalhes sobre o setor e como ele está se ajustando aos megarresgates desembolsados ao longo dos últimos anos. A seção mais importante mostrará como escolher um seguro cibernético e quais quesitos devem receber mais atenção para que você não acabe com uma cobertura inadequada.

REVOLUÇÃO NO SETOR

O seguro cibernético ajuda a proporcionar proteção financeira contra incidentes de cibersegurança. Nos dias de hoje, empresas que oferecem seguro cibernético estão até mesmo assumindo a responsabilidade de atuar como avaliador primário de risco nessa área, oferecendo aos clientes maneiras de graduar sua prontidão em cibersegurança, bem como controles e educação recomendada/obrigatória. Para muitas organizações de menor porte, seu corretor de seguro cibernético pode representar a primeira exposição a uma avaliação de risco madura nessa área e a controles e ferramentas mais sólidas contra ataques cibernéticos. Ironicamente, o *ransomware* é muitas vezes o fator decisivo para que muitas empresas implementem uma segurança computacional melhor e mais resistente.

A modalidade de seguro cibernético vem sendo oferecida em diferentes formas há décadas, embora apenas recentemente com um foco mais voltado à ideia de "pagaremos o resgate". Inicialmente, entrava nas apólices como um "adendo" a outras coberturas de seguro empresarial e abrangia sobretudo sinistros envolvendo **terceiros** ou perdas e danos sofridos por pessoas e organizações à jusante (ou seja, não à parte segurada) em razão de um ataque *hacker* à vítima segurada à montante. A cobertura propriamente dita **à empresa segurada** devido a *hacking* só foi aparecer depois da virada do milênio.

A bem da verdade, antes disso, ataques *hackers* maliciosos ainda eram um evento raro. Até havia alguns *hackers* que roubavam pequenas quantias de dados e obtinham serviços de graça, mas a maior parte de suas ações eram benevolentes. Tratava-se, em sua maior parte, de adolescentes e jovens adultos com o desejo de provar que eram capazes de *hackear* algum sistema, não de causar danos ou se locupletar. Sem dúvida, desde o início sempre houve *hackers* maliciosos e *malware* – como o vírus Michelangelo, de 1992, que atacava discos rígidos –, mas eram casos esporádicos. Em sua maioria, os *hackers* de então faziam invasões só porque podiam, depois davam uma olhada e iam embora. Por sua vez, os programas de *malware* tendiam mais a tocar musiquinhas, como a Yankee Doodle Dandy, e a exibir mensagens pró-legalização da maconha do que a causar dano real.

Em meados dos anos 2000, *bots* de *spam*, *bot nets*, ladrões de identidade e programas de roubo de cartão de crédito começaram a aparecer e transformaram os métodos e os programas de *malware* do passado em projetos que visavam ao lucro. Mesmo então, a maior parte disso envolvia uso não autorizado de recursos, e não dano direto e malicioso ao hospedeiro explorado. O "sucesso comercial" desse tipo de *hacking* atraiu mais *hackers* a entrarem em cena, nem todos tão inofensivos. Como forma de contra-ataque, uma infinidade de regulamentações corporativas e industriais (como PCI-DSS, SOX, NERC, HIPAA, etc.) foi desenvolvida. Nesse âmbito, ofertas na área de seguro cibernético começaram como um modo de compensar as empresas por prejuízos relacionados mais a furto de dados do que à interrupção de negócios e recuperação.

A verdadeira motivação para mudanças nos seguros cibernéticos, conforme abordado no Capítulo 1, foi o resultado da interseção do *ransomware* com o bitcoin, em 2013. A partir de então, criminosos cibernéticos podiam tomar grandes somas de dinheiro de suas vítimas. Não precisavam roubar informações e vendê-las para obter lucro; podiam exigir um resgate e receber dentro de um prazo bem mais curto. Em poucos anos, o maior problema em termos de crime cibernético, baseado exclusivamente em riscos e danos, era de longe o *ransomware* (embora os números frios mostrem que quase metade dos sinistros de seguro cibernético envolve outras questões).

Durante alguns anos, a quantidade de seguradoras oferecendo seguro cibernético cresceu paulatinamente. No seu auge, quase 200 seguradoras diferentes ofereciam essa modalidade de apólice com cobertura contra *ransomware*. Em caso de sinistro, esse seguro cobria (e segue cobrindo, em geral) o pagamento do resgate, os custos de restauração e os custos por interrupção de negócios – até o limite da cobertura, é claro.

As entidades seguradas podiam escolher dentre uma infinidade de ofertas, estabelecendo praticamente qualquer cobertura máxima desejada, com uma pequena franquia e um prêmio acessível financeiramente. Em 2019, por exemplo, era bastante comum uma organização conseguir obter uma apólice de US$ 1 milhão com US$ 10 mil de franquia, por um prêmio de US$ 1.500. Por seu lado, esse era um mercado muito lucrativo e competitivo para as empresas seguradoras. Desse modo, nem ousavam elevar suas tarifas; na verdade, cogitavam baixá-las para manter um cliente em seu portfólio, ao verem as demais empresas do ramo lutando para roubá-lo.

Para o segurado, o seguro cibernético permite que uma parte (grande) do risco financeiro seja transferida para outra entidade – a empresa seguradora. Isso é conhecido como **transferência de risco**. Por muitos anos, o seguro cibernético tinha um custo relativamente baixo, se comparado a outros tipos de seguro cobrindo o mesmo montante de risco financeiro. Havia muitos tipos de ofertas diferentes nesse ramo, com as organizações podendo escolher entre um amplo leque de franquias e coberturas.

Até poucos anos atrás, as seguradoras que ofereciam seguro cibernético estavam obtendo altas taxas de lucro. Era "dinheiro fácil". Rotineiramente, conseguiam ganhar 60% ou mais de cada dólar que cobravam por seu seguro cibernético. O *ransomware* e seus resgates estavam em alta, mas ainda eram eventos comparativamente incomuns. O resgate médio pago ficava apenas na casa das dezenas de milhares de dólares.

Um ano ou dois depois, com a elevação contínua e acentuada dos eventos de *ransomware* e dos resgates médios exigidos, as seguradoras ainda conseguiam ganhar 40% de cada dólar que cobravam de prêmio. Ainda era um bom lucro para as seguradoras que ofereciam seguro cibernético e um bom negócio para o segurado. As organizações cobertas podiam garantir milhões de dólares em cobertura por um custo razoavelmente baixo. Ambos os lados saíam ganhando, e muitas seguradoras do ramo nem se esforçavam tanto para aferir o risco real de cibersegurança do cliente. O lucro que estavam obtendo não exigia que fizessem avaliações profundas desse tipo. Conforme um corretor de seguro me contou: "Lembro da época em que o questionário de risco de cibersegurança exigido pelas seguradoras tinha apenas cinco perguntas, e três delas eram nome, endereço e telefone".

Tudo isso mudou. A incrível onda de lucratividade na qual o setor de seguros cibernéticos surfou quebrou nos últimos anos – sobretudo pelo advento do *ransomware*. A quantidade de ataques de *ransomware* e os montantes pagos na forma de resgate bagunçaram o mercado de seguro cibernético. A Figura 3.1 exibe as mudanças percentuais nos prêmios cobrados por seguro cibernético com o passar do tempo, baseadas em dados do Conselho de Agentes e Corretores de Seguro dos Estados Unidos (`https://www.gao.gov/assets/gao-21-477.pdf`).

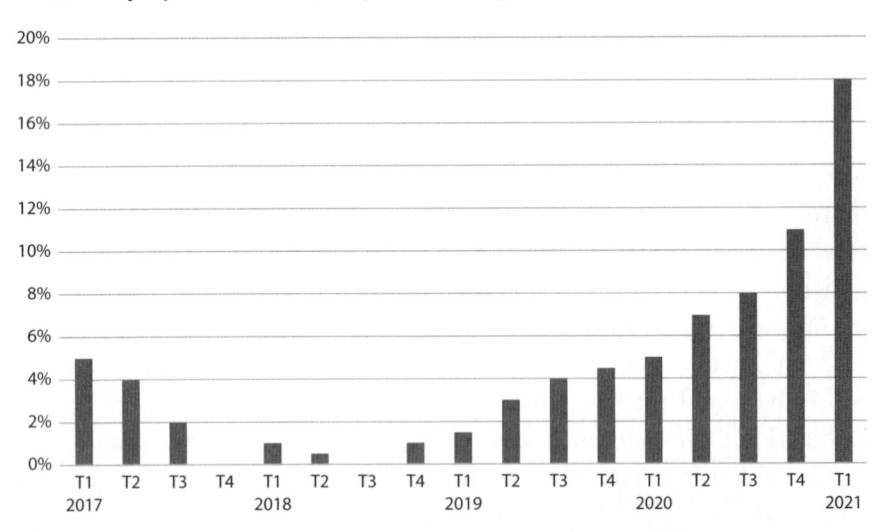

Figura 3.1. Variação percentual nos prêmios cobrados por seguro cibernético ao longo do tempo.

Muitas seguradoras, sofrendo prejuízos ou cansadas dos riscos que não paravam de aumentar, pularam fora desse mercado. Aquelas que ainda estão oferecendo apólices de seguro cibernético exigem a implantação de defesas de ciberseguranca bem mais confiáveis nos segurados, oferecem coberturas mais baixas, cobram prêmios mais altos e incluem mais cláusulas de exclusões de cobertura de apólice.

> **O *ransomware* não foi o único problema**
>
> O *ransomware* foi o principal motivador das drásticas mudanças ocorridas no setor de seguro cibernético, mas outras ameaças também contribuíram para elevar os riscos, incluindo ataques tradicionais de *phishing* e fraudes que comprometem *e-mails* corporativos. Muitas organizações perderam milhões de dólares em golpes que as levaram a enviar dinheiro para contas bancárias fajutas; ainda assim, o *ransomware*, com suas táticas de destruir dados, representa o principal motivo para as enormes alterações nas coberturas de seguro.

Hoje a maioria das organizações que buscam cobertura de seguro cibernético encontra menos opções e ainda precisa comprovar que dispõe de defesas cibernéticas bastante sólidas para obter uma apólice. Os questionários de risco aplicados pelas seguradores cibernéticas muitas vezes incluem 30 a 40 perguntas que precisam ser respondidas, e a maioria das empresas candidatas a adquirir uma apólice precisa se submeter a varreduras e auditorias. As seguradoras do ramo buscam clientes que levam a sério as defesas de cibersegurança. A maioria delas exige que os clientes adotem autenticação multifatorial (MFA) e passem por rotineiras conferências de *patches*, exames de vulnerabilidade e contínuas varreduras. Antigamente, mesmo organizações identificadas como deficientes em termos de defesas de cibersegurança eram capazes de adquirir uma apólice de cobertura, contanto que se comprometessem a resolver tais problemas depois de um "período de tolerância" chamado de **contingência** ou **subjetividade**, após a assinatura do contrato. Hoje, o período de tolerância é provavelmente inexistente, e organizações que buscam adquirir esse tipo de seguro provavelmente precisarão estar totalmente protegidas desde o início. Além disso, se a seguradora descobrir que a organização segurada apresenta uma vulnerabilidade recém-descoberta durante o período de cobertura, a segurada terá de resolvê-la rapidamente, caso contrário poderá perder sua cobertura antes mesmo do vencimento do contrato.

Muitas empresas que oferecem seguro cibernético não cobrem eventos de *ransomware*, ou, o que é mais comum, oferecem coberturas bem mais baixas, também conhecidas como **cosseguro**, mediante uma tarifa adicional. Assim, uma apólice que cobre, por exemplo, US$ 1 milhão em danos gerais de cibersegurança pode cobrir apenas um limite de US$ 100 mil a 250 mil caso um evento de *ransomware* esteja envolvido. Trata-se de uma cláusula de exclusão bem polpuda. Uma organização pode ter de pagar um valor adicional bem mais alto para que eventos de *ransomware* sejam cobertos sob uma apólice completamente à parte. Os tempos mudaram.

O que aconteceu? As gangues de *ransomware* começaram a atacar uma quantidade bem maior de alvos, obtendo resgates bem mais elevados por incidente e causando bem mais danos e custos de recuperação para cada vítima. Resgates pagos abaixo de US$ 1 milhão muitas vezes nem chegam mais a virar manchete. Resgates de U$ 5 milhões a 10 milhões se tornaram bastante comuns. E aqueles que chegam à casa das muitas dezenas de milhões de dólares não são uma extrema raridade. Por sua vez, os custos de recuperação de cada empresa afetada chegam, muitas vezes, a ultrapassar US$ 100 milhões. Alguns ataques de *ransomware* já se aproximaram de mais de US$ 1 bilhão, no caso de alguns eventos de grande porte e que afetam um país como um todo. A maioria das vítimas de *ransomware* costuma ficar fora de serviço por semanas – e a recuperação integral às vezes pode levar mais de um ano. A maioria delas não recupera todos os seus dados comprometidos, mesmo pagando o resgate exigido. Vítimas que se recusam a pagar o resgate têm seus dados confidenciais vazados e, em geral, levam bem mais tempo para retomar suas operações por completo, se comparadas às vítimas que pagam o resgate. Isso tem levado a um ciclo vicioso em que ninguém quer pagar o resgate, já que isso apenas encoraja ainda mais os cibercriminosos e cria mais vítimas. Contudo, cada vítima individual, contemplando suas próprias chances e os custos de recuperação, muitas vezes acaba pagando. E assim o ciclo se perpetua.

OS SEGUROS CIBERNÉTICOS PIORARAM O PROBLEMA DO *RANSOMWARE*?

Uma das grandes questões é determinar se o crescimento do setor de seguros cibernéticos fez o problema do *ransomware* ficar ainda pior do que se esse setor nem existisse. Há muito debate em torno dessa questão, mas é provável que a disponibilidade de seguro cibernético esteja elevando o índice de ataques de *ransomware* e o número de resgates pagos, ao menos em alguns casos.

De forma isolada, uma organização vítima pode ter um dilema ético nas mãos quanto a pagar ou não o resgate exigido, mas o mesmo não ocorre com as empresas de seguro cibernético. Quando uma vítima segurada é atacada, é comum que essas seguradoras pressionem a vítima a pagar o resgate. Isso ocorre porque vítimas que pagam geralmente retomam seus serviços mais depressa, e então as despesas envolvidas resultantes acabam sendo bem mais baixas. Para a seguradora, tudo não passa de uma decisão comercial. Por sua vez, as empresas cobertas por seguro são mais propensas a pagar o resgate, já que nada desse dinheiro sairá do seu próprio bolso.

Essa lógica não passa despercebida aos criminosos. Muitas gangues de *ransomware* visam especificamente às organizações seguradas ou procuram por indícios de apólices de seguro cibernético em organizações cujo sistema acabaram de comprometer. Durante as negociações, muitas dessas gangues já de cara pedem como resgate o valor máximo estipulado na apólice específica da vítima, deixando-a saber que leram os detalhes de seu contrato com a seguradora.

> O recomendado é que organizações que possuem seguro cibernético não armazenem *on-line* o documento da sua apólice, ou ao menos que o protejam (com criptografia separada ou isolamento) para que não possa ser lido por potenciais *hackers* que venham a assumir o controle completo sobre seu ambiente. Além disso, se possível, não divulgue o fato de que você possui um seguro cibernético em documentos públicos.

A imprensa já publicou várias matérias sobre gangues de *ransomware* que invadiram os sistemas de empresas de seguros cibernéticos, furtaram sua lista de clientes (ou simplesmente leram os nomes desses clientes nas próprias páginas *on-line* dessas seguradoras) e então passaram a visá-los um a um como novas vítimas. Ao menos uma gangue de *ransomware*, chamada Maze, confirmou publicamente esse *modus operandi*, embora ninguém possa atestar a legitimidade ou falsidade dessa bravata.

Muitas das maiores seguradoras que atuam no ramo cibernético já foram, elas próprias, alvos de ataques de *ransomware*. No mínimo um desses distribuidores de seguros foi especificamente atacado, tendo seus dados criptografados (e não desencriptografados) porque afirmara que deixaria de pagar esse tipo de resgate. A gangue de *ransomware* decidiu punir essa seguradora como forma de aviso às demais.

Embora muita gente se pergunte se o setor de seguros cibernéticos trouxe de fato mais malefícios do que benefícios, como forma estrita de defesa contra *ransomware* não há dúvida de que sua contratação é uma decisão comercial sensata em termos de risco por parte de muitas empresas que desejam limitar a quantia máxima de dinheiro que possam vir a desembolsar devido a um ataque de *ransomware*. E quer essa modalidade de seguro estimule ou não um ciclo autoinflacionário e contraproducente, a maioria das organizações deverá ao menos cogitar adquirir um seguro cibernético. Existe até mesmo uma possibilidade crescente de que as exigências cada vez mais estritas para contratação de um seguro cibernético nos tornem mais ciber--resilientes como um todo.

APÓLICES DE SEGURO CIBERNÉTICO

Nesta seção, mergulharemos nos fundamentos do seguro cibernético. Na verdade, não existe um modo padronizado de oferecer esse tipo de seguro, e o setor passa por mudanças quando da escrita deste capítulo. Ainda assim, vale a pena examinar um esboço geral do setor.

Embora existam dezenas ou mais de uma centena de seguradoras que ainda oferecem seguro cibernético, um punhado delas – incluindo American International Group (AIG), AXA, Beazley, Chubb, CNA, Travelers, etc. – oferece mais da metade das apólices. É importante perceber que o seguro cibernético cobre mais do que apenas ataques de *ransomware*. A maioria cobre roubo de dados (comum), roubo de identidade, ameaças de infiltrados, fraude e outros tipos de crime cibernético, ainda que este capítulo se concentre em *ransomware*. Também é comum que seguros cibernéticos não cubram *ransomware*. O relatório da Sophos, por exemplo, intitulado "State of Ransomware 2020" (`https://www.sophos.com/en-us/medialibrary/Gated-Assets/white-papers/sophos-the-state-of-ransomware-2020-wp.pdf`) afirma que, embora 84% das organizações pesquisadas possuíssem seguro cibernético, somente 64% tinham uma apólice cobrindo *ransomware*. E muitas das apólices que cobriam essa modalidade de ataque eram, na verdade, adendos a outros tipos de apólices que o segurado já possuía. Seja como for, é importante se certificar de que sua apólice de seguro cibernético cobre *ransomware*, já que este é um dos ataques que mais vêm ocorrendo e que mais causam danos.

O que está coberto pela maioria das apólices de seguro cibernético

Nem todos os custos relacionados a um ataque de *ransomware* estão cobertos por seguro. A seguir são listados alguns dos custos comumente cobertos:

- custos de recuperação;
- resgate;
- análise de causa-raiz;
- custos de interrupção dos negócios;
- notificações e proteção de clientes/partes interessadas;
- multas e investigações legais.

Custos de recuperação

Em sua maioria, as apólices de seguro cibernético que lidam com as repercussões de um ataque de *ransomware* cobrem os custos necessários para recuperar/reconstruir os sistemas e dados envolvidos a fim de retomá-los ao seu estado operacional e a seu nível de serviço originais. Isso é válido independentemente de a vítima pagar ou não o resgate. A recuperação costuma ser a parte mais dispendiosa de um evento de *ransomware*, chegando a alcançar duas, quatro ou até mais vezes o pagamento do resgate por extorsão.

A empresa de seguro cibernético pode contar com seus próprios especialistas contratados para lidar com recuperação, ou então pode terceirizar esse esforço junto a outras empresas que se especializam na recuperação pós-*ransomware*. Algumas seguradoras se vangloriam de sua capacidade de oferecer um serviço mais ágil e eficiente com seu próprio pessoal, mas essa alegação não encontra sustentação nos dados. Tanto funcionários próprios quanto terceirizados costumam responder rapidamente e ser bons no que fazem. O futuro segurado precisa se informar se cada alternativa é mesmo obrigatória ou se são apenas recomendações.

O importante é a pessoa que lhe atender, seja quem for, ter experiência em lidar com recuperação pós-*ransomware*. O evento em si não é o momento para deixar alguém ver o que pode fazer ao se envolver com isso pela primeira vez. O que você quer é alguém com bastante bagagem e envolvimento na prática. Seja quem for que a seguradora lhe recomende, provavelmente deve ser competente em recuperação pós-*ransomware*, em termos tanto de baixo custo quanto de retorno da vítima às operações. É do interesse da empresa seguradora manter os custos baixos, afinal é ela que arcará com parte deles ou mesmo em sua integralidade. Isso se traduz em recuperação rápida e de menor custo.

Resgate

A maioria das apólices de seguro cibernético arca com o custo de pagar o resgate e cuida de todo procedimento (um levantamento concluiu que, nos casos em que o resgate foi pago, 94% das vezes foi a seguradora quem desembolsou a soma). Empresas seguradoras costumam contratar negociadores habilidosos em lidar com *ransomware*, os quais, muitas vezes, conseguem diminuir pela metade ou mais o valor exigido (muito embora seja possível que as gangues de *ransomware* já comecem dobrando artificialmente o valor pedido, como forma de compensar).

Há dezenas ou mesmo centenas de pessoas normais ao redor do mundo que ganham a vida negociando pagamentos de resgate entre a vítima (ou seus representantes) e os perpetradores de *ransomware*. Não sei ao certo como se obtém a experiência necessária para ingressar nesse ramo, mas essas pessoas existem e são muito requisitadas. Em sua maioria, os negociadores de *ransomware* se especializam em uma ou em algumas gangues de *ransomware*. Eles sabem como cada gangue funciona, quem devem contatar por *e-mail*, como fazer a abordagem e quais são os termos geralmente praticados. Por sua vez, a gangue de *ransomware* confia em negociadores específicos – pelo menos até onde um criminoso pode confiar. Quando criminosos do ramo conhecem, confiam e estabelecem um relacionamento duradouro com um negociador de *ransomware*, eles relaxam um pouco e passam a ser menos duros e impacientes com a vítima.

Caso você adquira um seguro cibernético, certifique-se de confirmar quem será o responsável final por decidir se um resgate será pago ou não. Na maioria das vezes, o próprio cliente tem a palavra final, mas é melhor esclarecer esse detalhe antes de pagar por sua apólice para não ficar contrariado ao ver um resgate ser pago.

Análise de causa-raiz

Como já foi abordado no Capítulo 2, é importante identificar como o *ransomware* foi executado no ambiente de cada vítima. A brecha se deu por engenharia social, por *software* sem *patch*, por adivinhação de senha ou por algum outro tipo de *exploit* de causa-raiz? Cada vítima precisa determinar isso para que a vulnerabilidade explorada ainda existente possa ser sanada. Isso não apenas impede que os atuais e futuros *hackers* de *ransomware* voltem a atacar, mas também mitiga que *hackers* e *malware* em geral explorem o mesmo método. Muitas vítimas ainda deixam de fazer uma análise de causa-raiz de como o *ransomware* teve sucesso em seu ataque, e isso é um equívoco.

Muitas vítimas de *ransomware* também desejam saber se houve uma "violação de dados" no seu caso. Ataques tradicionais de *ransomware*, que simplesmente encontram um *exploit* e criptografam arquivos, podem nem ser considerados violação de dados. Atualmente, a maior parte dos ataques de *ransomware* exfiltra dados, tornando mais provável que um evento de violação clássica de dados também ocorra. Em algumas regiões, países ou setores regulamentados, para um evento representar uma violação de dados, precisa obrigatoriamente satisfazer diversos outros quesitos legais, como proteção e notificação de clientes. Se uma definição de violação de dados é importante para sua organização, consulte se uma investigação para determinar se uma violação de fatos ocorreu está incluída nas etapas de recuperação. Nem toda apólice de seguro paga por uma análise forense de causa-raiz, mas se a seguradora que você contratou paga, tire proveito disso.

Custos de interrupção dos negócios

Um seguro cibernético pode ou não cobrir as receitas perdidas em razão da interrupção dos negócios. A maioria das organizações atacadas por *ransomware* fica completamente fora de operação por dias ou até semanas. Na maior parte, também levam meses ou até mais de um ano para retomar 100% de sua capacidade operacional anterior ao ataque. Felizmente, a maioria das apólices de seguro cibernético cobre essas perdas de receitas. Nesse caso, a cobertura do próprio segurado abrange suas respectivas perdas de receitas. Já a cobertura a terceiros, caso exista, costuma englobar receitas perdidas por aqueles parceiros e clientes afetados indiretamente pelo evento de *ransomware* sofrido pela vítima. No entanto, isso não vale para algumas apólices, sobretudo as coberturas na forma de adendos. Por isso, sempre é preciso conferir esse tipo de apólice com atenção.

Notificações e proteção de clientes/partes interessadas

Dependendo da vítima e do *ransomware* envolvido, os clientes e funcionários da organização segurada também podem ser afetados. Se suas informações confidenciais forem visualizadas ou roubadas, eles precisarão ser notificados. Talvez precisem adquirir e habilitar também outros serviços de proteção, como monitoramento de crédito e alerta de roubo de identidade. Algumas seguradoras se gabam por contratar "consultores de imagem" para sanar qualquer dano à reputação causado por um evento de *ransomware*. Seja como for, o ideal é que o segurado saiba bem o que sua apólice de seguro cobre no que tange às notificações e à proteção de clientes e partes interessadas.

Multas e investigações legais

Alguns incidentes de cibersegurança podem suscitar multas legais ou regulatórias e/ou investigações. Diversas empresas seguradoras, mas não todas, cobrem multas que precisam ser pagas caso o cliente não tenha cometido ações intencionalmente ilegais. Como o valor dessas multas pode ser altíssimo em alguns casos, é um grande benefício incluir sua cobertura na sua apólice. No entanto, caso o segurado tenha cometido algum ato intencionalmente ilegal ou contra regulamentações (ou tenha sido potencialmente negligente), a maioria das seguradoras não cobre o custo de quaisquer multas ou investigações resultantes.

Exemplo de estrutura de apólice de seguro cibernético

Veremos agora como uma apólice abrangente de seguro cibernético costuma ser estruturada. A lista a seguir mostra as seções que podem estar contidas em uma apólice do tipo, ainda que a terminologia possa variar, dependendo da promotora do seguro.

- Resposta a incidente cibernético (segurado direto):
    - custos por resposta ao incidente;
    - custos legais e regulatórios;
    - custos de segurança de TI e forenses;
    - custos por crise de comunicação;
    - custos de gestão de violação de privacidade;
    - custos de gestão de violação de privacidade de terceiros;
    - custos de remediação pós-violação.
- Crime cibernético (segurado direto):
    - fraude envolvendo transferência de fundos;
    - furto de fundos mantidos como conta-caução;
    - furto de fundos pessoais (funcionário sênior);
    - extorsão;
    - roubo de identidade corporativa;
    - fraude por pagamentos autorizados por *push* (perda de dinheiro por parte de um cliente do segurado);
    - grampo telefônico;
    - uso não autorizado de recursos computacionais.
- Dano ao sistema e interrupção de negócios (segurado direto):
    - custos envolvendo danos ao sistema e de retificação;
    - perda de receitas e despesas extras;
    - despesas extras adicionais (às vezes);

- interrupção de negócios de dependente;
- dano consequente à reputação;
- custos de preparação de aviso de sinistro;
- custos por substituição de *hardware*.
• Responsabilização por segurança de rede e privacidade (de terceiros):
   - responsabilização de segurança de rede;
   - responsabilização de privacidade;
   - responsabilização de gestão;
   - multas regulatórias;
   - multas envolvendo Payment Card Industry Data Security Standard (PCI-DSS), sanções e pareceres.
• Responsabilização de mídia (a terceiros e opcional):
   - difamação;
   - descumprimento de direitos de propriedade intelectual.
• Seguro de Responsabilidade Civil Profissional (Technology E&O) (a terceiros e opcional).
• Custos de comparecimento à corte de justiça (terceiros).

Pode valer a pena revisar essas diferentes seções antes de cogitar a assinatura de uma apólice de seguro, para garantir que todos os diferentes componentes estejam cobertos.

Custos cobertos e não cobertos por apólices

Também é recomendável ficar alerta aos custos que uma apólice de seguro cibernético não cobre. De qualquer modo, é preciso ficar claro que, se sua organização for alvo de um evento de *ransomware*, qualquer seguradora envolvida provavelmente já terá de arcar com altos custos de cobertura. Ela não sairá se oferecendo a pagar de bom grado por itens que não estão cobertos pela apólice; contudo, ao contrário do que ocorre em outros tipos de seguro, ela provavelmente não ficará procurando intencionalmente por brechas para reduzir sua cobertura. Ainda assim, há custos que não estão cobertos pela maior parte das apólices do ramo. Veremos agora alguns custos comuns e incomuns que talvez não sejam cobertos por seguro cibernético. Muitos deles surgem independentemente de sua organização ter sido ou não atacada com sucesso por um *ransomware*, incluindo:

- custos envolvendo quaisquer mitigações para prevenir que um ataque de *ransomware* sequer chegue a ocorrer;
- recursos envolvidos na obtenção de seguro cibernético;
- custos com prêmios de seguro cibernético, se existirem.

A seguir são listados aqueles custos que não costumam ser cobertos após um evento bem-sucedido de *ransomware*:

- alterações de pessoal, inclusões/deleções/mudanças, se existirem;
- lentidão de produtividade devido a novos procedimentos e proteções, se existirem (embora esse item possa estar coberto sob perdas de receita);
- danos à reputação (embora possam estar cobertos sob perdas de receita);
- novas preparações adicionais para mitigar o próximo ataque;
- interrupções em terceiros não segurados.

Observe que várias apólices de seguro cobrem muitos dos custos prévios, como interrupção de negócios, custos com mão de obra extra, perdas de receitas, etc. A questão-chave é determinar se a apólice que você possui – ou está cogitando adquirir – cobre ou não um custo específico, e, caso cubra, até qual valor. Uma organização vítima deve ser responsável por arcar apenas com a porção não coberta pelo seguro.

Os dois últimos custos da lista anterior merecem uma análise mais aprofundada. Vejamos, primeiro, as preparações adicionais para mitigar o próximo ataque. A maioria das vítimas atacadas por *ransomware* deseja reforçar suas defesas, para que não sejam vitimizadas novamente. Na melhor das hipóteses, sua apólice de seguro cibernético cobrirá os custos para que você recupere 100% de sua capacidade operacional e de suas defesas originais. Contudo, não pagará por todas as novas mitigações de segurança que você provavelmente virá a adquirir. A maioria das vítimas de *ransomware* acaba adquirindo *software* terceirizado de detecção e resposta em *endpoint*, *software* e aparelhos hospedados e em rede de detecção de intrusos, serviços de treinamento em conscientização de segurança, produtos e serviços de monitoramento de eventos de segurança, soluções de autenticação multifatorial, *upgrades* de *software* e todas as outras coisas que já deviam estar em prática para que sequer houvesse um ataque de *ransomware* em primeiro lugar. Esqueça, o seguro cibernético não vai pagar por nada disso. O foco é pagar por tudo que for necessário para levar você à "estaca zero", o que, em muitos casos de *ransomware*, já é bastante coisa.

A vida real é complicada. Muitas vezes, as novidades são compradas para substituírem elementos ultrapassados ou corrompidos, o que talvez seja inevitável. Suponhamos, por exemplo, que diversos clientes Microsoft Windows 7 e servidores Microsoft Windows 12 tenham caído. A maioria das vítimas acabará comprando Microsoft Windows 10 e Microsoft Windows Server 2019 ou 2022 para substituí-los. Os novos itens de *software* geralmente custam mais caro do que os velhos. Muitas vezes, um novo *hardware* se faz necessário para dar suporte às maiores exigências de recursos dos novos itens de *software*. Cedo ou tarde, algum consultor de segurança pode acabar mencionando que seu *design* atual de Active Directory pode ter causado parte do problema. Assim, recomendará um *design* "do jeito certo" a partir do zero, e esse projeto exigirá uma equipe de outros consultores por semanas ou meses.

Nisso, outra pessoa aproveita para comentar que um melhor processo de resposta a incidentes teria diminuído os danos, abreviado o tempo fora de serviço e reduzido os custos. Assim, cria-se uma equipe oficial de resposta a incidentes, o que, por tabela, desenvolve um programa de treinamento para seus membros, exercícios de conduta em mesa redonda e a necessidade de adquirir itens de *software* para a nova equipe. Agora outro indivíduo recomenda a aquisição de um programa de gestão e varredura de vulnerabilidades para a empresa como um todo, o que exigirá novos funcionários para gerir e tocar tudo isso. E assim por diante.

Sendo assim, no processo de recuperação após um evento de *ransomware*, muitas organizações acabam se envolvendo com novos *designs* de rede, novos aparelhos de segurança, novos serviços, novos funcionários, etc. E nada disso é pago pela seguradora. Não espere que a recuperação acabe levando para onde você estava antes, porque em geral não é para lá que você deve ir. Afinal, foi aquela condição original que abriu brechas para os problemas que acabaram ocorrendo.

Por fim, os grandes eventos envolvendo *ransomware* estão causando interrupção operacional em uma escala bem maior do que qualquer empresa de seguro cibernético poderia cobrir. E mesmo que pudesse, nesse caso o prêmio a ser pago pela empresa segurada acabaria ficando alto demais. De fato, para alguns eventos de *ransomware*, os custos de interrupção são imensos e até mesmo globais.

No caso do ataque de *ransomware* à Colonial Pipeline, por exemplo, já abordado no Capítulo 1, o evento acabou prejudicando o abastecimento de gasolina por toda a região sudeste dos Estados Unidos, muito embora seu impacto direto tenha sido em uma área bem mais restrita. A cidade onde moro, perto de Tampa, na Flórida, chegou a testemunhar escassez generalizada de gasolina, embora o suprimento local não tivesse diminuído nem um pouco. Acontece que todo mundo nas redondezas entrou em pânico achando que pudesse começar a faltar gasolina, e as pessoas saíram apressadas para abastecer imediatamente, o que levou minha região a ficar sem o combustível por algumas horas. Quando saí para tentar completar o tanque da minha camionete, não encontrei um pingo de gasolina em um raio de mais de 15 km da minha casa – apenas bombas cobertas por sacos plásticos e postos às escuras. Perdi duas horas e alguns litros do meu tanque e mesmo assim não consegui encontrar combustível. Telefonei para o trabalho a fim de avisar que não teria como me deslocar até lá por um ou dois dias, pois não sabia ao certo se teria gasolina para ir até lá e voltar. Um colega que mora na Holanda disse que ouviu falar que eles também poderiam enfrentar problemas de abastecimento por causa do que estava acontecendo nos Estados Unidos. Uma loucura! Mas que serve para mostrar o que um único evento de *ransomware* é capaz de fazer. Nenhuma daquelas interrupções seria coberta por seguro.

Duas semanas depois, a produtora internacional de carne JBS pagou US$ 11 milhões em resgate, e, mesmo assim, seu fornecimento de carne atrasou, o que afetou restaurantes e estabelecimentos à espera de seus pedidos. Fica claro que o caos operacional causado por *ransomware* pode ser imenso e até mesmo global, capaz de afetar as vidas de milhões de pessoas e torná-las menos produtivas. Esse tipo de custo jamais será reembolsado.

Se você está interessado na proteção financeira proporcionada por seguro cibernético, certifique-se de conhecer o que está e o que não está coberto pela apólice. Acima de tudo, você deve tratar com um corretor eficiente, inteligente e confiável que conheça a apólice envolvida e saiba tirar suas dúvidas. De maneira nenhuma se deve fazer suposições ao revisar uma nova apólice de seguro cibernético.

O PROCESSO DE SEGURO

É crucial compreender o processo normal de adquirir um seguro. Além disso, uma vez adquirido, é importante conhecer os trâmites em caso de um evento de *ransomware*. Vejamos mais de perto como se dá a aquisição, a determinação do risco ao seguro cibernético e o processo de subscrição, aprovação e abertura de sinistro.

Aquisição de seguro

A maioria das organizações simplesmente contata seu atual corretor de seguros empresariais para saber mais sobre seguro cibernético. Algumas organizações consultam especialistas no ramo, e alguns novos clientes encontram seus corretores de seguro cibernético ao clicarem em um anúncio na internet. Seja como for, todas as organizações que buscam adquirir seguro cibernético terão de passar por algumas diferentes rodadas de questionamentos.

A primeira etapa será classificar, localizar e estimar o tamanho da organização que está buscando o seguro. Alguns tipos de organizações não podem obter seguro cibernético (são simplesmente muito visadas ou seus danos resultantes são grandes demais) ou as coberturas são baixas e/ou os prêmios são altos demais. Diferentes ramos de atuação encontram preços diferentes.

Onde a organização está situada e onde ela opera? Todos os locais a serem cobertos encontram-se na mesma área ou estão espalhados pelo país ou mesmo globalmente? Se estão espalhados pelo mundo, em quais locais exatamente? Alguns países não podem ser cobertos por seguro ou então outras seguradoras talvez precisem ser adicionadas para preencher as lacunas.

Quais equipamentos você deseja cobrir? Apenas computadores ou também dispositivos móveis, equipamentos industriais, ambientais e outros? Quais tipos de computadores você possui (Windows, Linux, etc.)? Quantos eles são? Quantos servidores você possui? Quantos computadores-clientes você possui?

Qual o valor estimado da sua organização? Quais são suas receitas anuais? Quantos clientes você tem? Quantos arquivos confidenciais você tem? Quantas transações de cartão de crédito você faz, e qual é o seu valor total? Estimar o tamanho da sua organização é importante não apenas para que a seguradora calcule sua apólice de acordo, mas, especificamente com o *ransomware* em mente, porque acaba determinando um montante aproximado em caso de uma extorsão desse tipo.

Determinação do risco ao seguro cibernético

Ao fim e ao cabo, o que a empresa seguradora quer saber é se você representa um bom ou um mau risco de cibersegurança. Para descobrir, ela normalmente lhe fará dezenas a centenas de perguntas sobre suas políticas internas específicas, como se você usa MFA, se implementa bloqueio de contas em caso de falhas de *logon*, como é composto o seu *backup*, se os *backups* são armazenados *off-line*, e assim por diante. Algumas seguradoras perguntam se você está em conformidade com diretrizes regulatórias (como PCI-DSS, HIPAA, etc.) e/ou se já se submeteu a auditorias de segurança. O que elas querem é obter a melhor noção do risco que estão assumindo com sua organização.

Embora isso fosse quase inexistente até alguns anos atrás, muitas seguradoras estão exigindo que você dê permissão, a elas mesmas ou a servidores indicados, para que executem varreduras externas e/ou internas de vulnerabilidade. Com isso, desejam confirmar quantas vulnerabilidades fáceis de encontrar você tem, as quais poderiam ser aproveitadas por um *hacker*, e então pedem que você corrija as mais críticas antes que possam oferecer uma apólice. Às vezes também requerem o direito de conduzirem varreduras adicionais de vulnerabilidades durante a vigência da apólice e chegam a revogar a apólice prematuramente em caso de não conformidade.

Subscrição e aprovação

Depois que todas as informações são coletadas, elas são enviadas para um subscritor de seguro, que as examina. A essa altura, o subscritor já deve ter enviado as diretrizes, que também já devem ter sido cumpridas, mas agora ele reúne as informações coletadas e tenta decidir se a organização solicitante pode de fato ser segurada, e, em caso positivo, por qual preço.

Ademais, o subscritor vai querer saber inúmeras outras coisas. O quanto você deseja de cobertura? O quanto de franquia você está disposto a pagar? E assim por diante. Em seguida, o subscritor decide se precisa ou não de mais informações para tomar uma decisão. Caso assim decida, a empresa seguradora pedirá que a organização solicitante apresente tais informações. Então, com as novas respostas, a apólice retorna para receber um sinal verde ou vermelho. É bastante comum que o solicitante receba um pedido de mais informações ou mesmo a exigência de implementar alguma coisa (como MFA) para daí sim poder adquirir a apólice.

Já ouvi de alguns corretores de seguros que está ficando cada vez mais difícil para o corretor passar uma cotação e fazer o cliente aprová-la em tempo antes que o subscritor altere as exigências. Quanto mais tempo o cliente levar para ter a cotação de sua apólice de seguro aprovada, maiores as chances de que as exigências da apólice cotada sejam canceladas ou modificadas. Em grande parte, isso se deve ao dano crescente que o *ransomware* está causando e a seu impacto financeiro sobre o setor de seguro cibernético.

No final, se o cliente concordar com os termos e com os preços propostos pelo subscritor e pelo corretor, terá, enfim, uma apólice de seguro cibernético para eventos cobertos em contrato. Se a apólice de seguro cibernético incluir um corretor recomendado ou obrigatório de resposta a incidentes, será o ensejo para o líder ou o ponto de contato da organização segurada entrar em contato com o responsável por resposta a incidentes da empresa seguradora. A maioria dos clientes espera até que um incidente de cibersegurança aconteça para entrar em contato pela primeira vez com o corretor de resposta a incidentes. Isso não chega a ser um problema, mas há benefícios em fazer uma ligação pré-incidente e em revisar instruções.

A empresa segurada precisa se certificar de que todas as informações relevantes de contato, e a própria apólice, estejam *off-line*, já que sistemas computadorizados *on-line* podem sair do ar ou ficar indisponíveis ou inconfiáveis para uso. Os pontos de contato da empresa segurada devem se apresentar ao corretor de resposta a incidentes e perguntar detalhes sobre as medidas que seriam tomadas em caso de um incidente. Talvez seja um momento propício para organizar um exercício simulado em mesa redonda. Já conversei com diversas pessoas que passaram por incidentes de *ransomware* e que precisaram contatar corretores de resposta a incidentes, e todas elas concordam que a organização de reuniões prévias entre as partes é útil para ambos os lados. Infelizmente, menos de 1% das organizações seguradas estabelece um contato pré-incidente. Então, se você possui seguro cibernético e lhe foi atribuída uma equipe ou um corretor a contatar em caso de incidente, não hesite em telefonar.

Processo de abertura de sinistro

Suponhamos agora que um evento de cibersegurança, um *ransomware* propriamente dito, aconteceu com um cliente segurado. Como deve transcorrer o processo de resposta?

Tipicamente, há um ou mais sistemas que caem primeiro, porque estão começando a ser criptografados. De início, as pessoas que estão diante da tela testemunhando isso começam a perceber problemas operacionais no sistema em que se encontram, mas sem saberem ao certo o que está acontecendo. Surgem, então, algumas mensagens inesperadas do que parecem ser erros críticos. Em seguida, finalmente uma mensagem de extorsão por *ransomware* aparece ou no sistema em que elas se encontram ou em outro onde procuram por soluções para o primeiro sistema.

A organização vítima deve contatar os responsáveis internos pelos procedimentos de resposta e a alta gestão, enquanto começa a desconectar todos os sistemas da rede (com ou sem fio). Cedo ou tarde, o telefone de contato fornecido pela empresa seguradora em caso de sinistro precisa ser discado. Normalmente, isso notifica a própria empresa seguradora de que um incidente está ocorrendo durante o telefonema inicial, ou a seguradora será contatada pela vítima separadamente mais tarde. A empresa seguradora costuma dar um prazo máximo para que o segurado a notifique em caso de incidente, e, se esse prazo não for cumprido, a apólice perde a vigência. Tal prazo costuma girar em torno de um dia até algumas semanas. A seguradora tem todo o interesse de que seu cliente obtenha o auxílio técnico necessário para minimizar o tempo de inoperância e os custos. Sendo assim, a obrigatoriedade de notificar a seguradora nas primeiras horas após um incidente não é infundada. Isso posto, não custa envolver também o seu corretor de seguros para que ele repita quais tipos de itens são reembolsáveis sob a apólice e quais tipos de provas e recibos podem ser necessários para garantir os reembolsos de gastos.

Auxílio técnico inicial

Quando a pessoa ou a empresa responsável pela resposta em caso de incidente é chamada, normalmente começa explicando a você o que vai acontecer. Em geral, tenta obter o máximo de informação possível, incluindo a quantidade e a localização dos computadores afetados e se a cepa do *ransomware* já foi identificada. A identificação da cepa e da versão do *ransomware* é importante para os responsáveis pela resposta inicial, já que diferentes programas e gangues do ramo apresentam diferentes atributos. Na maioria das vezes, o representante da empresa vítima é instado a repassar outras informações necessárias e a arregimentar outros funcionários e equipes para participarem da próxima reunião, que será prontamente agendada. Nessa próxima reunião, as respostas iniciais recomendadas, abordadas mais adiante nos Capítulos 7 e 8, serão comunicadas. Especialistas e recomendações para "interromper a proliferação" e "interromper os danos" estarão no comando dessa vez. Outros funcionários e equipes serão requisitados conforme necessário.

Cedo ou tarde, o risco inicial da crise começará a baixar. A quantidade máxima de dano já terá passado ou começado a estabilizar. Dependendo do que esteja acontecendo, talvez o resgate já comece a ser negociado. Em algum momento, a resposta ao incidente passará das fases iniciais para a fase seguinte de recuperação. Os diversos sistemas comprometidos começarão a ser ranqueados de acordo com seu respectivo impacto nos negócios (bem como suas contingências), e esforços passarão a ser envidados para a restauração inicial. Com isso, os sistemas começarão a voltar a operar normalmente. Novos elementos de *hardware* e *software* também costumam ser adquiridos e implementados. Dados criptografados podem começar a ser desencriptografados, se possível. Sistemas serão avaliados para assegurar que não contêm outros cavalos de Troia de *backdoor* instalados, ou serão simplesmente reconstruídos do zero.

A empresa seguradora provavelmente fará conferências regulares para saber como as coisas estão indo, passando a estimar despesas atuais e futuras esperadas. A certa altura, o segurado acionará a cobertura de despesas junto ao corretor, perguntas serão dirimidas, documentos serão encaminhados e compromissos serão estabelecidos, juntamente com mais rodadas de discussão.

Alguns pagamentos cobertos pela apólice talvez já comecem a ser repassados (subtraindo-se a franquia acordada), como os referentes a despesas com a equipe de resposta inicial e com a recuperação. Pode ser também que a vítima arque com todas as despesas inicialmente e seja reembolsada mais tarde. Seja como for, todas as faturas devem ser entregues pelo cliente à seguradora, e algum montante de reembolso final deve ser acordado. Tudo isso pode facilmente levar meses desde a ocorrência do evento de *ransomware*. É crucial nesse processo que o cliente saiba distinguir o que está e o que não está coberto pela apólice do seguro cibernético e quem deve pagar pelo quê e quando. O ideal é que o cliente esteja ciente de todas as despesas incluídas no acordo antes de assinar o contrato de apólice.

AO QUE VOCÊ DEVE ESTAR ATENTO

O seguro cibernético é muitas vezes um bom negócio para organizações expostas a ameaças de cibersegurança, como *ransomware*, pois dessa forma podem transferir riscos financeiros excessivos à empresa seguradora. No entanto, há muitas "letrinhas miúdas" às quais os clientes devem estar atentos, incluindo algumas cláusulas que devem ser evitadas a qualquer custo.

Cláusulas de engenharia social

Existem apólices de seguro cibernético que especificamente excluem ou diminuem bastante a cobertura de *exploits* envolvendo engenharia social. Esses tipos de apólices devem ser evitados em toda e qualquer situação, já que entre 70 e 90% de todas as violações de dados maliciosas envolvem engenharia social. No caso do *ransomware* em si, essa cifra é um pouco mais baixa, mas ainda fica acima dos 50%, segundo a maioria dos levantamentos. Isso quer dizer que um evento de exploração de cibersegurança costuma incluir engenharia social como um método de *exploit* de causa-raiz. Ao permitir que uma apólice de seguro cibernético exclua ou diminua a cobertura em caso de engenharia social, você está essencialmente aceitando uma grande probabilidade de não obter a melhor cobertura quando precisar dela.

A apólice deve cobrir *ransomware*

Algumas apólices não cobrem especificamente *ransomware*. Um levantamento atrás do outro vêm mostrando que nos dias de hoje a maioria das organizações (mais de 50%) passará, em média, por um evento de *ransomware* ao ano. Isso significa que sua organização tem alta probabilidade estatística de ser atacada por *ransomware* neste ou no próximo ano, e com esse tipo de exclusão na sua apólice você não terá cobertura quando mais precisar dela. Isso posto, há muitas organizações que, por diversos motivos de exposição a riscos, só conseguem obter apólices com esse tipo de exclusão. Nesse caso, se os riscos impostos por outros eventos de cibersegurança forem altos, então pode fazer sentido uma organização como essa aceitar uma apólice com essa exclusão.

Erros causados por funcionários

Já vi apólices que negavam cobertura caso um funcionário tomasse uma decisão inapropriada que levasse a um comprometimento malicioso. Às vezes, é possível encontrar uma cláusula de negação de cobertura em certas circunstâncias, como pela transferência intencional de dinheiro por parte de um funcionário. Também é possível encontrar apólices que estipulam negação de cobertura se um funcionário não executar os procedimentos obrigatórios de "dupla autorização" antes de transferir fundos e se esses fundos forem parar em uma conta fraudulenta.

Em geral, esses tipos de negação de cobertura em caso de erros de funcionários são bastante raros, mas já deparei com alguns por aí. Já houve até mesmo alguns processos judiciais envolvendo pagamentos fraudulentos (incluindo fraude cometida por CEO e golpes de comprometimento de *e-mails* corporativos) em que as empresas seguradoras usaram o argumento do erro de funcionários para não arcar com os pagamentos previstos em apólice, mesmo quando esse tipo de erro não estava explicitado de forma clara na apólice enquanto item suficiente para negação. A grande maioria dos ataques cibernéticos envolve algum funcionário que foi presa de engenharia social. Quaisquer cláusulas que mencionem erros de funcionários como motivo para negar pagamentos devem ser evitadas a todo custo.

> **O seguro de responsabilidade civil profissional (Technical E&O) cobre erros cometidos por funcionários?**
> Pode ser que o seguro de responsabilidade civil profissional (Technical E&O) normal de uma organização cubra erros cometidos por funcionários, incluindo aqueles envolvidos em engenharia social e *ransomware*. Certifique-se de esclarecer o que está e o que não está coberto e qual o valor máximo da cobertura.

Cenários envolvendo trabalho remoto

Algumas raras apólices cobrem somente incidentes que acontecem nas dependências principais do segurado. Assim, não custa conferir se cenários envolvendo trabalho remoto, tão popular nos dias de hoje, representam motivos válidos para exclusão. A maioria das apólices cobrem eventos desencadeados por funcionários que trabalham de casa, cada vez mais visados por ataques de *ransomware*, mas sempre é preciso assegurar que a sua apólice cobre ações de seus funcionários onde quer que se encontrem.

Cláusulas bélicas de exclusão

O evento envolvendo o *ransomware* russo NotPetya gerou muitos bilhões de dólares em danos a empresas e dezenas de bilhões de dólares em perdas pela Ucrânia e em outros países. Muitas empresas emissoras de seguro cibernético estão tentando negar cobertura sob a cláusula de exclusão por "atos de guerra". De fato, a maioria das apólices do setor traz uma cláusula afirmando essencialmente que ações bélicas não serão cobertas. Há fortíssimos indícios de que o NotPetya foi criado e liberado por um braço de ofensiva cibernética do governo russo, que atacou a Ucrânia ao mesmo tempo com soldados, mísseis e outras armas. A maioria dos países e as Nações Unidas declararam oficialmente que os atos hostis da Rússia contra a Ucrânia constituem guerra. Uma vez que o NotPetya é considerado um braço cibernético do mesmo ato de agressão, muitas empresas de seguro cibernético afirmam que não pagarão pelos danos envolvidos.

O lado bom é que a maioria das empresas de seguro cibernético cobriu o pagamento desses danos, mesmo diante da alegação potencialmente sólida de um "ato de guerra" como defesa para não fazê-lo. Outras empresas de cibersegurança se prontificaram a esclarecer que cobrem atos de ciberterrorismo digital. De todo modo, certifique-se de ler cuidadosamente sua apólice e de tirar dúvidas quanto a termos ou expressões vagas demais.

O FUTURO DO SEGURO CIBERNÉTICO

Apesar do enfraquecimento do setor de seguros cibernéticos, com cada vez mais seguradoras deixando de oferecer cobertura, muitas das restantes estão incrementando seus produtos ofertados. Você já leu sobre o *ransomware* como serviço (RaaS) no Capítulo 1. A nata do setor de seguros cibernéticos está essencialmente oferecendo uma gestão compensatória de risco como serviço (*risk management as a service* – RMaaS).

Oferecem aferições de ameaças e varreduras de vulnerabilidade sob medida não apenas durante sua requisição de apólice e seu processo de renovação, mas ao longo de toda a vigência do contrato! Tendo em vista seu excelente histórico de respostas a incidentes em que estiveram envolvidas, algumas empresas progressistas do ramo de seguro cibernético estão começando a fornecer ou a atuar como provedoras de gestão de serviços de segurança. Como tal, eis alguns de seus encargos: aferir seu risco atual; fazer recomendações de controle de segurança; promover treinamento de conscientização em segurança, avaliações de *compliance* e serviços de consultoria; e monitorar constantemente seu *status* de risco de cibersegurança. Caso você precise ler seus *logs* ou aplicar *patch* em seus computadores, sua prestativa empresa de seguro cibernético pode se encarregar disso por você. Por que procurar uma empresa para segurar seu risco e outra para geri-lo, quando tudo pode ser feito pela mesma seguradora? A Figura 3.2 mostra os tipos de serviços oferecidos pela CyberEdge Risk Management Solution, da AIG. Outras empresas oferecem serviços de ponta a ponta similares.

Esses novos produtos passaram a ser ofertados justamente pelo advento do *ransomware* no mundo da cibersegurança. Esse fenômeno está fazendo os preços cobrados aumentarem e as opções de seguro e de cobertura diminuírem. No entanto, também está transformando empresas de seguro cibernético em provedoras de gestão de serviços de segurança e elevando os níveis de proteção em geral. Defesas de cibersegurança sempre se resumiram a gestão de riscos; acontece que agora passaram a ser geridas do início ao fim desse jeito. O setor de cibersegurança está exercendo um impacto positivo nessas defesas ao encorajar mais organizações a obterem e manterem uma

CyberEdge Risk Management Solution

Desde nossas inovadoras ferramentas de prevenção de perdas para educar e potencialmente prevenir violações até os serviços prestados por nossa equipe CyberEdge Breach Resolution em caso de ocorrência de violação, nossos segurados recebem orientação ágil a cada etapa do processo.

Consultoria e prevenção de riscos	Cobertura do seguro	Equipe de resolução de violações
Educação e conhecimento	Perdas de terceiros resultantes de uma violação de segurança ou de dados	Orientação 24/7
Treinamento e *compliance*	Custos diretos incorridos pelo segurado por reação à violação	Serviços legais e forenses
Inteligência e levantamento de ameaças globais	Perda de receitas e despesas operacionais resultantes de uma violação de segurança ou de dados	*Call center* para notificação, crédito e monitoramento de ID
Serviços de refutação	Ameaças de divulgação de dados ou ataque a um sistema para extorquir dinheiro	Especialistas em comunicação em caso de crise
Aconselhamento e consultoria de especialistas	Difamação *on-line* e violação de *copyright* e *trademark*	Mais de 15 anos de experiência lidando com sinistros relacionados ao mundo cibernético

Figura 3.2. Exemplos de serviços oferecidos pelo produto de seguro cibernético da AIG, coletados em documento de *marketing*.

segurança mais sólida. Seus produtos na forma de seguros não apenas ajudam nesse processo como podem, às vezes, ajudar diretamente a organização segurada a instaurar práticas mais resistentes de cibersegurança.

Para deixar claro, não sei se o ramo dos seguros cibernéticos pode promover defesas computacionais e gestão de risco de forma mais eficaz do que o modelo existente. Contudo, aposto que muitos executivos de alto escalão, que se concentram em risco e em sua transferência como o modo primordial de defesa, verão algum benefício em lidar com um único provedor, de ponta a ponta, encarregado de gerir seu risco, especialmente se isso se traduzir em prêmios mais baixos e menores custos gerais de cibersegurança. Também não sei se essa nova "tendência" originada nas empresas mais progressivas de seguro cibernético veio para ficar e se será algo encarado como normal no futuro. Repetindo, como as defesas de cibersegurança sempre se resumiram a gestão de riscos, talvez as empresas que estão costurando todos os processos de ponta a ponta acabem apontando um rumo futuro.

A lição crucial para as organizações que estão cogitando adquirir um seguro cibernético é se certificar de que tenham conhecimento do que está e do que não está coberto, e até quais limites. Ninguém quer ter surpresas em meio a um evento real de *ransomware*.

RESUMO

Esse capítulo abordou a modalidade de seguro cibernético, a começar pelos fundamentos de como o ramo funcionava e como está se modificando frente ao "sucesso" dos ataques de *ransomware*. Todas as organizações devem pensar em obter seguro cibernético, caso seja uma boa decisão financeira em termos de risco. Todo adquirente de seguro cibernético deve se certificar de identificar o que está e o que não está coberto em sua apólice. Muitos já se deram mal porque ou não entenderam bem o suficiente as cláusulas de exclusão ou porque não estimaram direito as chances de um evento vir a ocorrer. O *ransomware* está forçando as empresas restantes de seguro cibernético a avaliarem melhor os riscos, e isso, por sua vez, está forçando os segurados e os clientes potenciais a instaurarem melhor a cibersegurança.

O Capítulo 4, "Considerações legais", aborda os potenciais riscos legais de pagar o resgate.

4

Considerações legais

> **Este capítulo – e o livro – não devem ser interpretados como aconselhamento legal.**
> É o oposto disso. O autor não estudou direito na faculdade, não tem diploma na área e não possui licença para fornecer conselhos jurídicos. Nada do que é afirmado neste livro e neste capítulo representa aconselhamento legal. Para obter aconselhamento legal, procure um advogado.

Neste capítulo, discutiremos as consequências legais relacionadas aos processos de pagamento e recuperação após o *ransomware*. Ninguém deseja pagar uma exigência de extorsão por *ransomware*, e muitos especialistas recomendam não fazê-lo, pois isso apenas estimula mais eventos futuros do tipo. A maioria, porém, entende que pagar o resgate pode ser a melhor decisão financeira para uma vítima (organização) envolvida em um evento de recuperação de *ransomware*.

É importante compreender que o envolvimento não apenas com o processo de pagamento, mas com a ajuda para que alguém se recupere de um evento de *ransomware* pode criar vulnerabilidade legal em alguns países, estados ou junto a algumas entidades regulatórias. **Repetindo, para ficar bem claro: a mera ação de ajudar alguém a se recuperar de um evento** de *ransomware* pode resultar em consequências legais! A maioria das pessoas que já ouviram falar do problema de vulnerabilidade legal envolvendo o *ransomware* acredita erroneamente que se aplica apenas ao ato do pagamento de resgate, mas claramente vale também para quem quer que ajude na recuperação após um evento de *ransomware* em que a vítima está pagando o resgate. Retornaremos a esse tema mais adiante.

Como a maior parte dos pagamentos de extorsão por *ransomware* é feita na forma de bitcoin, pode ser útil entender melhor essa criptomoeda antes de examinarmos as questões legais potenciais envolvendo *ransomware*.

BITCOIN E CRIPTOMOEDAS

Como prática de extorsão, programas de *ransomware* geralmente exigem um resgate a ser pago na forma de bitcoin ou alguma outra criptomoeda. Como já vimos no Capítulo 1, o bitcoin foi lançado publicamente pela primeira vez em janeiro de 2009, por uma (pseudo)anônima identidade atribuída a Satoshi Nakamoto. Ele introduziu o bitcoin ao mundo em um artigo intitulado *"Bitcoin: a peer-to-peer eletronic cash system"* (http://bitcoin.org/bitcoin.pdf), juntamente com um *website* e um *software* que podiam ser usados por qualquer um para criar e usar bitcoin.

> ### Identidades anônimas *versus* pseudoanônimas
> Uma identidade verdadeiramente anônima é difícil ou mesmo impossível de ser vinculada a um dono, usuário ou grupo específico. Pode ser qualquer um ou múltiplas pessoas ao mesmo tempo, e o mesmo rótulo de identidade pode ser reutilizado por qualquer um a qualquer momento. Nenhum sistema de identificação é capaz de atestar precisamente a identidade real de qualquer proprietário específico de um ente anônimo em qualquer situação de uso ou instante. Em contrapartida, uma identidade pseudoanônima significa que um único usuário (ou sujeito/principal) pode "deter" ou usar a identidade reivindicada. A identidade é singular dentro do mesmo sistema de gestão de identificação. Ninguém mais pode usar a mesma identidade. Eu, por exemplo, uso "rogerg" como um nome de *logon*. O sistema de gestão de identificação sabe que rogerg pertence a uma pessoa real e verificada, Roger A. Grimes, mas ninguém mais sabe isso, e só o que veem é rogerg. Por força de uma decisão judicial, é claro, o sistema de identificação poderia ser forçado a revelar a verdadeira identidade vinculada a rogerg.

Foi somente em dezembro de 2013 que o primeiro programa de *ransomware*, o CryptoLocker, começou a exigir pagamento em bitcoin. Até então, vários perpetradores de *ransomware* exigiam que pagamentos fossem enviados para caixas postais no exterior, para serviços de transferência de fundos e para cartões pré-pagos. Todos esses métodos dificultavam o rastreamento do dinheiro até a verdadeira identidade do golpista, mas isso ainda era possível. Quando as autoridades se esforçavam o suficiente em seguir o dinheiro, muitas vezes conseguiam identificar o destinatário e levavam as provas coletadas para processo judiciais. Nem é preciso dizer que isso era motivo de frustração para os criminosos.

O advento do bitcoin e de outras criptomoedas que se seguiram facilitou de certo modo o rastreamento do dinheiro, mas dificultou ou mesmo impossibilitou a identificação de quem o recebeu (a seguir retomaremos esse tema). Muitas pessoas se enganam em achar que o uso de bitcoin e de outras criptomoedas torna impossível o rastreamento, pois isso nem sempre é verdade. No entanto, como a verdadeira identidade de um usuário de criptomoeda pode ser desconhecida e difícil ou impossível de determinar, atualmente a maioria dos programas de *ransomware* exige pagamento em bitcoin, embora uma pequena porcentagem exija pagamento em alguma outra criptomoeda ou até mesmo em algum método ainda mais obscuro.

Por vários motivos, vale a pena entender por que os criminosos usam bitcoin, *blockchain* e outras criptomoedas, que utilizam rotinas, protocolos e criações criptográficas, além de "provas" para criar, rastrear e atestar valores e as identidades digitais envolvidas em cada transação.

Em particular, quando Nakamoto lançou o bitcoin, ele (supondo o pronome **ele**, para facilitar a escrita) criou não apenas aquela criptomoeda, mas também um livro-razão subjacente para rastreio distribuído de todas as transações, chamado de **blockchain**. Hoje a *blockchain* pode ser e é usada separadamente com outras criptomoedas e até mesmo com outras aplicações que não têm nada a ver com moedas virtuais.

Uma *blockchain* é um livro-razão (isto é, uma base de dados ou lista de registros) distribuído e descentralizado, voltado a rastrear e verificar transações individuais ou grupais. Cada transação individual rastreada pode ser armazenada em um "bloco" transacional separado, ou múltiplas transações podem ser armazenadas em conjunto no mesmo bloco. A quantidade de transações armazenadas por bloco e o que cada uma representa dependem da implementação. Um bloco individual contém as informações transacionais (qualquer tipo de informação, conforme definido pela aplicação em questão, incluindo apenas o *hash* da informação transacional obrigatória) e pelo menos um *hash* criptográfico resultante, juntamente com qualquer outra informação necessária. A Figura 4.1 representa um formato comum de *blockchain*.

Um *hash* é o resultado criptográfico de qualquer conteúdo manipulado usando-se um algoritmo criptográfico de *hash*. O resultado final produzido por uma manipulação em *hash* é conhecido como **resultado de *hash***, também chamado, confusamente, apenas de *hash*. Um resultado de *hash* é único para cada *input* único. Sendo assim, quando dois *inputs* analisados criam o mesmo resultado de *hash*, os dois *inputs* são muito provavelmente idênticos, e vice-versa. Quaisquer *inputs* diferentes entre si criarão diferentes resultados de *hash*.

Resultados de *hash*, ou *hashes*, são usados para provar ou refutar criptograficamente que dois conteúdos comparados são idênticos ou não. *Hashes* são usados nas mais diversas transações computacionais e digitais para

Hash do bloco anterior	Hash do bloco anterior	Hash do bloco anterior		Hash do bloco anterior
Informação transacional	Informação transacional	Informação transacional	...	Informação transacional
Outros dados obrigatórios	Outros dados obrigatórios	Outros dados obrigatórios		Outros dados obrigatórios

Blockchain

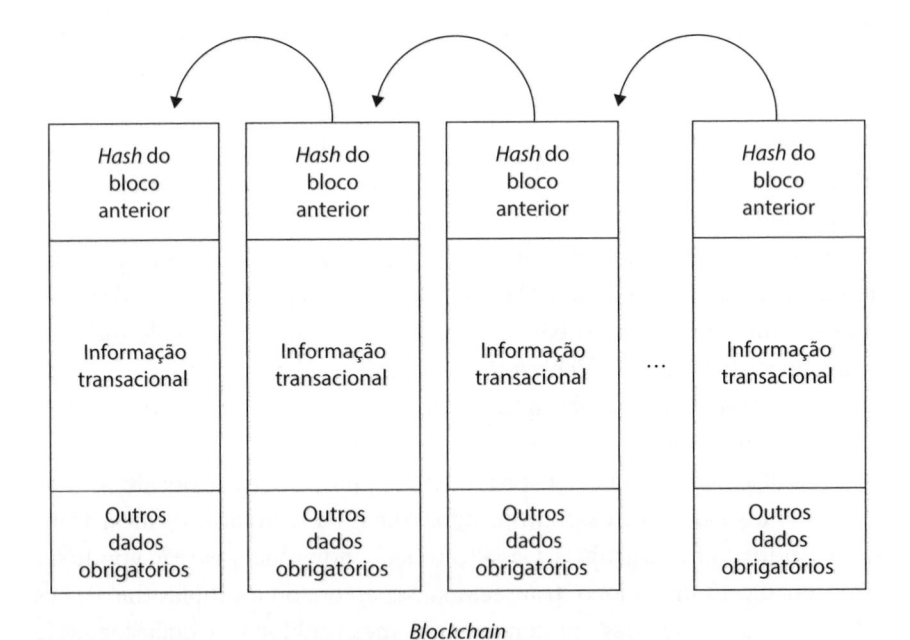

Figura 4.1. Representação gráfica de formato comum de *blockchain*.

provar ou refutar a integridade de dois conteúdos diferentes comparados. Algoritmos comuns de *hash* são representados como SHA2, RIPEMD-160, NT, BCRYPT, etc. *Blockchains* usam *hashes* para verificar a integridade de transações passadas.

A "corrente" [*chain*] em *blockchain* diz respeito ao fato de que o *hash* do bloco anterior fica armazenado no bloco seguinte, que então é transformado em *hash* e armazenado no bloco posterior, e assim por diante. Isso faz com que cada bloco subsequente fique "encadeado" por *hashing* ao bloco anterior, de tal forma que todos os blocos na *blockchain* ficam ligados criptograficamente uns aos outros. Não se pode adulterar um bloco específico sem ao mesmo tempo modificar cada bloco subsequente (porque o *hash* do bloco que foi adulterado seria modificado). Trata-se de uma proteção bem forte (embora não perfeita) contra tentativas de adulterar transações prévias.

O bitcoin é a primeira criptomoeda e também a primeira a usar uma *blockchain* distribuída *peer-to-peer* a fim de manter um registro de transações. Existem algumas *blockchains* diferentes do bitcoin (**forks**, ou bifurcações) em que o valor individual é armazenado na *blockchain* em questão, e transações na *blockchain* são rastreadas. Cada *fork* de *blockchain* conta com sua própria *blockchain* usada por seus participantes. A mais usada hoje em dia e com maior valor financeiro associado (equivalente a centenas de bilhões de dólares ao câmbio de agosto de 2021) é aquela associada ao símbolo transacional BTC. Quando as pessoas falam em "bitcoin", é a essa versão que costumam se referir. Também é a criptomoeda mais usada pela maioria das gangues de *ransomware* para coletar resgates.

> Quando da escrita deste capítulo (agosto de 2021), o valor total de mercado do BTC estava avaliado em US$ 884 bilhões. Você pode rastrear o valor geral do bitcoin em diversos locais, incluindo `https://bitcoin.info/`.

Cada participante no mercado de bitcoin possui um "endereço" na *blockchain* do bitcoin. O endereço é a chave pública do participante a partir de um par associado de chaves assimétricas privadas/públicas. A posse ou o conhecimento sobre uma chave privada específica permite que seu proprietário conduza transações seguras em uma *blockchain*. A chave pública do participante, que pode ser conhecida por qualquer um, pode ser usada para verificar as transações do usuário da chave privada.

Cada participante pode ter um ou mais endereços, que são a chave para o armazenamento de valor do participante na *blockchain*. Se o proprietário da chave privada perder o controle da (ou a capacidade de usar) sua chave privada (perdendo a posse exclusiva de sua chave privada), não poderá mais conduzir transações seguras futuras, sacar dinheiro ou mesmo provar que é o dono do valor existente armazenado na *blockchain*. Ao perder sua chave privada (ou seja, seu endereço), essencialmente perde também todo o "dinheiro" que estava ali. E se alguém ficar sabendo qual é a chave privada de uma vítima, pode roubar suas criptomoedas.

O endereço do participante na *blockchain* representa sua identidade naquele ambiente. No âmbito do bitcoin e da maioria das outras criptomoedas, a identidade real de uma pessoa não está vinculada de forma alguma ao respectivo endereço na *blockchain*. É por isso que criminosos digitais preferem usar criptomoedas ao exigir e receber resgates. Se forem cuidadosos, será extremamente difícil ou mesmo impossível vincular uma transação na *blockchain* à identidade real de alguém.

Qualquer participante pode enviar ou receber valor em bitcoin usando seu próprio endereço. Cada transação é registrada usando-se o endereço do participante na *blockchain*. Atualmente, a *blockchain* BTC tem muitos, muitos gigabytes de tamanho, mas qualquer participante pode carregar um cliente da bitcoin e instruí-lo a baixar a *blockchain* inteira em seu computador ou dispositivo local. Cada transação na *blockchain* pode ser visualizada ou verificada por qualquer participante.

Diferentes criptomoedas e aplicações funcionam de diferentes formas, mas geralmente contam com o recurso de permitir que qualquer participante visualize a *blockchain* em parte ou no todo e verifique transações.

> **Mais informações sobre bitcoin e *blockchains***
>
> Qualquer leitor interessado em aprender mais sobre bitcoin, *blockchain* e como transações são registradas, rastreadas e verificadas no caso do bitcoin e de outras criptomoedas populares deve conferir o livro *Cryptocurrencies: Understanding, Extracting, and Analyzing Blockchain Evidence*, de NickFurneaux (`https://www.wiley.com/en-us/Investigating+Cryptocurrencies%3A+Understanding%2C+Extracting%2C+and+Analyzing+Blockchain+Evidence-p-9781119480563`).

A *blockchain* acaba sendo útil para investigadores porque qualquer participante, incluindo os próprios investigadores, pode ver quais transações e valores foram para quais endereços. Desse modo, qualquer resgate pago é transferido para um endereço específico na *blockchain*, e qualquer pessoa, incluindo o investigador, pode ver onde, quando e quanto foi transferido. A maior parte das extorsões por meio de *ransomware* inclui um texto que indica qual criptomoeda e qual endereço de *blockchain* devem ser usados para pagar o resgate. A Figura 4.2 mostra um endereço de bitcoin exibido pelo NotPetya, mencionado também na Figura 1.2, no Capítulo 1.

Embora o NotPetya fosse um *wiperware* (ou seja, desenvolvido exclusivamente para destruição de dados) e não um *ransomware*, uma típica instrução de extorsão por *ransomware* tem uma aparência bem similar. Às vezes, o *ransomware* instrui a vítima a entrar em contato por algum endereço de *e-mail* predefinido ou por algum canal de *chat* com a gangue responsável, a fim de obter os detalhes, mas, mais cedo ou mais tarde, a vítima acaba recebendo um endereço de *blockchain* ao qual deve enviar o valor. É assim que a gangue de *ransomware* vê a cor do dinheiro.

Gangues de *ransomware* muitas vezes trabalham com múltiplos endereços de *blockchain*, embora cada endereço adicional eleve a complexidade de suas operações. Seria como uma pessoa normal que possui diversas contas bancárias no próprio nome: é possível, mas geralmente começa a adicionar mais complexidade do que o necessário à sua vida financeira. Assim, algumas gangues de *ransomware* possuem um endereço de bitcoin separado para cada vítima ou afiliado, mas a maioria trabalha mesmo com poucos endereços, que são compartilhados com as vítimas em geral. Algumas gangues inclusive possuem um único endereço de *blockchain* compartilhado com todas as vítimas, ou pelo menos com todas aquelas dentro de um mesmo período de tempo ou localização geográfica. Ao se obter os endereços vinculados a uma demanda específica de *ransomware* ou endereços compartilhados usados por uma gangue de *ransomware*, é possível rastrear

```
1. Send $300 worth of Bitcoin to following address:
   1Mz7153HMwxXTuR2R1t78w6SdzaAtNbBWX
```

Figura 4.2. O endereço de bitcoin usado pelo NotPetya.

os resgates pagos à gangue e talvez até mesmo determinar o momento em que "sacam" seus proventos ilícitos.

Há muitas organizações, incluindo empresas especializadas em rastreamento de *blockchain*, como a Chainalysis (https://www.chainalysis.com/) e a Elliptic (https://www.elliptic.co/), além de agências governamentais, empresas de seguro cibernético, etc., que rastreiam resgates pagos a endereços de *ransomware* específicos. Elas estão nos bastidores quando lemos notícias dizendo que um resgate no valor x foi pago por uma quantidade y de vítimas em determinado período.

Qualquer pessoa, inclusive você, pode seguir e pesquisar pagamentos individuais de *ransomware* feitos em *blockchains*, contanto que conheça os endereços de pagamento, já que todas as transações podem ser rastreadas na maioria das *blockchains*, incluindo aquelas usadas por gangues de *ransomware*. Eis um exemplo de empresa de rastreamento de criptomoedas, a Elliptic, seguindo o rastro de resgates em bitcoin pagos pela Colonial Pipeline e outras vítimas do *ransomware* Darkside (https://www.elliptic.co/blog/elliptic-follows-bitcoin-ransoms-paid-by-darkside-ransomware-victims). A Figura 4.3 mostra

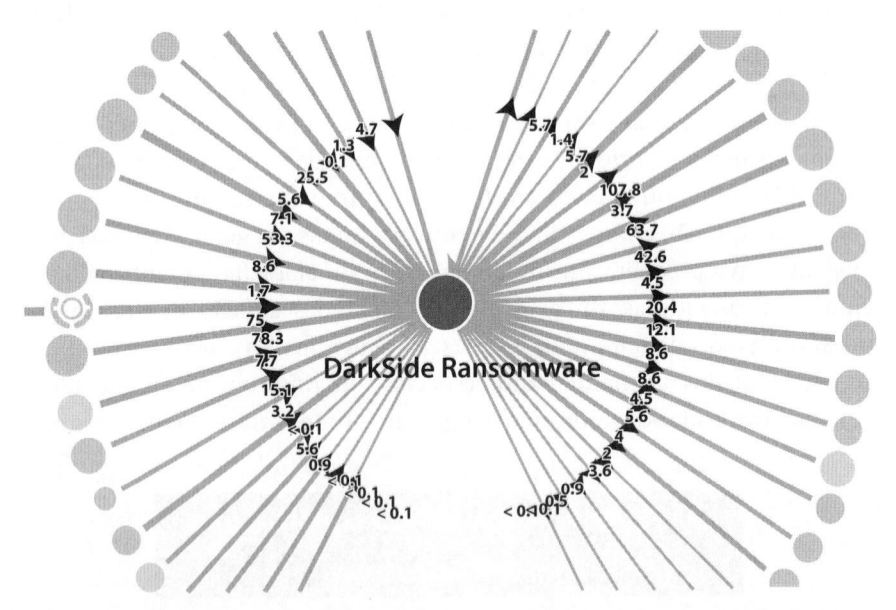

Figura 4.3. Representação gráfica preparada pela Elliptic dos resgates pagos via bitcoin para o grupo de *ransomware* Darkside.

uma representação gráfica preparada pela Elliptic dos resgates pagos via bitcoin para o grupo de *ransomware* Darkside.

Ironicamente para as gangues de *ransomware*, a proteção criptográfica que torna a *blockchain* "segura" e que dificulta qualquer adulteração nas transações também permite rastrear com grande precisão quem (qual endereço) possui o quê. A alta proteção de uma *blockchain* pode ser o calcanhar de Aquiles de um criminoso, caso a polícia e investigadores sejam capazes de descobrir qual identidade real está fazendo uso de um endereço de *blockchain* específico. Os "tesoureiros" de bitcoin da gangue de *ransomware* Clop, por exemplo, foram identificados e detidos em junho de 2021 (`https://www.bleepingcomputer.com/news/security/ukraine-arrests-clop-ransomware-gang-members-seizes-servers`).

Caso a polícia ou investigadores descubram a chave privada associada a um endereço de *blockchain* específico, podem simplesmente agir como se fossem o dono do endereço (e do valor armazenado). Isso também acontece de tempos em tempos. É comum encontrar na imprensa notícias de que a polícia conseguiu interromper ou recuperar dinheiro enviado a uma gangue de *ransomware*. No próprio incidente de *ransomware* envolvendo a Colonial Pipeline, por exemplo, o FBI conseguiu recuperar US$ 23 milhões em resgate pago (`https://fintechzoom.com/fintech_news_cryptocurrency-news/u-s-seizes-2-3-mln-in-bitcoin-paid-to-colonial-pipeline-hackers/`).

As gangues de *ransomware* obviamente não gostam nada de ver suas transações sendo rastreadas, mesmo quando suas identidades não são conhecidas. Como já abordado no Capítulo 1, os criminosos do ramo são conhecidos por transferir suas transações em criptomoedas para endereços intermediários, nos quais os valores arrecadados podem ser misturados e se perder em meio a muitas outras entradas de valores não relacionadas, para então serem novamente transferidos mediante uma ou mais transações para outros endereços de *blockchain* que os aguardam. Existem muitos grupos cujos negócios são voltados exclusiva ou parcialmente para esse tipo de lavagem, enxague e centrifugação de valores. Eles geralmente cobram um percentual substancial das transações em troca de suas lavanderias digitais de dinheiro.

> **Meios usados pelos criminosos para embolsar seus proventos ilícitos**
>
> O artigo "Bitcoin Money Laundering: How Criminals Use Crypto" apresenta uma síntese de como os cibercriminosos que usam bitcoin podem embolsar seus proventos ilícitos. Você pode encontrar o artigo em `https://www.elliptic.co/blog/bitcoin-money-laundering`.

É comum os ladrões por trás de ataques de *ransomware* usarem lavagem de bitcoin como método adicional para se protegerem. Policiais e investigadores frequentemente conseguem identificar os grupos responsáveis por essa lavagem, a partir da grande quantidade ou dos altos valores de transações aparentemente não relacionadas sendo transferidas para um mesmo endereço comum, com inúmeras transações diferentes (tanto em quantidade quanto em valores) saindo do outro lado. Eventualmente, um membro do grupo comete um erro, é identificado pela polícia e acaba sendo preso, como visto no exemplo "Feds Arrest na Alleged $336M Bitcoin-Laundering Kingpin" (`https://www.wired.com/story/bitcoin-fog-dark-web-cryptocurrency-arrest/`).

O bitcoin e as demais criptomoedas apresentam tanto vantagens quanto desvantagens para criminosos de *ransomware* que fazem seu uso. As vantagens claramente compensam as desvantagens, mas o braço da lei e as mitigações defensivas estão tentando equilibrar essa balança. Muitos advogam, inclusive, que se deveria proibir o uso em geral do bitcoin e de outras criptomoedas bastante associadas à ilegalidade. Essas vozes estão clamando por um tipo mais rigorosamente regulamentado de criptomoeda, o que dificultaria seu uso por criminosos. Ainda não está claro se esse tipo de iniciativa conquistará apoio e se de fato surtiria efeito em enfraquecer o *ransomware* caso virasse lei.

QUEM PAGA UM RESGATE DE *RANSOMWARE* PODE SE COMPLICAR COM A LEI?

É raro que uma vítima e seus ajudantes se vejam vulneráveis aos olhos da lei ao pagar um resgate de *ransomware* na melhor intenção de recuperar danos impostos por criminosos, mas isso é uma verdadeira possibilidade em alguns países, incluindo os Estados Unidos. Em 1º de outubro de 2020, a Agência de Controle de Bens Estrangeiros do Departamento de Tesouro (Ofac) daquele país divulgou um memorando (`https://home.treasury.gov/system/files/126/ofac_ransomware_advisory_10012020_1.pdf`) especificamente abordando a ameaça de potenciais problemas legais para pessoas e organizações que pagam e que ajudam a pagar resgates por *ransomware*. A Figura 4.4 exibe o início do memorando da Ofac.

Autoridades judiciais e policiais norte-americanas sempre recomendaram oficialmente que ninguém deve pagar o resgate. Afinal de contas, isso somente encoraja cibercriminosos a praticarem mais *ransomware*. Contudo, nunca antes uma agência que atua nessa área, nem nos Estados Unidos, nem em qualquer outra parte, sugeriu que poderia haver consequências legais para quem quer que se envolva nesse tipo de pagamento, mesmo que apenas oferecendo sua ajuda. Nos Estados Unidos e em outros países, sempre foi ilegal ajudar e enviar dinheiro ou qualquer outra coisa de valor a uma lista de países e indivíduos "banidos". É a isso que o memorando da Ofac está se

DEPARTAMENTO DE TESOURO
WASHINGTON, D.C. 2020

Orientação sobre potenciais riscos de sanções por facilitar pagamento de *ransomware*

Data: 1º de outubro de 2020

A Agência de Controle de Bens Estrangeiros do Departamento de Tesouro (Ofac) está divulgando essa orientação para destacar os riscos de sanções associados a pagamentos de *ransomware* relacionados a atividades maliciosas possibilitadas em meio cibernético. A exigência de pagamento de *ransomware* aumentou durante a pandemia de covid-19, à medida que agentes cibernéticos visam aos sistemas *on-line* em que cidadãos norte-americanos confiam para fazer negócios. Empresas que facilitam o pagamento de *ransomware* a agentes cibernéticos em nome de vítimas, incluindo instituições financeiras, empresas de seguro cibernético e empresas envolvidas em investigação forense digital e resposta a incidentes, não apenas encorajam futuras exigências de pagamento de *ransomware*, como também se colocam em risco de violar regulamentações da Ofac. Esta orientação descreve esses riscos de sanções e fornece informações para o contato de agências governamentais norte-americanas relevantes, incluindo a Ofac, caso haja motivo para acreditar que o agente cibernético exigindo pagamento de *ransomware* possa sofrer sanções ou de algum outro modo haja um nexo de sanções.

Figura 4.4. Início do memorando da Ofac, declarando que pagar *ransomware* pode ser um ato ilegal por parte da vítima.

referindo ou relembrando às pessoas. Selecionando trechos do memorando, eis o que ele fala explicitamente sobre isso:

> A Ofac designou inúmeros agentes cibernéticos maliciosos sob seu programa de sanções no âmbito cibernético e sob outros programas de sanções, incluindo perpetradores de ataques de *ransomware* e aqueles que facilitam transações de *ransomware* [...]. A facilitação de um pagamento de *ransomware* que é exigido como resultado de atividades cibernéticas maliciosas pode permitir que criminosos sob nexo de sanções lucrem e avancem seus objetivos ilícitos [...]. Cidadãos norte-americanos em geral estão proibidos de se envolver em transações, direta ou indiretamente, com indivíduos ou entidades ("pessoas") citados na Lista Especialmente Designada de Pessoas e Nações Bloqueadas pela Ofac (Lista SDN). [...] A Ofac pode impor penas civis frente a violações de sanções com base em responsabilidade estrita, o que significa que uma pessoa sujeita à jurisdição dos Estados Unidos pode ser imputável civilmente mesmo sem saber ou sem ter motivo para saber que estava praticando uma transação com uma pessoa que está proibida sob sanções legais e regulamentações impostas pela Ofac.

O memorando é bastante abrangente, declarando que mesmo pessoas e empresas do ramo computacional que apenas prestam serviços de recuperação e forenses também podem ser imputáveis legalmente. O documento ainda afirma o seguinte:

> Isso também se aplica a empresas que lidam com vítimas de ataques de *ransomware*, como aquelas envolvidas em prover seguro cibernético, investigação forense digital e resposta a incidentes, bem como serviços financeiros que podem envolver o processamento de pagamentos de resgate (incluindo instituições mobiliárias e agentes de serviços financeiros).

Sendo assim, qualquer empresa que preste serviços de recuperação pode ficar legalmente vulnerável ao meramente tentar ajudar a empresa vítima a se recuperar de um ataque de *ransomware*, mesmo que nenhuma das partes tivesse motivo para saber que o grupo de *ransomware* com que estavam lidando constava em uma lista de banimento. É bastante assustador. Para deixar claro, o governo norte-americano e a Ofac estão simplesmente reafirmando o que já era lei, esclarecendo apenas que, sim, ela também se aplica a incidentes de *ransomware*. A simples divulgação do "esclarecimento" lançou ondas de choque sobre as comunidades onde se aplica (ou seja, qualquer organização que pode ser atacada por *ransomware*, envolvida com recuperação de *ransomware* e seus conselheiros legais).

> **Partícipes inocentes**
> Em sua maioria, as interpretações do memorando da Ofac consideram que, se um prestador de serviço não está envolvido de modo algum na assistência do processamento dos pagamentos de resgate (atendo-se, portanto, a oferecer serviços de recuperação/restauração), então não há vulnerabilidade legal potencial para tal prestador, mesmo que a vítima venha a conduzir pagamento a uma entidade sancionada pela Ofac diretamente ou via outra entidade.

A ideia de que grupos de *ransomware* podem estar em listas de entidades banidas não é uma preocupação futura. O memorando elenca muitos exemplos de grupos de *ransomware* ou indivíduos que constam na lista proibida, incluindo os seguintes:

- Evgeniy Mikhailovich Bogachev, o desenvolvedor do Cryptolocker;
- dois iranianos, por oferecerem suporte material a uma atividade cibernética maliciosa, e dois endereços digitais cambiais usados para repassar proventos do *ransomware* SamSam;
- o grupo Lazarus, da Coreia do Norte, que está por trás do *ransomware* WannaCry, e dois subgrupos, Bluenoroff e Andariel.

Outros países e alguns estados norte-americanos já propuseram leis voltadas a proibir o pagamento de resgate (por exemplo: `https://www.csoonline.com/article/3622888/four-states-propose-laws-to-ban-ransomware-payments.html`). Muitas agencias regulatórias com poder de impor multas também já recomendaram o não pagamento de extorsões de *ransomware*.

Tudo isso acaba levando a uma pergunta definitiva: uma organização norte-americana pode ser punida por pagar um resgate? A resposta curta é sim.

O governo norte-americano não prepararia toda uma nota de "esclarecimento" à toa. Esse lembrete legal foi divulgado por um bom motivo. E se você mostrar esse memorando a diversos advogados, todos eles chegarão à mesma conclusão: uma séria vulnerabilidade legal pode resultar do ato de pagar um resgate ou de ajudar uma vítima a se recuperar de um evento de *ransomware*, caso essa ajuda esteja relacionada ao pagamento.

Existem alguns aspectos atenuantes, embora nenhum tenha grande impacto do ponto de vista legal. Para começar, nunca ouvi falar de uma única entidade que tenha sido multada judicialmente ou processada por meramente ter pagado um resgate de *ransomware* ou ajudado na recuperação pós-evento. Até já houve casos de indivíduos que ajudaram uma gangue de *ransomware* a ser paga e foram vistos como agentes dos perpetradores do ataque, vindo a ser acusados por isso. No entanto, não tenho conhecimento de qualquer vítima ou ajudante de uma vítima, sem qualquer ligação com os criminosos, que tenham sido acusados de crime ou multados por suas ações. Em segundo lugar, creio que, mesmo com todo o embasamento jurídico, não cairia bem a nenhuma entidade legal indiciar uma vítima ou seus ajudantes por seus melhores esforços para resolver sua situação, especialmente se não sabiam que a pessoa ou organização destinatária do resgate constava em uma lista de banimento. Essa última questão é de especial importância, pois o uso de criptomoedas muitas vezes dificulta ou impossibilita a identificação do destinatário.

Esses são dois aspectos importantes e potencialmente atenuantes de defesa, mas não significam grande coisa no mundo jurídico. Sempre haverá um "primeiro caso" para cada indiciamento sob uma lei específica, e a aparência do que é ou deixa de ser "justo" não é a única preocupação da lei. Estudantes de direito passam grande parte do tempo estudando decisões em tribunal cujo resultado não espelhou exatamente o que parecia ser o "justo".

> **A visão do autor sobre a "justiça" dessa lei**
> Cursei duas disciplinas de direito na faculdade como parte da minha formação como contador, e lembro de uma boa regra básica que eu usava durante as provas quando não sabia a resposta certa a uma questão envolvendo uma decisão judicial: escolher a opção que pareceria ser a menos justa a qualquer pessoa objetiva, razoável e alheia ao mundo jurídico que lesse aquela questão. Tirei nota máxima em todas as minhas provas de direito. Parece-me que boa parte da educação legal envolve ensinar os alunos de direito que o "justo" nem sempre é o que inicialmente parece.

Consulte um advogado

De antemão, você deve consultar um advogado a respeito dessas questões, de tal modo que, se sua organização for atacada por *ransomware*, seu departamento jurídico já terá se informado sobre todos os recursos legais relevantes e desenvolvido um parecer bem embasado para guiar as medidas a serem tomadas frente ao ataque. O que você não quer é ser atacado por *ransomware* e só então procurar por alternativas legais sob um prazo bem exíguo. Ainda assim, a maioria das organizações atacadas por *ransomware* não toma essas providências de antemão. Em caso de ataque de *ransomware*, obtenha aconselhamento legal rápido, mas bom.

Tente seguir o dinheiro

Muito embora a Ofac afirme: "mesmo sem [a vítima] saber ou sem ter motivo para saber que estava praticando uma transação com uma pessoa que está proibida sob sanções legais e regulamentações impostas pela Ofac [a vítima ainda assim pode ser imputável]", não custa consultar se um grupo de *ransomware* específico que está exigindo resgate consta ou não em alguma das "listas de banidos" conhecidas. Conforme já mencionado, existem empresas que fornecem esse tipo de serviço, incluindo aquelas especializadas em rastreamento em *blockchain*, como a Elliptic (www.elliptic.com). Algumas empresas de seguro cibernético e subscritores de seguro, como a CFC Underwriting (www.cfcunderwriting.com), oferecem esse serviço como parte de suas apólices de seguro cibernético.

Envolva a polícia no caso

Envolver a polícia é uma mitigação de dois gumes, e a decisão de fazê-lo deve ficar a cargo da alta gestão e do departamento jurídico. Envolver o braço da lei geralmente é uma medida sensata, pois seus agentes costumam oferecer bons conselhos e recomendações. No entanto, eles têm por lei o direito de fazerem muitas outras coisas se assim desejarem, potencialmente contra a vontade da sua organização, tal como confiscar bens, investigar pessoas, proibir transações, etc. Quando você convida a polícia a se envolver no seu incidente de cibersegurança, está aceitando o risco de que seus agentes forcem uma decisão específica indesejada pela vítima ou sua organização.

Há, contudo, um motivo especialmente bom para envolver a polícia, pelo menos nos Estados Unidos. O memorando da Ofac também declara o seguinte:

> Sob as Diretrizes da Ofac para Aplicação da Lei, a Ofac também irá considerar a divulgação pronta, completa e automotivada de um ataque de *ransomware* aos agentes legais como um fator significativo de mitigação frente a repercussões legais caso posteriormente seja determinado um nexo com entidades sob sanção. A Ofac também irá considerar a cooperação total e irrestrita por parte de uma empresa junto aos agentes legais tanto durante quanto após um ataque de *ransomware* como um fator significativo de mitigação ao avaliar um possível resultado jurídico.

Para organizações norte-americanas, o envolvimento de autoridades policiais e jurídicas e/ou da Agência de Infraestrutura de Cibersegurança (Cisa) pode ajudar uma organização, nem que seja ao se ver sob ameaça legal por ter pago um resgate.

Obtenha uma licença da Ofac para pagar o resgate

Vítimas norte-americanas também podem requerer uma "licença" da Ofac para tentar obter aprovação para um pagamento de resgate, embora a Ofac declare que trabalha nesses casos com uma "presunção de negação". O ideal é deixar que seus advogados lhe mostrem o caminho e as medidas legais a serem tomadas caso você sofra um ataque de *ransomware*.

Cumpra seu devido zelo

O melhor conselho que alguém pode lhe dar é obter boa assessoria jurídica sobre a questão e cumprir com seu devido zelo. Embora eu não conheça organizações ou pessoas que tenham sido processadas simplesmente por pagarem um resgate mediante extorsão por *ransomware* (sem terem quaisquer vínculos ou envolvimentos ilegais com a organização de *ransomware*), você deve fazer tudo para não ser o primeiro "caso exemplar". Não se torne a primeira organização a ser processada ou penalizada por pagar um resgate. Não vire manchete. Cumpra seu devido zelo.

> **Seu pagamento de resgate pode ser dedutível do imposto de renda**
>
> Alguns especialistas fiscais dos Estados Unidos acreditam que organizações norte-americanas que pagam resgate podem ser capazes legalmente de deduzi-lo em sua declaração anual (`https://www.securityweek.com/hit-ransomware-attack-your-payment-may-be-deductible`).

TRATA-SE DE UMA VIOLAÇÃO DE DADOS OFICIAL?

Nem todo incidente de *ransomware* pode ser tipificado oficialmente como uma violação de dados, nem necessariamente um ataque envolvendo exfiltração de dados. Os dados roubados podem não recair em alguma das categorias definidas em regulamentações nos Estados Unidos (como PII, PHI, etc.), nem estar sob outro contato de proteção obrigatória. Contudo, a maioria das organizações se encaixa em alguma lei ou contrato de privacidade/governança de dados que exige divulgação pública e privada quando dados definidos como protegidos são violados. Parte de qualquer incidente de *ransomware* envolve determinar se o incidente constitui uma violação oficial que deve ser divulgada a alguém fora da organização e abordada da maneira prescrita e prevista. Deixe seus advogados determinarem isso, caso sua organização esteja possivelmente coberta por uma dessas leis ou contratos de divulgação de violação de dados.

PRESERVE AS PROVAS

Caso exista a possibilidade de que os recursos envolvidos sejam usados como parte de uma investigação forense, de uma questão jurídica ou de um exame regulatório, você deve preservar todas as provas. Em caso de dúvida, não custa tomar essa precaução. No mínimo, é preciso fazer cópias forenses de todos os discos rígidos (e possivelmente das memórias) de todos os recursos envolvidos. Isso é a coisa certa a fazer na maior parte dos casos, mesmo que aspectos legais e regulatórios não venham a ser suscitados. Muitas vítimas de *ransomware* tentaram descobrir detalhes tarde demais, porque já haviam destruído as provas originais em seu afã de se recuperar rapidamente. Chaves de criptografia de *ransomware* às vezes são encontradas na memória de um computador. Tudo que você não quer é eliminar a chance de recuperar seus dados sem ter que pagar um criminoso em troca da chave.

SÍNTESE DA DEFESA LEGAL

Em resumo, para reduzir o risco de ser penalizado por pagar um resgate mediante extorsão por *ransomware* ou por se envolver em um processo de recuperação, cumpra seu devido zelo.

Se você for vítima de *ransomware*:

- Envolva seu departamento jurídico nessa questão (se possível de antemão), para pesquisar e lhe dar uma opinião bem embasada sobre como lidar com a exposição legal a partir de um evento de *ransomware*.
- Permita que seu departamento jurídico estabeleça todos os contatos externos envolvendo o incidente, para que as comunicações tenham melhores chances de estarem em conformidade com leis de comunicação privilegiada.
- Tente determinar se o grupo de *ransomware* consta em alguma lista de "banidos".
- Envolva os agentes policiais e legais apropriados e siga suas orientações.
- Cogite obter uma "licença" da Ofac se você planeja pagar um resgate de *ransomware*.
- Na dúvida, cogite não pagar o resgate extorquido.

- Determine se você precisa preservar provas, e na dúvida faça isso mesmo assim.
- Determine se o que ocorreu com você configura legalmente uma violação de dados, e, se for o caso, pesquise como responder de acordo.

Caso você venha a prestar ajuda a uma vítima de *ransomware* na forma de medidas de recuperação ou pagamento:

- Obtenha bom aconselhamento jurídico a fim de examinar as maneiras e os métodos para reduzir sua exposição legal, incluindo a linguagem contratual necessária.
- Busque determinar se a vítima cumpriu com seu zelo legal referente ao evento de *ransomware*, a fim de mitigar sua própria exposição a risco.
- Não preste auxílio na recuperação ou no pagamento de *ransomware* caso a vítima não tenha cumprido seu zelo legal.

RESUMO

O Capítulo 4 examinou as ramificações potenciais para o caso de uma organização ou pessoa prestar auxílio para recuperação ou pagamento de *ransomware*. Boa parte do capítulo teve como foco a legalidade de pagar um resgate e de usar bitcoin em geral. Há outras perguntas legais que seu departamento jurídico precisa responder, incluindo se uma violação de dados se configura no seu caso e o que deve ser feito para lidar com isso. O Capítulo 5 analisa tudo o que deve constar em um plano de resposta a *ransomware*.

PARTE 2
Detecção e recuperação

- 5 Plano de resposta a *ransomware*
- 6 Detecção de *ransomware*
- 7 Minimização de danos
- 8 Primeiras respostas
- 9 Recuperação do ambiente
- 10 Próximos passos
- 11 O que não fazer
- 12 Futuro do *ransomware*

5

Plano de resposta a *ransomware*

Neste capítulo, veremos como criar um plano detalhado de resposta a *ransomware*, incluindo a motivação por trás dele, quando deve ser colocado em prática e o que ele deve incluir. Muitos dos itens resumidos aqui serão abordados em mais detalhes nos próximos capítulos.

POR QUE PREPARAR UM PLANO DE RESPOSTA?

Por que uma organização deveria criar um plano de resposta a *ransomware*? Em uma frase curta: para poupar tempo e dinheiro? A cada ano, desde 2020, entre um terço e mais da metade de todas organizações entrevistadas foram exploradas com sucesso por *ransomware*. Isso significa que as chances de uma organização qualquer ser atacada com sucesso a cada ano são bem altas. Cerca de 50% das organizações reconhecem o ataque inicial de *ransomware* antes que ele seja capaz de criptografar todos os dados visados, embora algumas delas ainda acabem pagando resgate em razão das ameaças de exfiltração de dados.

Organizações que se preparam de modo agressivo e específico para ataques de *ransomware* têm melhores chances de preveni-los, além de estarem aptas a se recuperarem mais depressa e a um custo menor do que aquelas que não o fazem. A criação e a prática de um plano contra *ransomware* tendem a se traduzir em mais agilidade de detecção, menores tempos de resposta, custos mais baixos por danos, retorno operacional mais célere e menor exposição legal.

QUANDO UM PLANO DE RESPOSTA A *RANSOMWARE* DEVE SER PREPARADO?

Um plano de resposta desse tipo deve ser preparado antes que haja um ataque bem-sucedido de *ransomware* ao seu ambiente. Caso você ainda não tenha um, seu objetivo deve ser prepará-lo o quanto antes possível, pois não há praticamente nenhuma outra ameaça de comprometer seu sistema que cause tanto dano. O tempo está correndo, então comece agora mesmo. Posso lhe assegurar que toda vítima de um ataque de *ransomware* sem um plano de resposta se arrepende de não tê-lo preparado antes do evento. Decisões tomadas com antecedência, quando análises mais cuidadosas ainda podem ser feitas, têm chances maiores de trazer os benefícios desejados do que aquelas tomadas no calor de um ataque pela primeira vez. Na pior das hipóteses, um plano de resposta a *ransomware* serve como uma ótima ferramenta educacional para a empresa como um todo. Na melhor, serve como um guia prescritivo específico que embasa e aprimora seus planos mais gerais de continuidade operacional/recuperação de desastres e incidentes.

O QUE UM PLANO DE RESPOSTA DEVE INCLUIR?

Um plano de resposta a *ransomware* precisa contar com pessoas, políticas, ferramentas, decisões e processos necessários para que a reação a um ataque seja pronta e efetiva. Esta seção discorre sobre o que deve ser incluído em um plano desse tipo.

> **Armazene seu plano de resposta a *ransomware* off-line**
> É crucial manter cópias do seu plano de resposta a *ransomware off-line*, mas acessível a todos os funcionários que precisam estar envolvidos em um evento de resposta. Armazene-o tendo em mente um evento em que seus dados e sistemas *on-line* foram criptografados e suas comunicações normais (como *e-mail* e aplicativos de mensagem) encontram-se inoperantes.

Limiar de resposta baixo versus *alto*

Nem todo evento de *ransomware* compromete partes grandes ou críticas para o funcionamento de uma organização. Muitos desses eventos são interceptados antes que os danos mais graves sejam causados. A menos que perturbe operações críticas em maior escala, um único dispositivo comprometido raramente exigirá uma resposta de espectro integral. Um ataque de *ransomware* identificado por um antivírus ou por um *software* de detecção e resposta em *endpoint* (EDR) antes que tenha tempo de ser executado geralmente não leva a uma ação completa de recuperação por parte da organização. Pode ser que algumas máquinas comprometidas levem a uma rápida checagem para ver se mais computadores foram ou não afetados, mas a equipe completa de *ransomware* só precisará entrar em ação se a conferência inicial revelar mais comprometimentos. A partir de qual limiar deve ser desencadeado um plano integral de resposta a *ransomware*? Todo plano deve incluir o limiar que precisa ser ultrapassado antes que a ação completa de resposta, de acordo com o plano, precise ser posta em prática. Não há necessidade de ir com tudo contra pequenos eventos.

Funcionários-chave

Seu plano de resposta a *ransomware* deve identificar de antemão todos os funcionários e equipes que precisam estar envolvidos em um evento desse tipo. Os cargos, setores e atores recomendados incluem:

- líder de equipe;
- gestor sênior;
- representante legal;
- pessoal de TI;
- pessoal de segurança de TI;
- *help desk*;
- equipe de resposta a incidentes;
- relações públicas (para comunicações internas e externas);
- consultores externos, conforme necessário;
- polícia e autoridades públicas, conforme necessário;

- funcionário de contato da empresa de seguro cibernético, caso necessário.

Em organizações de menor porte, muitos desses cargos podem recair em um mesmo responsável, ou então serem desempenhados de forma terceirizada. Seja como for, o objetivo é identificar com antecedência todos os cargos e funcionários necessários e informá-los sobre o plano de resposta a *ransomware*, seus objetivos e como devem se planejar para ter tempo de revisá-lo, aprová-lo e praticá-lo. Certifique-se de que todos conheçam bem o papel que podem ter de cumprir, as responsabilidades que podem lhes recair em um evento de *ransomware* e sua necessidade de participar de futuras seções de prática.

Plano de comunicação

Esta é outra parte crucial do plano. Não chega a surpreender que muitos dos piores resultados relatados envolvem problemas de comunicação. O primeiro objetivo comunicacional que precisa ser estipulado é quanto ao meio de acesso de todos os envolvidos ao plano de resposta a *ransomware*, caso se faça necessário. O plano deve ser impresso e armazenado fisicamente na casa de cada participante? Nesse caso, é possível assegurar que cada participante receberá cópias atualizadas de tempos em tempos? E deve haver outro meio de armazenamento *on-line* não vinculado ao ambiente principal da organização, de modo que todos os participantes tenham acesso garantido caso dispositivos internos fiquem inoperantes?

> **Deve-se cogitar o armazenamento *on-line* de um plano de resposta a *ransomware*?**
>
> É sabido que algumas gangues de *ransomware* passam algum tempo vagando pelas redes das vítimas procurando por informações úteis para ler e exfiltrar. Nesse processo, podem se deparar com seu plano de resposta a *ransomware*. Por isso, faz sentido remover todas as cópias *on-line* do plano para que seu adversário não descubra quais serão suas medidas remediais a um ataque. Se você decidir por um armazenamento *on-line* além do *off-line*, certifique-se de que o local não é facilmente acessível a gangues de *ransomware*, talvez usando criptografia, com as chaves de descriptografia armazenadas *off-line*.

De que forma os membros da equipe serão notificados sobre um evento de *ransomware*? Lembre-se novamente de que sua rede e suas comunicações cotidianas podem estar fora do ar. Sugiro que você planeje o uso de telefones, caso não haja um método melhor disponível. Inclua o número de telefone de todos os membros no plano ou em um documento separado, sempre mantendo-os atualizados.

> **Mantenha o plano atualizado**
>
> Um plano de resposta a *ransomware* precisa ser atualizado de tempos em tempos conforme necessário. No mínimo, as informações de contato devem ser renovadas à medida que houver mudanças de pessoal e de cargos. Também é importante decidir como o processo de atualização regular deve ser aplicado. Quem é o responsável por garantir a atualização? De que forma ela é feita? Não basta preparar um ótimo plano e deixá-lo de lado para quando for necessário. Bons planos de resposta a *ransomware* são documentos vivos, exigindo manutenção e atualização.

Um espaço separado de reunião é necessário? A maioria das equipes consegue se reunir em espaços regulares oferecidos por suas organizações. No entanto, já estive envolvido em eventos de *hacking* malicioso em que o espaço normal de reunião foi comprometido de tal forma que era arriscado usá-lo. Em alguns casos, o sistema de telefone por IP ou o *software* de reuniões remotas foi comprometido, para que os *hackers* pudessem monitorar as reuniões em andamento. Quando isso é uma possibilidade real, vale a pena reservar uma área externa confiável para reuniões, ou então passe a organizar todas as reuniões remotamente usando um método de encontro virtual seguro e protegido.

Muitos planos de resposta a incidentes, incluindo aqueles contra *ransomware*, definem espaços físicos alternativos para reuniões ou orientam todos os envolvidos a contatarem um membro específico do grupo de resposta para saberem qual método de comunicação deverá ser usado. Desse modo, todos podem estar coordenados e usando a mesma ferramenta recomendada de comunicação.

É recomendado que um canal separado de comunicação *on-line* seja estabelecido de antemão para que membros da equipe possam enviar informações e atualizações uns aos outros, de preferência um meio diferente dos sistemas e dispositivos normais de *e-mail*. Escolha um canal externo de comunicação *on-line* que todos possam usar, tal como contas Microsoft Office 365 ou Gmail não acessadas pelos métodos normais de comunicação. Muitas equipes de resposta chegam a comprar novos dispositivos e equipamentos de rede a serem usados por todos os membros em um evento.

> **Deixe o jurídico ser o comunicador com o público externo**
> O departamento jurídico deve ser o veículo de comunicação com todas as entidades externas quanto ao evento de *ransomware*, a fim de proteger o máximo possível as comunicações internas com sigilo entre cliente–advogado.

Plano de relações públicas

Um evento danoso de *ransomware* tem um impacto significativo sobre as operações. Você precisará se comunicar com funcionários, clientes, outras partes interessadas, reguladores e potencialmente com o "público" via contato direto e canais de mídia. Você terá de decidir o que comunicar, para quem e quando. Preveja o envolvimento de uma equipe de relações públicas (RP) no seu plano e colete suas dicas de como estabelecer comunicação com cada tipo de público. A equipe deve simular alguns modelos aproximados para cada um deles. O departamento jurídico, é claro, precisará aprovar todas as comunicações (idealmente de antemão, usando os modelos simulados) e trabalhar lado a lado com o time de RP. Seus membros devem planejar como estabelecer comunicação se todos os sistemas normais estiverem inoperantes.

É rotineiro para mim ver vítimas de *ransomware* levarem dias para reconhecerem publicamente que algo aconteceu. Isso muitas vezes ocorre porque seus sistemas e métodos normais de comunicação estão fora do ar, e não houve um planejamento prévio para essa possibilidade. Frequentemente, a única pista para o mundo externo de que algo está errado é a própria falta de comunicação da vítima com quem quer que seja. Nenhum funcionário da organização vítima responde a *e-mails*. Em certos casos, até os sistemas de telefonia deixam de funcionar. Seus *sites* muitas vezes apresentam mensagens de erro 404 ("*Not found*"), ou pior, contêm mensagens ofensivas e ameaçadoras deixadas pela gangue de *ransomware*. Os clientes e outros interessados até compreendem que a comunicação da vítima com eles não é a prioridade máxima em meio a um evento danoso de *ransomware*, mas teria sido muito melhor se algumas mensagens preparadas com cuidado de antemão para esse tipo de ocorrência já estivessem prontas para ser enviadas quando se fizessem necessárias.

As informações a serem confirmadas e o momento da comunicação representam uma parte importante do plano. O ideal é ser honesto e transparente no que é comunicado, bem como ágil (cumprindo e de preferência vencendo com certa margem o prazo previsto em regulamentações). Trate de comunicar o suficiente, mas não demais. Nunca minta, nem prometa o que não pode cumprir, e jamais sugira que é fato algo que ainda não foi confirmado. Por outro lado, mensagens sucintas e carentes de verdadeiras informações raramente servem para reconfortar entidades externas, e podem até sugerir que a vítima tem algo a esconder. Planeje comunicar no mínimo alguns parágrafos informativos quanto à resposta inicial. Geralmente, a mensagem deve vir do líder organizacional (ou seja, do CEO).

Uma vez que as informações pessoais e as credenciais dos funcionários são muitas vezes comprometidas por *ransomware*, é preciso pensar com antecedência em como lidar com esse problema, especialmente se o resgate não for pago. Alguns funcionários podem ter a sensação de que a organização não se importa com eles e que preferiu sacrificar suas informações pessoais em favor dos lucros. Frente a isso, você precisará reassegurar os funcionários do contrário e contrapor qualquer narrativa da gangue de *ransomware* alimentando essa ideia. Caso você não pague o resgate e informações sejam roubadas, explique por quê. Se informações pessoais dos funcionários forem roubadas, cogite oferecer serviços gratuitos de monitoramento de crédito por um ano ou algum outro esforço de boa-fé que eles venham a respeitar.

Backup confiável

Muito embora um *backup* por si só dificilmente seja capaz de mitigar todo o dano causado pela maioria dos programas de *ransomware*, um *backup* confiável, rigoroso, testado, *off-line* e atualizado é uma exigência básica. Infelizmente, muitas organizações que creem contar com bons *backups* estão redondamente enganadas. Desse modo, sua organização precisa confirmar que possui de fato um *backup* confiável. E ele tem de ser abrangente.

Isso significa se preparar para o pior cenário possível, em que todos os dispositivos críticos para o funcionamento do seu ambiente foram completamente criptografados e deixaram de funcionar e/ou perderam sua proteção integral. Isso inclui servidores, estações de trabalho, serviços de infraestrutura, serviços em nuvem, dispositivos de armazenamento, dispositivos *front-end*, *middleware*, bases de dados, servidores *web*, e assim por diante.

Muitas organizações que afirmam contar com *backups* confiáveis ou não possuem esse tipo de recuperação abrangente ou jamais testaram uma restauração nessa escala. Não permita que um evento disseminado de *ransomware* seja seu único teste. Confirme com antecedência que você dispõe de um plano de *backup* e de restauração capaz de garantir uma recuperação segura e confiável com agilidade. Seu *backup* deve sempre estar atualizado. Quantos dados você suporta perder ou ter de recriar? Ademais, o *backup* deve estar protegido, ou seja, armazenado *off-line* ou de algum outro modo incólume aos danos da gangue de *ransomware*.

Muitas vítimas estão convencidas de que possuem um *backup* seguro, confiável e pronto para usar. No entanto, não se dão conta de que se elas têm acesso legítimo a seus armazenamentos *on-line* de *backup*, os *hackers* maliciosos também têm. Desse modo, uma grande parcela das vítimas se surpreende com a fragilidade de seu *backup* assim que são atacadas. Os responsáveis por esses ataques sempre tentam deletar ou criptografar *backups* imediatamente antes de rodarem suas rotinas criptográficas em sistemas em pleno funcionamento. Conheço vítimas, inclusive, que, sem saber, tiveram suas chaves de criptografia de *backup* substituídas pela gangue de *ransomware*, de tal modo que, ao tentarem restaurar o que achavam ser um *backup* confiável, simplesmente não conseguiam fazê-lo.

Muitos serviços e recursos de armazenagem em nuvem alegam proteger os clientes contra ataques de *ransomware*. Muitos de fato conseguem, mas provavelmente a maioria não cumpre o prometido. Confirme que o seu ou seus provedores em nuvem são de fato capazes de restaurar todos os dados e serviços caso você sofra um ataque de *ransomware*.

De modo geral, é preciso ter certeza de que seu *backup* é confiável. Isso significa que todas as organizações devem fazer um verdadeiro teste abrangente de restauração em um ambiente simulado. Isso requer planejamento, recursos, tempo e muitas vezes dinheiro. Não é fácil, nem barato fazer um verdadeiro teste de *backup* confiável e abrangente, mas se você quer mesmo garantir a possibilidade de restaurar seus dados – talvez você seja atacado por um *wiperware*, e não "apenas" por um *ransomware* – precisará se certificar de que é capaz de restaurar com agilidade cada sistema possivelmente afetado. A maioria das vítimas que pagam resgate não consegue recuperar seus dados de forma integral, e algumas delas não recuperam dado algum.

> Vítimas que pagam o resgate têm mais chances de recuperar mais dados do que aquelas que não pagam.

Independentemente da ameaça de *ransomware*, sempre foi uma exigência básica que as organizações contassem com um *backup* protegido e confiável para qualquer restauração de dados que se fizesse necessária. Antes do advento do *ransomware*, era preciso haver um bom *backup* apenas em caso de eventos regulares de recuperação pós-desastre (incluindo intempéries, incêndios, inundações, falha de equipamentos, etc.). A necessidade de restauração em decorrência desses eventos era bastante rara. Pois o *ransomware* modificou essa necessidade e as chances de uma organização média ter de restaurar um ou mais de seus sistemas. Seu plano de resposta a *ransomware* deve prever como um *backup* confiável, protegido, abrangente e testado deve ser empregado para casos de restauração. Acima de tudo, a restauração em si também deve ser testada ao menos uma vez por ano, ou ainda mais frequentemente.

Planejamento de pagamento de resgate

Uma das decisões mais importantes que qualquer organização pode tomar de antemão envolve o pagamento ou não de um eventual pedido de resgate. Ninguém deseja ceder a uma extorsão financeira, embora muitas organizações sensatamente encarem como mais barata e mais rápida essa alternativa. Há também aquelas que se recusam a pagar resgate por princípio ético. Já outras estão regulatória e legalmente proibidas de pagar resgates.

Não existe garantia de que o pagamento de um resgate resultará na recuperação de quaisquer dados, muito menos em recuperação total. Muitos programas de *ransomware* exfiltram dados e credenciais para que uma restauração de dados por si só não mitigue todos os danos. Tendo em vista tudo isso, sua organização estará disposta a pagar algum resgate no futuro? Essa pergunta merece uma resposta binária: sim e não.

Muitas organizações sustentam que jamais pagarão um resgate desse tipo, e nesse caso isso precisa ser levado em consideração no seu processo de planejamento de comunicação. Já vi muitos indivíduos serem louvados por fincarem pé e se recusarem absolutamente a pagar um resgate, ainda que isso tenha levado a um maior período inoperante e ao comprometimento de mais recursos do que a alternativa pura e simples de perda financeira ao ceder nesse pagamento.

Na sua própria organização, certifique-se de que a alta gestão está de acordo com qualquer decisão tomada. Geralmente não é responsabilidade final da TI determinar se uma extorsão de *ransomware* deve ou não ser paga. Isso cabe à alta gestão e ao departamento jurídico.

> **Comunicações críticas sobre extorsão por *ransomware***
>
> É crucial que a alta gestão e o departamento jurídico compreendam que um *backup* de dados provavelmente não mitigará todos os danos causados por *ransomware*. Quando ouve falar em *ransomware*, a maioria das pessoas pensa apenas em ameaças de criptografia. Explique a elas sobre a alta possibilidade de que também ocorra exfiltração de dados críticos e de credenciais (de funcionários e clientes). Elas precisam entender claramente todos os danos potenciais envolvidos, para então tomar decisões bem embasadas.

É comum que organizações estejam abertas ao pagamento de um resgate, caso necessário, e determinarão se devem ou não pagá-lo dependendo do cenário. A chave é determinar se existe algum cenário em que o pagamento de resgate é mesmo uma possibilidade real. Caso não seja, então isso precisa ser comunicado a todos os envolvidos, e essa decisão terá um grande impacto sobre processos de remediação e sobre o plano de resposta a *ransomware*.

Se o pagamento de resgate é uma possibilidade, então é útil decidir previamente quais circunstâncias e fatos determinarão esse pagamento ou não, incluindo as seguintes questões:

- O *ransomware* envolvido é conhecido por fornecer descriptografia bem-sucedida em caso de pagamento de resgate?
- A organização vítima é capaz de suportar riscos ou resultados potenciais de exfiltração de dados e credenciais sem pagar o resgate?
- A vítima tem liberdade legal para pagar o resgate? Como ela pode confirmar essa legalidade?
- Qual é o valor máximo de resgate que a organização aceitará pagar?
- Qual é o prazo mínimo para que a organização vítima consiga dispor do valor monetário sendo exigido?
- De que forma o resgate será pago?
- Há um seguro vigente que cubra o custo do resgate?
- Um negociador profissional será usado ou não?

A maioria dos especialistas com experiência em recuperação pós-*ransomware* lhe dirá que cada evento de *ransomware* é diferente e que cada gangue de *ransomware* tem seu *modus operandi* e suas exigências próprias. Antes de mais nada, o recomendável é que vítimas combatendo esse tipo de ataque identifiquem o tipo de programa de *ransomware* e o de gangue envolvidos em seu caso. Alguns dos programas e gangues são altamente inconfiáveis mesmo quando o resgate é pago, por isso, nesse cenário, os especialistas recomendam que a vítima não ceda à extorsão.

Seja como for, a maioria dos especialistas recomenda o pagamento do resgate se a vítima quiser a recuperação mais rápida e menos dispendiosa possível. Você pode mesmo confiar que sistemas criptografados serão seguros depois de recuperados e restaurados? Você pode confiar que a gangue de *ransomware* apagará ou não publicará credenciais e dados exfiltrados? Todos esses tipos de perguntas e decisões devem ser levados em consideração e respondidos de antemão. O que você não quer é decidir quais são suas políticas em meio a uma extorsão por *ransomware* e durante as atribuições de um evento de grande porte responsável por derrubar seu sistema. Pensar com antecedência no que você vai ou não vai fazer acaba tornando a resposta a um evento de *ransomware* um pouco mais previsível.

Plano de seguro cibernético

Sua organização vai adquirir ou não um seguro cibernético? Durante anos, vinha crescendo o percentual de organizações que compravam seguro cibernético. Havia ótimos benefícios tanto para a empresa vítima quanto para o setor de seguros com esse tipo de apólice. Infelizmente, o terrível "sucesso" do *ransomware* levou a drásticos aumentos nos prêmios, a franquias mais altas, a menor cobertura e a menos opções. Para muitos, um seguro cibernético pode não ser mais tão financeiramente vantajoso quanto já foi. Ainda assim, recomendo que toda e cada organização cogite com antecedência se deve adquirir um. Veja o Capítulo 3, "Seguro cibernético", para mais detalhes.

Se você decidir adquirir seguro cibernético:

- certifique-se de que ele cobre *ransomware*;
- armazene qualquer apólice de seguro cibernético *off-line* ou a salvo do acesso de uma potencial gangue de *ransomware*, caso assuma o controle do seu ambiente;
- não esqueça de ter à mão as informações de contato necessárias em caso de um evento de *ransomware*, armazenadas de forma a oferecer acesso rápido;
- identifique qual é o impacto da apólice sobre sua decisão de pagamento a *ransomware*.

O que é preciso para declarar oficialmente uma violação de dados

Há leis e regulamentações que estipulam certas exigências em caso de uma violação de dados oficial. A maioria das organizações evita declarar a ocorrência de uma violação de dados oficial caso não seja obrigada legalmente. Nos Estados Unidos, antigamente era mais fácil uma vítima negar a ocorrência oficial de violação de dados quando um *ransomware* apenas criptografava arquivos (embora mesmo nessa época a questão fosse espinhosa). Hoje em dia, a grande maioria dos programas de *ransomware* também exfiltra dados, e isso claramente eleva as chances de ocorrência de uma violação de dados propriamente dita.

Como vimos anteriormente, nem toda exfiltração de dados satisfaz a definição legal daquilo que precisa ser divulgado como uma violação de dados oficial. Os dados roubados talvez não sejam do tipo coberto e definido sob o arcabouço de violação de dados (como PII, PHI, etc.) ou talvez não estejam cobertos sob um contrato de exigência de proteção. Não foram poucas as vítimas de *ransomware* que me contaram que o que lhes foi roubado representava ou dados velhos ou não cruciais. Muitas vezes, suspiravam aliviadas, porque os dados verdadeiramente críticos e valiosos não haviam sido roubados.

Estipule com antecedência quais fatores farão sua organização declarar oficialmente que uma violação de dados de fato aconteceu. Caso uma violação de dados venha a ser detectada/declarada, qual é o prazo máximo para que sua organização divulgue o ocorrido, e a quem essa divulgação deve ser endereçada? Novamente, a alta gestão e o departamento jurídico precisam tomar essa decisão.

Consultores internos versus externos

Quem você envolverá caso seja atacado por um *ransomware*? Você lidará com isso recrutando apenas pessoal interno ou envolverá recursos externos? Nesse último caso, quem serão eles? Caso possua seguro cibernético, você encontra-se obrigado a usar os recursos ditados pela seguradora ou tais recursos de recuperação são apenas recomendados? Você usará um único recurso humano ou recrutará diferentes grupos para diferentes tecnologias e serviços afetados?

Minha recomendação é assegurar que quem quer que você envolva tenha experiência comprovada em responder com sucesso a eventos de *ransomware*. Escolha de antemão um coordenador de resposta a *ransomware* e lhe ofereça os recursos humanos necessários para minimizar danos, considerando as limitações orçamentárias, é claro. O que você não quer é responder a um evento de *ransomware* por conta própria ou depender de um grupo externo sem experiência no ramo. O ideal é contar com um líder que comprovadamente já passou por eventos do tipo com sucesso.

> **Plano de concessões**
>
> A maioria das equipes de resposta a *ransomware* não dispõe de orçamentos ilimitados. Os recursos humanos envolvidos e a margem de ação costumam ser limitados por restrições de pessoal e de orçamento. Mesmo na melhor das hipóteses, em que a organização envolvida dispõe de um orçamento aparentemente ilimitado, sempre haverá restrições. Por isso, planeje fazer certas concessões. É muito raro haver um plano instaurado na prática que não precise fazer concessões frente ao mundo real.

Independentemente de quem você recrutar como recurso de recuperação, estabeleça contato com ele de antemão, antes que um evento de *ransomware* venha a acontecer, a fim de se apresentar, caso ainda não tenham estabelecido um relacionamento direto. Informe-os quanto ao seu plano de resposta a *ransomware* e quanto a suas respectivas responsabilidades, caso se façam necessários. Muitos especialistas em resposta a *ransomware* que dirão a você, é claro, como as coisas transcorrerão quando você entrar em contato com eles. Você pode até coletar contribuições deles para seu plano de resposta a *ransomware*, perguntando-lhes se adicionariam, modificariam ou deletariam algo.

Carteira de criptomoeda

Caso o pagamento de resgate seja uma possibilidade, você precisará considerar como fará um pagamento desse tipo usando criptomoeda – muito provavelmente bitcoin. Pode ser difícil converter dinheiro em criptomoeda rapidamente. Métodos tradicionais incluem os seguintes:

- preestabelecer uma conta e um saldo em criptomoeda em uma corretora do ramo, antes que isso acabe sendo necessário;
- abrir uma conta em criptomoeda em uma casa de câmbio do ramo, mas somente quando for necessário;
- contatar uma corretora do ramo que esteja disposta a vender criptomoeda no ato, assim que for necessário;
- contatar um corretor ou negociador especializado em pagamentos de *ransomware* que já disponha das contas e/ou criptomoedas necessárias.

A abertura de uma conta de criptomoeda em uma corretora confiável do ramo, como a Coinbase (www.coinbase.com), pode levar um dia ou mais. A transferência de fundos não cripto para uma conta de criptomoeda pode facilmente levar de três a cinco dias. Em muitos casos, as gangues de *ransomware* exigem o pagamento dentro de um a sete dias; assim, se você estiver abrindo uma conta de criptomoeda pela primeira vez, poderá haver um problema de agenda, para estender ainda mais qualquer demora envolvida na decisão de pagar ou não o tal resgate. Você pode abreviar esse tempo de espera ao abrir com antecedência uma conta de criptomoeda em alguma corretora confiável. A partir de então, precisará apenas esperar que qualquer quantia transferida seja computada como criptomoeda dentro da conta.

Você também pode comprar criptomoeda de alguém no ato (consulte https://localbitcoins.com/, por exemplo). Em geral, porém, quanto maior sua pressa em comprar e vender criptomoeda, maior o risco de uma transação fraudulenta e/ou maiores as taxas de transação envolvidas.

> **Sempre procure fontes confiáveis de criptomoedas**
> Infelizmente, o mundo das criptomoedas está repleto de fraudes e fraudadores. Usuários já perderam muitos bilhões de dólares nos últimos cinco anos. Corretoras anteriormente confiáveis acabaram roubando o dinheiro de todos dezenas de vezes. Sendo assim, certifique-se de procurar somente as corretoras e os operadores mais confiáveis do ramo de criptomoedas. Golpistas e vítimas abundam nesse universo.

Caso você possua uma apólice de seguro cibernético, discuta com seu corretor de seguro sobre como qualquer pagamento em criptomoeda pode ocorrer. Seria responsabilidade dele ajudar com o pagamento ou isso caberia exclusivamente a você e à sua equipe de resposta a incidentes? Algumas apólices de seguro prestam serviços em seu nome, incluindo a negociação e o pagamento de resgates, enquanto outras trabalham apenas com a modalidade de reembolso. Nesse último caso, sua organização fica responsável por todos os custos associados à recuperação pós-*ransomware* e pode pedir o reembolso correspondente posteriormente. Embora seja mais barato, esse tipo de plano de seguro exige que a organização mantenha mais caixa disponível, bem como mais recursos à mão para responder a um ataque de *ransomware*.

Caso você venha a lidar com um pagamento de resgate diretamente com a gangue de *ransomware*, talvez precise utilizar um navegador TOR (The Onion Router, https://torproject.org/) e uma conexão segura com o endereço da gangue. O uso de um navegador e de uma conexão TOR significa que você está se conectando com a *dark web*, o que simplesmente lhe confere a capacidade de acessar *websites* e serviços inacessíveis na *web* normal. Ainda que a *dark web* seja repleta de *sites* e serviços antiéticos, a mera conexão com ela não exige qualquer proteção técnica além daquilo que você já deve obter com uma sessão normal de navegador, embora a conexão a partir de um computador/máquina virtual isolado diminua os riscos.

Resposta

A parte mais importante de um plano de recuperação a *ransomware* deve ser, é claro, as medidas em si de recuperação. O que você deseja é interromper a disseminação inicial, limitar os danos, se recuperar do evento e impedir que aconteça novamente. Cada uma dessas fases será abordada em detalhes do Capítulo 7 ao Capítulo 11.

Seu plano de resposta a *ransomware* deve se integrar com seus planos já existentes de continuidade de negócios/recuperação de desastres, caso existam, encaixando-se e utilizando as políticas, os procedimentos, as ferramentas e os formatos vigentes. Um plano de recuperação a *ransomware* é um subconjunto do seus outros planejamentos normais de continuidade de negócios/recuperação de desastres.

Checklist

Sempre é bom contar com uma *checklist* resumida pronta para ser aplicada, que deve cobrir todos os aspectos-chave que qualquer participante é capaz de conferir rapidamente. Eis a seguir um breve exemplo de *checklist*:

- Confirmar a exploração por *ransomware*.
- O evento de *ransomware* requer uma resposta integral a incidentes e a ativação do plano de resposta a *ransomware*? Se sim, continue.
- Ativar o plano de resposta a *ransomware*.
- Notificar a alta gerência e outros participantes.

- Estabelecer comunicações alternativas conforme planejado (caso necessário).
- Desconectar da rede dispositivos potencialmente envolvidos, incluindo conexões *wireless*.
- Minimizar a disseminação e o dano iniciais (Capítulo 7).
- Dar início ao plano de comunicações de RP.
- Determinar a cepa de *ransomware* e pesquisar o comportamento esperado (se possível).
- Determinar o escopo do dano da exploração por *ransomware*:
  - locais, dispositivos e sistemas envolvidos, o que já foi criptografado, exfiltração de dados e credenciais, etc.
- Contatar a empresa de seguro cibernético, caso haja uma envolvida.
- Procurar programas de *backdoor* e outras ameaças maliciosas.
- Determinar a extensão inicial dos danos e as consequências conhecidas.
- Organizar reunião(ões) inicial(s) de resposta.
- Decidir se o resgate deve ser pago; em caso positivo, dar início às negociações.
- Iniciar a recuperação (Capítulos 8 e 9).
- Fazer o *backup* de arquivos criptografados em caso de recuperação equivocada/possível descriptografia futura (opcional).
- Determinar e mitigar o vetor inicial da infecção.
- Priorizar a recuperação do sistema pelo critério de avaliação de impacto sobre os negócios e as necessidades.
- Determinar se a descriptografia é possível e desejada, e nesse caso dar início a ela.
- Determinar se a recuperação a partir de *backup* é necessária, e nesse caso dar início a ela.
- Caso o resgate tenha sido pago e a chave de criptografia tenha sido recebida, testá-la em um sistema isolado:
  - se o teste for bem-sucedido e se a descriptografia usando a chave de *ransomware* fornecida for desejada, pagar o resgate, obter o restante das chaves e continuar.

- Remover *backdoors* e outros programas maliciosos.
- Restaurar os sistemas ao melhor estado reconhecidamente limpo e confiável.
- Alterar todas as credenciais possivelmente roubadas.
- Dar continuidade à descriptografia/recuperação/restauração/reconstrução do sistema.
- Recuperar por completo o ambiente.
- Conduzir uma análise *post-mortem* (o que foi bem feito, o que deu errado, o que deve ser modificado).
- Buscar prevenir o próximo ataque (Capítulo 10).

Essa *checklist* não está totalmente detalhada, inclusive nem perfeitamente ordenada. Cada plano de recuperação pós-*ransomware* precisa ser feito sob medida. Como já dito, os Capítulos 7 a 11 examinam esses passos em mais detalhes.

Definições

Todos os termos técnicos e siglas, como *ransomware*, bitcoin, criptomoeda, seguro cibernético, autenticação multifatorial, *patching*, *phishing*, *spear phishing*, etc., devem ser descritos no plano de resposta a *ransomware* para assegurar que todos os seus leitores tenham um entendimento comum deles. Jamais assuma que cada um dos envolvidos compreende todos os termos e siglas. As definições podem ser colocadas no início ou no final do seu plano, dependendo da preferência da sua organização.

A PRÁTICA LEVA À PERFEIÇÃO

Um plano tem sua qualidade garantida somente quando é praticado. Todos os participantes envolvidos e todas as partes interessadas devem revisar o rascunho do plano e recomendar inclusões, mudanças e supressões. Uma vez que a versão final seja aprovada, todos devem revisá-la e praticá-la. Na maioria dos casos, um exercício em mesa redonda – presencial ou remoto – deve ser organizado, em que cada participante desempenha o papel que lhe foi atribuído, de modo a transmitir a todos uma boa noção do plano em ação.

Alguns dos papéis e dos procedimentos mais cruciais devem ser testados além da mesa redonda e de exercícios mentais, sendo desempenhados com o maior realismo possível frente a processos e ferramentas existentes. O responsável pelo *backup*, por exemplo, deve fazer um rigoroso teste de restauração a fim de comprovar que uma recuperação confiável, abrangente e atualizada pode mesmo ser desempenhada. Ferramentas forenses devem ser empregadas a fim de extirpar quaisquer programas e ações possivelmente maliciosos. Entre muitos outros detalhes do plano, também é preciso testar se as informações de contato permitem recrutar membros da equipe e partes interessadas com agilidade. Quanto mais um plano de resposta a *ransomware* avançar além de exercícios em mesa redonda, mais confiável ele se tornará. O plano deve ser praticado pelo menos uma vez ao ano, ou sempre que tiver passado por uma atualização significativa.

> **Controle seus soldados**
>
> A maioria das organizações conta com um ou mais técnicos supertalentosos que se destacam no uso de certas tecnologias e na solução de certos problemas. Mesmo depois de concordarem com um plano, eles muitas vezes tentam resolver um problema por conta própria em meio a uma crise. Infelizmente, é comum que esses "soldados" e "soldadas" venham a criar problemas adicionais, seja em âmbito técnico, legal ou de RP, o que poderia ser evitado se tivessem seguido as diretrizes do plano acordado. Certifique-se de que todos os participantes do seu plano de recuperação pós-*ransomware* compreendam a importância de não fugir daquilo que consta no plano, ou que no mínimo obtenham aprovação junto à equipe para quaisquer desvios que desejem aplicar.

RESUMO

Você precisa definir todos os principais procedimentos, decisões, políticas, ferramentas e funcionários que devem estar envolvidos em um evento de recuperação pós-*ransomware*. Documente tudo isso por escrito e assegure-se de que o documento seja acessível em caso de um evento de *ransomware*. Defina de antemão o modo como os membros da equipe serão contatados e faça com que todas as partes interessadas se familiarizem e pratiquem o plano. A preparação de um plano de recuperação abrangente e testado na prática tende a resultar em uma restauração mais rápida e mais barata frente a qualquer evento futuro.

O Capítulo 6, "Detecção de *ransomware*", examinará as melhores formas de detectar um *ransomware* que tenha conseguido penetrar no seu ambiente ainda que você tenha implementado controles preventivos.

6

Detecção de *ransomware*

Caso você não consiga prevenir um ataque de *ransomware*, o ideal é detectá-lo rapidamente. Até 85% das organizações vítimas contavam com programas atualizados de antivírus (e outras defesas tradicionais) e mesmo assim foram exploradas com sucesso por *ransomware*. Neste capítulo, as melhores formas de detectar *ransomware* são examinadas, objetivando interromper de imediato ou mitigar sua disseminação e seus danos.

POR QUE É TÃO DIFÍCIL DETECTAR *RANSOMWARE*?

Muitas pessoas ficam surpresas ao saberem o quanto os ataques de *ransomware* são bem-sucedidos mesmo em organizações que dispõem de todas as defesas tradicionais. A maioria das organizações atacadas por *ransomware* contava com antivírus atualizados, *firewalls*, filtros de conteúdo e todos os controles normais de defesa que somos instruídos a habilitar a fim de nos defendermos com sucesso contra *hackers* e *malware*. Alguns fatores explicam por que os ataques de *ransomware* conseguem obter tanto sucesso em ambientes que você consideraria bem protegidos. Mais adiante neste capítulo, discutiremos alguns dos motivos pelos quais organizações bem defendidas acabam sendo violadas.

Em primeiro lugar, antivírus e *software* de detecção e resposta em *endpoint* (EDR) nunca foram 100% precisos, ao contrário do que afirmam suas propagandas. Nada no universo de defesa computacional é ao mesmo tempo fácil de usar e 100% preciso (mais adiante retornaremos a esse tema). Hoje em dia, é incrivelmente difícil para qualquer fornecedor de antivírus se manter atualizado sobre muitos milhões de novos programas de *malware* criados a cada ano. Não que milhões de programas singulares de *malware* completamente novos sejam de fato criados a cada ano; na verdade, os mesmos programas acabam sendo retrabalhados, ofuscados e criptografados para parecerem diferentes em cada exploração.

Desse modo, programas tradicionais de antivírus que detectam a "assinatura" das ameaças têm grande dificuldade em acompanhar esse ritmo. Precisam esperar até que um novo *malware* seja detectado, reportado e examinado e tenha uma assinatura confiável vinculada a ele. Enquanto isso, a maioria dos programas de *ransomware* tem tempo suficiente para se recriptografar de modo a criar uma nova assinatura. Sempre haverá um hiato entre o lançamento e a detecção confiável, e as gangues de *ransomware* aproveitam ao máximo esse intervalo de tempo. Como já abordamos no Capítulo 1, depois que um *ransomware* é executado, ele fica constantemente "contatando a base" e se atualizando para evitar ser detectado por um antivírus.

Em segundo lugar, nenhuma defesa é aplicada perfeitamente. É difícil que especialistas em defesa consigam aplicar qualquer *software* de segurança com 100% de efetividade em seu ambiente. Não basta aplicar um *patch* crítico em todos os computadores que dele precisam para obter 100% de sucesso de cara. Por inúmeros motivos, para qualquer mecanismo de defesa que alguém tente instaurar, um pequeno percentual dos computadores envolvidos simplesmente não aplicará a defesa por completo. Pode ser porque o registro do Microsoft Windows está corrompido, porque o dispositivo está *off-line*, seu espaço de armazenamento está cheio, outro programa está bloqueando a aplicação, o usuário está intencionalmente impedindo a aplicação do controle de segurança, e assim por diante. Não importa o que um defensor computacional esteja tentando fazer, obter 100% de aplicação bem-sucedida do controle de segurança envolvido é algo muito difícil – e quase impossível de garantir em todos os computadores desejados. Essa é uma verdade desde o início dos computadores.

Acontece que *hackers* e *malware* adoram inconsistência. Programas de *ransomware* muitas vezes ganham acesso inicial a um ambiente porque um dos computadores envolvidos carece de uma das defesas cruciais.

Em terceiro lugar, uma vez ativados, muitos programas de *ransomware* começam imediatamente a procurar e a desabilitar proteções defensivas, para que não soem o alerta de que um ataque está em andamento. Alguns deles saem à caça de programas defensivos específicos, que já se mostraram especialmente eficientes em barrar sua entrada, enquanto outros assumem uma abordagem mais geral e tentam desabilitar dezenas de programas diferentes. De fato, a identificação de controles de defesa desabilitados sem qualquer explicação é um dos melhores sinais de uma infecção por *ransomware*, se você conseguir filtrar as desabilitações maliciosas de toda a atividade legítima.

Em quarto lugar, a maioria dos programas de *ransomware* é cada vez mais dependente do uso de *scripts*, de *software* e comandos integrados e de ferramentas comerciais legítimas para fazer seu trabalho sujo, uma vez que tenha ganhado acesso para exploração. Uma das ferramentas mais usadas por *ransomware* pós-*exploit*, por exemplo, é o programa Psexec, da Sysinternal, pertencente à Microsoft (`https://docs.microsoft.com/en-us/sysinternals/downloads/psexec`). O Psexec, que existe há décadas, permite que programas sejam copiados e executados remotamente em computadores Windows, tornando-o um favorito não apenas dos admins legítimos que buscam automatizar *scripts*, mas também de gangues de *ransomware*. Não é fácil para um programa defensivo identificar a diferença entre um *script* ou programa legítimo e um *script* ou o mesmo programa usado maliciosamente.

Em quinto lugar, a maioria dos admins e dos usuários não entende seus próprios ambientes tanto quanto deveriam. Desse modo, quando uma ameaça maliciosa surge no horizonte, eles não a reconhecem e não se informam sobre ela. Isso é algo que vamos explorar e remediar ainda neste capítulo.

Em sexto lugar, para muitos o monitoramento não é nem de longe tão agressivo quanto deveria ser. Muitos estudos, incluindo o Relatório Verizon de Investigações sobre Violações de Dados (`https://www.verizon.com/business/resources/reports/dbir/`), há muito tempo vêm martelando que a vasta maioria das organizações exploradas teria percebido o comprometimento malicioso se tivesse ao menos examinado seus *logs*. Ferramentas de monitoramento de eventos de segurança estão capturando os eventos maliciosos, mas ninguém está prestando atenção nelas, ou a atenção prestada não é suficiente.

É importante entender que, embora organizações encaradas como "bem protegidas" sejam rotineiramente comprometidas, ainda é benéfico instaurar todas as defesas tradicionais, incluindo *software* antivírus. Por quê? Ainda que elas não sejam perfeitas, previnem uma parcela dos ataques potenciais por *malware*, *ransomware* e *hackers* maliciosos. Todos nós usamos cinto de segurança em nossos carros, muito embora eles não se façam necessários na maior parte do tempo.

MÉTODOS DE DETECÇÃO

É preciso compreender as medidas tradicionais e agressivas de detecção capazes de ajudar qualquer organização a detectar melhor e mais rapidamente uma nova exploração por *ransomware*. Vamos assumir que você já está praticando todas as defesas computacionais tradicionais, incluindo o uso de antivírus/EDR, *firewalls*, configurações seguras, filtros de conteúdo, filtros de reputação, anti-*phishing*, monitoramento, etc. A partir daí, você precisa se concentrar em métodos de detecção que funcionam especialmente bem frente a *ransomware* (e a outras ameaças impostas por *malware* e *hackers*). Alguns dos métodos de detecção recomendados simplesmente empregam defesas de um modo aprimorado, e outros não chegam a ser novos. A ideia desta seção é expor você a um leque de diferentes tipos de detecções, para deixá-lo escolher um ou mais a serem implementados em seu ambiente.

Como qualquer defesa computacional, o cobertor é sem dúvida curto quando queremos cobrir ao mesmo tempo o lado da usabilidade e o lado da segurança. As melhores defesas contra *ransomware* exigem mais recursos, concentração e pesquisa manual. Não existe uma maneira fácil e automatizada de detectar 100% dos casos de *ransomware*. Se houvesse, esse problema não seria tão grave quanto o que vemos hoje.

Treinamento em conscientização de segurança

A vasta maioria das violações de dados, incluindo exploração por *ransomware*, ocorre quando um usuário final é ludibriado a fornecer credenciais de *logon* ou a rodar um cavalo de Troia. Segundo minhas pesquisas (https://blog.knowbe4.com/phishing-remains-the-most-common-form-of-attack), entre 70 e 90% de todos os ataques se devem a engenharia social e *phishing*. Essa é de longe a principal causa-raiz de exploração maliciosa. Faz todo sentido, então, educar admins e usuários quanto a diferentes sinais de *ransomware*, para que, quando usuários finais se depararem com algo potencialmente malicioso, sejam capazes de relatar o ocorrido e pedir que alguém pesquise se a ameaça é de fato real.

A quais sinais e sintomas admins e usuários devem estar alertas? Devem ficar atentos a quaisquer daqueles abordados nas próximas seções. Admins e usuários finais precisam se manter atualizados sobre os sinais e sintomas mais comuns de *ransomware*, rotineiramente dissecados em *blogs* de empresas de defesa digital, incluindo a KnowBe4 (https://blog.knowbe4.com). Você pode, inclusive, pesquisar na internet artigos sobre *ransomware*, como em https://www.knowbe4.com/ransomware, para obter uma lista rápida. Como os sinais e sintomas de *ransomware* evoluem com o passar do tempo, assegure-se de que seus admins e usuários finais estejam alertas às coisas certas. O *ransomware* de hoje não se parece com o *ransomware* do ano passado. Mantenha-se atualizado!

Detecções conjuntas de antivírus/EDR

Como examinado anteriormente, sempre é válido rodar antivírus/*software* de detecção e resposta em *endpoint* (AV/EDR). Eles apanham e previnem certo percentual de *malware* e *ransomware*. Igualmente importante é perceber que muitas vezes AV/EDR encontram o que poderiam parecer programas maliciosos (ou legítimos) não relacionados que estão sendo usados pelo *ransomware*. Atualmente, a maioria dos programas de *ransomware* utiliza outros programas e *scripts* maliciosos e até mesmo programas legítimos para cumprirem seu trabalho sujo. Muitas vezes, você descobre que está prestes a ser atacado ao simplesmente encontrar um único programa malicioso ou um *script* sem explicação no seu ambiente. Na maior parte dos grandes ataques de *ransomware*, alguém percebe um programa relacionado antes da ocorrência do ataque principal, mas não entende sua significância. Como fazer, então, para que as pessoas entendam que aquilo que parece um programa ou *script* não relacionado pode estar envolvido em um ataque mais amplo de *ransomware*? Educando-as!

> **História real**
>
> Prestei consultoria certa vez para uma empresa cuja equipe de segurança estava se autocongratulando por ter detectado e encontrado uma ferramenta de *dump* de *hash* de senhas (passdump4) em um de seus controladores de domínio. Estavam animados por terem localizado e removido a ameaça. Quando lhes perguntei sobre como ela foi parar lá e quem a estava usando, eles se mostraram surpresos, como se jamais tivessem cogitado essas perguntas. Em vez de se autocongratularem, deveriam ter disparado um sonoro alarme e desencadeado uma investigação rigorosa, mas não foi o que fizeram. Alguns meses depois, ficaram sabendo que haviam sido comprometidos por múltiplas ameaças persistentes avançadas (*advance persistente threat* [APT]).

Detecção de novos processos

A detecção de novos processos é o melhor controle detectivo possível, mas também um dos mais difíceis de implementar efetivamente. Todos os programas de *ransomware* executam novos processos não autorizados e maliciosos. Para detectar *ransomware* (e, na verdade, qualquer *malware* ou *hacker* malicioso), basta detectar todos os novos processos não autorizados e determinar se são legítimos ou não. No entanto, isso é bem mais difícil na prática do que em teoria. Seja como for, se você conseguir levar isso a cabo, reduzirá significativamente o risco de ataque por *ransomware*, todas incidências de *malware* e a maioria dos *hackers* maliciosos.

O problema é que poucas organizações conhecem de verdade os processos que estão rodando em qualquer de seus dispositivos, muito menos em todos os dispositivos em sua rede. Para ficar alerta a novos processos, é preciso saber quais processos legítimos e autorizados estão rodando em cada dispositivo (ou ao menos naqueles dispositivos sob alto risco de um comprometimento malicioso). Em seguida, cada novo processo precisa ser pesquisado a fim de determinar sua legitimidade. A Figura 6.1 resume os passos lógicos básicos.

| Inventário de todos os dispositivos | → | Documentação de todos os processos legítimos em cada dispositivo | → | Alerta sobre desvios | → | Pesquisa de todo e cada desvio |

Patamar de referência

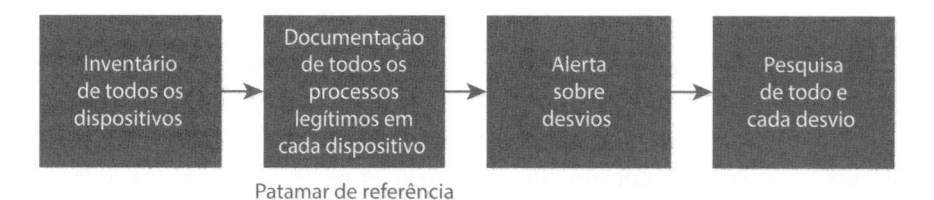

Figura 6.1. Fluxo lógico de detecção de anomalia de processos.

O primeiro passo é fazer um inventário de cada dispositivo no ambiente, ou pelo menos de cada dispositivo apto a ser maliciosamente explorado. Isso inclui PCs, *laptops*, servidores, equipamentos de rede, dispositivos de IoT, *appliances*, etc. O segundo passo é inventariar os processos legítimos permitidos em cada dispositivo. Isso pode ser difícil, e frequentemente envolve diferentes programas de inventários e etapas a serem cumpridas. É preciso levar em consideração também o modo como processos e *software* legítimos futuros serão computados.

O terceiro passo é instalar um processo de monitoramento capaz de detectar quando um novo processo não autorizado (ou "injeção" não autorizada a um processo autorizado já existente) acontece. Processos incluem executáveis, *scripts*, bibliotecas e tudo mais que possa ser classificado como código ou conteúdo "ativo" e maliciosamente manipulado. O quarto passo é criar um processo de resposta a incidentes capaz de pesquisar rapidamente cada processo não autorizado recém-detectado, a ponto de determinar se é legítimo ou malicioso.

Qualquer coisa nova que possa ser usada para ocultar, armazenar ou executar maliciosidade precisa ser monitorada e disparar um alerta. No Microsoft Windows, por exemplo, instâncias de *malware* muitas vezes se instalam no registro do Windows, de tal forma que são automaticamente reexecutadas sempre que o Windows é reiniciado, ou então se instalam como uma nova tarefa agendada. Há literalmente dezenas, se não centenas, de artifícios que um programa de *malware* pode usar para se instalar no Windows e assegurar sua persistência.

O programa do Windows chamado Sysinternals Autoruns (`https://docs.microsoft.com/en-us/sysinternals/downloads/autoruns`) é capaz de revelar dezenas de locais que programas, legítimos ou não, podem modificar para se "autoexecutarem". Se você estiver interessado, pode baixar e executar o Autoruns para ver tais áreas listadas e povoadas. Com o Autoruns (e também o Systernals Process Explorer), itens inventariados podem ser cotejados com o serviço VirusTotal, da Google, para conferir se algum componente encontrado e listado já foi detectado alguma vez como potencialmente malicioso. Pode haver produtos similares da Apple, Linux, BSD e outros dispositivos.

Qualquer *software* ou sistema que você puder comprar para automatizar esse processo deve ser explorado e considerado. Mais adiante neste capítulo, mostrarei um exemplo de como fazer esse processo, mas ele requer mais implantação, monitoramento e pesquisa braçais. Se você puder adquirir um programa (ou mais de um) capaz de inventariar, estabelecer um patamar de referência, alertar e pesquisar por você, ou ao menos garantir menor intervenção manual, não hesite em fazê-lo.

Existem muitos programas de segurança computacional que cumprem boa parte desse trabalho no seu lugar. Hesito em dar exemplos, porque qualquer lista que eu apresente será drasticamente incompleta. De qualquer modo, eis a seguir uma lista parcial de programas e fornecedores que especificamente rastreiam processos individuais (ao menos em certas plataformas) e que buscam identificar e disparar o alarme em caso de detecções anômalas (em ordem alfabética):

- Crowdstrike;
- Cybereason;
- Elastic;
- FireEye;
- Fortinet;
- McAfee;
- Microsoft;
- Orange Cyberdefense;
- Palo Alto Networks;
- Sentinel One;
- TrendMicro;
- VMware Carbon Black.

Muitos desses produtos são resenhados e comparados em `https://www.forrester.com/report/The+Forrester+Wave+Enterprise+Detection+And+Response+Q1+2020/-/E-RES146957`. Você pode entrar no *site* de um desses desenvolvedores listados e examinar gratuitamente detalhes de seu produto no relatório da Forrester.

Os melhores programas são capazes de fazer o inventário por você, alertar sobre potencial maliciosidade e promover um rápido isolamento. Eles conduzem uma vistoria inteligente contra ameaças ao ficar alerta a novos processos maliciosos, a indicadores de comprometimento e a pontos de originação maliciosa na rede. Muitas vezes, são capazes de mostrar o histórico detalhado de como um comprometimento original singular avançou dentro da sua organização. Em geral, são sofisticados e automatizados. Toda empresa deve adotar um produto como esse para ajudar a prevenir e detectar maliciosidade na rede.

> **Antivírus *versus* EDR**
>
> Programas tradicionais de detecção de *malware* são conhecidos como **antivírus** (AV). Programas mais modernos e de peso pesado contra *malware*, conhecidos como **detecção e resposta em *endpoint*** (EDR), ganharam popularidade nos últimos tempos. Os AVs tradicionais usavam simples correspondência de assinatura de *malware* (isto é, bytes que sempre aparecem em determinado programa de *malware* sendo identificado) para detectar e alertar sobre ameaças. Hoje, até mesmo os programas "simples" de AV fazem bem mais do que apenas comparações de assinatura, incluindo conferência sofisticada de assinatura (ou seja, substituindo vários bytes conforme necessário a fim de detectar *malware* mutante) e heurística (análise comportamental), além de rodarem instâncias de *malware* em subsistemas virtualizados para examinar mais de perto os programas executados em que toda a criptografia é removida.
>
> Já um *software* EDR costuma ser ainda mais maduro, inventariando e monitorando processos e conexões existentes. É difícil estabelecer uma dicotomia clara entre o que um programa AV faz ou deixa de fazer em comparação a um programa EDR. Isso vai depender dos programas AV e EDR sendo comparados, mas em geral os programas EDR médios tendem a oferecer detecção mais precisa de *hackers* e *malware* do que os AVs correspondentes. É por isso que vemos cada vez mais organizações substituindo programas AV por EDRs. Obviamente, desenvolvedores de AV diriam que não é bem assim, mas o mercado claramente passou a favorecer EDR, no caso de organizações que podem arcar com seu custo.

Vale destacar que muitas organizações que contam com esses programas ainda assim acabam sendo exploradas por *malware*, ou seja, eles não são 100% precisos. O maior problema muitas vezes é que os programas conseguem detectar processos ou *scripts* novos e não autorizados, mas não reconhecem automaticamente sua gravidade. Para verdadeiramente derrotar ameaças de *ransomware* (e de *malware* e *hackers* maliciosos), você precisa agressivamente inventariar, monitorar, alertar e pesquisar quaisquer novos processos. Para fazer isso direito, a maioria das empresas precisa encarregar no mínimo um funcionário dedicado exclusivamente e em tempo integral à tarefa, e empresas de maior porte requerem múltiplos funcionários. Essa é uma grande exigência, mas se você deseja derrotar o *ransomware* de verdade, precisará ter esse nível de comprometimento. Caso sua organização não tenha como dedicar os recursos necessários para tornar o processo de detecção 100% eficiente, ainda assim vale a pena fazer o melhor que você pode.

> **Um controle de aplicativos pode sair mais barato a longo prazo**
>
> Um programa de controle rigoroso de aplicativos capaz de interromper pré-definidamente todas as novas instalações e processos pode ser mais barato, mais fácil de usar e mais seguro a longo prazo. No entanto, requer mais recursos dedicados para cumprir sua tarefa.

Conexões anômalas de rede

Todas as instâncias de *ransomware* estabelecem conexões de rede não autorizadas, tanto dentro quanto fora da rede comprometida. Um *ransomware* sempre "contata a base" estabelecendo uma conexão ilegítima e não autorizada (embora costume utilizar e apontar para serviços públicos gerais, como AWS e outros do tipo, dificultando a determinação de sua maliciosidade ou não). Na maioria dos ataques, as gangues de *ransomware* se conectam à rede comprometida a partir de conexões ilegítimas (ou seja, não a partir de *sites* legítimos de clientes).

Em qualquer rede empresarial, os servidores, em sua maioria, não ficam conectados a todos os demais servidores ou a cada estação de trabalho, e, por sua vez, a maioria dessas estações não fica conectada com outras estações nem com todos os servidores. Admins de domínio (em uma rede

Microsoft Active Directory) não devem ficar conectados à maioria dos servidores e das estações de trabalho. Nesse arranjo, há conexões de rede legítimas e permitidas e conexões que, caso sejam monitoradas e descobertas, seriam consideradas anômalas por qualquer observador competente.

Assim como na detecção de processos não autorizados, você precisa inventariar e documentar as conexões de rede legítimas e permitidas para poder, então, emitir alertas ao identificar aquelas anômalas. Sendo assim, a detecção de anomalias de rede segue o mesmo fluxo lógico que a detecção de processos anômalos: inventário, patamar de referência, alerta, pesquisa. A Figura 6.2 resume os passos lógicos básicos para detecção de anomalias em redes.

| Inventário de todos os dispositivos em rede | → | Documentação de todas conexões legítimas de rede em cada dispositivo | → | Alerta sobre desvios | → | Pesquisa de todo e cada desvio |

Patamar de referência

Figura 6.2. Fluxo lógico de detecção de anomalias em redes.

A maioria dos pacotes de *software* listados anteriormente na seção "Detecção de novos processos" é capaz de monitorar tanto processos anômalos quanto conexões anômalas de rede. Também existem produtos de análise de tráfego de rede que se concentram especificamente em anomalias nas conexões de rede. A seguir são listados alguns deles (em ordem alfabética):

- Bro;
- Cisco (especificamente seu produto Lanscope Stealthwatch);
- Corelight;
- Darktrace;
- Flowmon Networks;
- Juniper Networks;
- Netscout;
- Noction.

> A detecção de anormalidade de rede também é conhecida como análise de fluxo de rede, análise de comportamento de rede, fluxo em rede, inteligência de rede e outros termos similares.

Todas organizações precisam conhecer bem suas conexões legítimas de tráfego em rede e emitir alertas e fazer pesquisas ao detectar conexões anômalas.

Elementos novos inexplicados

A descoberta de qualquer nova atividade, processo ou conexão de rede inexplicada que possa estar envolvida em *ransomware* (ou em outro *malware* ou atividade *hacker* maliciosa) deve ser investigada. Isso inclui os seguintes itens não explicados:

- coleções ou pastas de arquivos de dados;
- *scripts* ou ferramentas;
- *drivers* recém-instalados;
- alterações em massa em arquivos (como em localização, atributos, permissões, criptografia, etc.);
- presença de uma massa de arquivos com a mesma extensão estranha (readme, ransom, etc.);
- alterações em *jobs* de *backup*;
- alterações em chaves de criptografia de *backup*;
- *boots* em Modo de Segurança;
- fechamento inexplicado de programas, interrupções operacionais, etc.;
- uso de taskkill.exe, PsExec.exe, Wbadmin.exe, Vssadmin.exe, etc., em sistemas em que isso é incomum.

Todos esses são indicadores comuns de comprometimento por *ransomware*. Cabe observar que já houve algumas instâncias de *ransomware* instalando *drivers* legítimos – que são notoriamente propensos a *bugs* – para que possam então explorar o *driver* recém-instalado para ganhar acesso adicional ao sistema e à rede comprometidos. Um exemplo pode ser encontrado em `https://news.sophos.com/en-us/2020/02/06/living-off-another-land-ransomware-borrows-vulnerable-driver-to-remove-security-software/`. Fique atento, pois até as instalações aparentemente mais inocentes podem ser usadas de forma maliciosa. Sempre pesquise a respeito de todos os itens não explicados e recém-instalados.

> ### *Malware* sem rastro de arquivos
> Muitos programas de *malware*, incluindo *ransomware*, são conhecidos por usar métodos "sem arquivos", ou seja, sem utilizar arquivos tradicionais para serem armazenados e executados. Em vez disso, esse tipo de *malware* utiliza o registro do sistema ou algum outro método de ofuscação para armazenar, ocultar e executar a si mesmo. Muita gente se pergunta se métodos tradicionais de detecção conseguem perceber tão facilmente esses tipos de ameaças. A resposta é que eles já existem há décadas (ao menos desde os anos 1980 em PCs – inclusive o primeiro vírus de PC, o Brain, criado no Paquistão, era "sem arquivos") e são prontamente detectados pela maioria dos programas anti-*malware*.
>
> Além disso, nunca vi um programa de *malware* sem arquivos que mais cedo ou mais tarde não viesse a criar um ou mais programas baseados em arquivo de *malware* que pudessem ser detectados. Em síntese, esse tipo de *malware* não chega a ser uma ameaça tão grave quanto muita gente e muitos desenvolvedores de segurança computacional fazem parecer. Sua detecção até pode se tornar mais difícil, mas não de maneira substancial.

Interrupções sem explicação

Os métodos previamente citados de detecção se encarregam acima de tudo de detectar coisas novas, seja um processo, um programa, uma tarefa, uma alteração em um arquivo ou uma conexão de rede. Contudo, interrupções inexplicadas também são indicadores comuns de comprometimento por *ransomware* e estão se tornando uma boa maneira de detectar essas ameaças rapidamente. Interrupções inexplicadas em quaisquer dos seguintes itens devem ser investigadas:

- antivírus ou *software* de EDR;
- *firewalls*;
- bases de dados (muitas vezes interrompidas para exfiltrar dados);

- serviços de *e-mail* (muitas vezes interrompidos para exfiltrar mensagens em massa);
- tarefas de *backup* (como cópias de sombra de volume [*volume shadow copies*]).

Pode ser difícil determinar se a interrupção recente de um processo ou serviço defensivo se deve a causas maliciosas. A interrupção e o retorno de serviços acontece a todo momento, na grande maioria dos casos sem ter qualquer relação com causas maliciosas. O simples reinício de um computador, por exemplo, levará à interrupção e à retomada de serviços. Ademais, muitos serviços rotineiramente interrompem a si mesmos para receberem manutenção legítima.

A chave está na determinação e no disparo de alertas em ocorrências de maior risco. Um modo de fazer isso é dando uma boa examinada nos seus arquivos de *log* de aplicativos para determinar quais paradas e retomadas são normais e acontecem com frequência, para então disparar o alarme em caso de instâncias anômalas. Outra maneira é disparar um alerta somente em casos não associados ao desligamento do dispositivo em questão, ou então somente quando um serviço defensivo é desligado (sem que isso tenha relação com reinício da máquina) e não volta ao funcionamento nos próximos 30 minutos. Mesmo que a interrupção não seja maliciosa, merece ser investigada.

Outra técnica é usar **keep-alives**, ou seja, pacotes, processos ou procedimentos que são rotineiramente desempenhados e que geram tráfego identificável por um programa de detecção defensiva. A ausência desses pacotes *keep-alive* indica que algo está errado com o serviço envolvido. Se o seu programa antivírus, por exemplo, faz uma varredura em todos os arquivos uma vez por dia, todos os dispositivos envolvidos podem ser instalados com o arquivo de teste EICAR (https://en.wikipedia.org/wiki/EICAR_test_file). Esse arquivo visa a testar programas antivírus e fazê-los detectar e alertar sobre a presença do EICAR como se fosse um verdadeiro arquivo malicioso. Qualquer sistema que contém um arquivo EICAR deve desencadear um evento de aviso no antivírus. A ausência de um aviso caso, por exemplo, o antivírus esteja desabilitado, indica um evento que precisa ser investigado. Muitos departamentos progressivos de segurança computacional implementam eventos *keep-*

alive para então investigar quaisquer serviços que não são reportados regularmente conforme o esperado.

Monitoramento agressivo

Todos esses controles detectivos exigem que os administradores conheçam o que é e o que não é normal em seus dispositivos e sua rede ou que disponham de ferramentas para fazê-lo. Em essência, todas as organizações precisam estudar os indicadores de comprometimento por *ransomware* e ficar em estado de alerta a esses tipos de instâncias. Muitas das mais comuns entre elas foram listadas anteriormente neste capítulo.

Um bom processo de detecção de *ransomware* exige planejamento, pesquisa e monitoramento agressivos, e é justamente porque a maioria das organizações não age assim que o *ransomware* é tão bem-sucedido. Não seja uma vítima de *ransomware*. Descubra o que deve e não deve estar rodando e se conectando com outros *endpoints* no seu ambiente e detecte, alerte e pesquise a respeito de anomalias. Caso você não disponha dos recursos para isso, adquira pacotes de *software* e serviços capazes de cumprir essas tarefas no seu lugar. Na ausência dessas ações, sua organização enfrentará cada vez mais riscos de sofrer um ataque certeiro de *ransomware*.

É preciso destacar que não é fácil, nem barato fazer um acompanhamento agressivo e colocar em prática um monitoramento de todos os processos e conexões de rede. Isso vale até mesmo para aquelas organizações que dispõem dos recursos e das ferramentas para fazê-lo. Tais tarefas requerem tantos recursos humanos e financeiros que muitas organizações, até mesmo as de grande porte, não as cumprem de forma integral e regular.

Para deixar claro, organizações que não são capazes de instaurar essas ações de forma adequada estão sob risco significativamente maior de sofrer um ataque bem-sucedido de *hacker* ou *malware*. Por outro lado, aquelas capazes de fazê-lo de modo satisfatório enfrentam riscos menores. Muitas organizações que carecem dos recursos necessários para manter um bom acompanhamento de processos e de rede acabam adquirindo o que consideram ser a melhor combinação de soluções de EDR e de *backup* e torcem pelo melhor. Se possível, não fique apenas na torcida para que sua organização seja poupada de um ataque; instaure uma boa solução de AV/EDR, uma boa solução de *backup* e um sistema de detecção de anomalias em seus processos e na sua rede.

EXEMPLO DE SOLUÇÃO DE DETECÇÃO

Este capítulo se encerra com o resumo de um método exemplar de detecção que pode ser prontamente implementado por qualquer um usando versões empresariais do Microsoft Windows. Essa solução envolve o uso do programa de controle AppLocker, do Windows, em modo exclusivo de auditoria, a fim de detectar e alertar sobre novos processos.

O AppLocker, da Microsoft, acompanha o pacote desde o Windows 7/Windows Server 2008, tendo substituído o Software Restriction Policies do Windows XP. Atualmente, é encarado como a versão mais "amigável" do Windows Defender Application Control, lançado no Windows 10. O AppLocker pode ser configurado e controlado por PowerShell, por uma política de grupo local ou Active Directory ou por um serviço de gestão via dispositivo móvel, como o Windows Intune. Este exemplo mostra como configurá-lo e implementá-lo usando Local Group Policy.

O primeiro passo é habilitar e configurar o AppLocker. Para isso, no seu *prompt* de Start ▸ Run, digite `gpedit.msc` e pressione Enter. Isso exibirá o Local Group Policy Editor. No console de editor, navegue até Computer Configuration\Windows Settings\Security Settings\Application Control Policies\AppLocker, conforme mostrado na Figura 6.3.

Isso deve resultar em um conjunto de opções de "regras" do AppLocker similar àquele mostrado na Figura 6.4.

Cada um desses tipos de regras pode ser habilitado separadamente, conforme mostrado na Figura 6.5, ao clicar e habilitar cada caixa de seleção. Para nossos propósitos, cada regra deve ser habilitada em modo Audit Only *versus* modo Enforcement.

Como mostra a Figura 6.6, o AppLocker permitirá que o administrador crie um conjunto de regras "de linha de base", o que permitirá que todos os executáveis existentes sejam executados sem a criação de um evento de segurança. Desse modo, tudo que estiver presentemente instalado terá permissão para rodar sem criar um evento de segurança.

Por sua vez, a Figura 6.7 exibe um exemplo parcial da aparência resultante das regras basilares.

O serviço **Application Identity** no Windows precisa ser habilitado para permitir o monitoramento pelo AppLocker. No entanto, uma vez habilitado, qualquer execução ou instalação que venha a violar as regras de linha de

Detecção de *ransomware* **173**

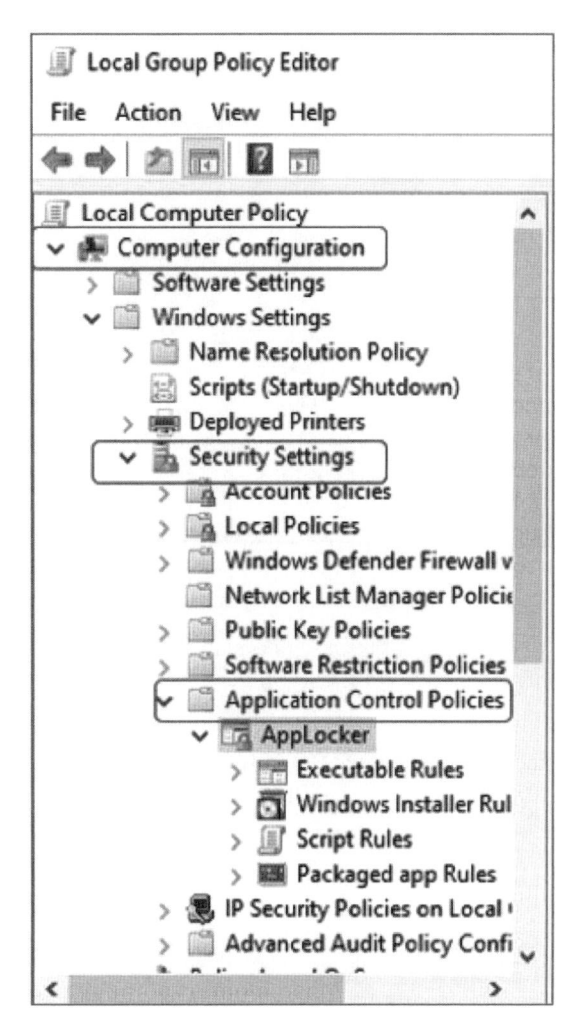

Figura 6.3. Abertura do AppLocker usando Local Group Policy.

Figura 6.4. Tipos de regras do AppLocker.

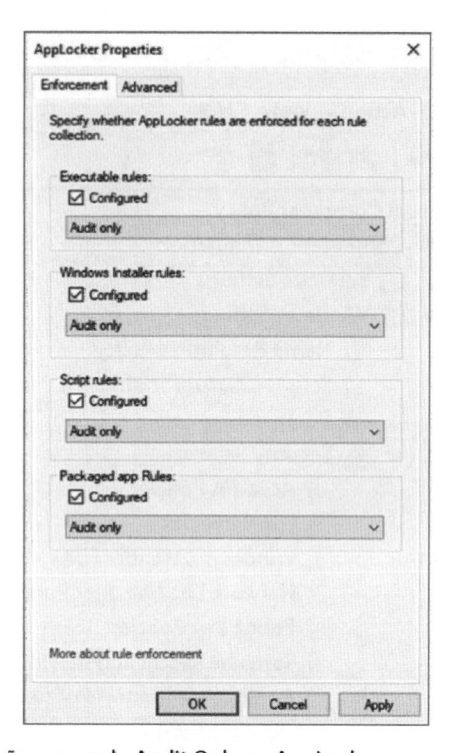

Figura 6.5. Habilitação em modo Audit Only no AppLocker.

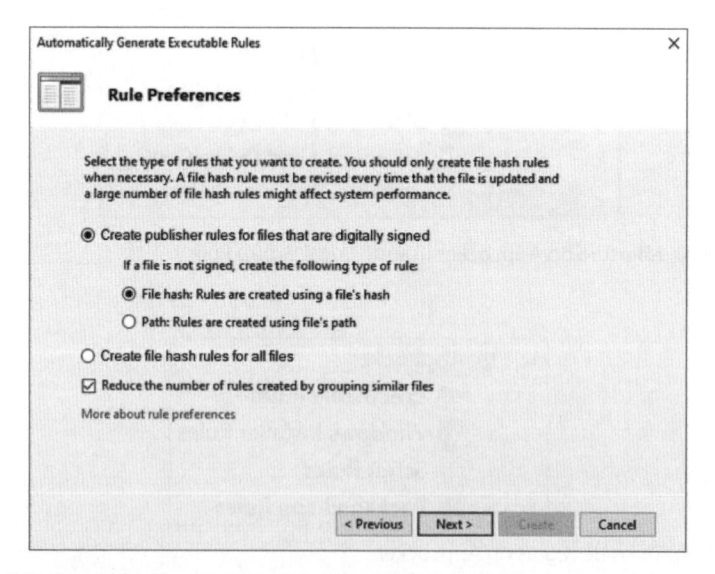

Figura 6.6. Regras basilares prestes a serem criadas no AppLocker.

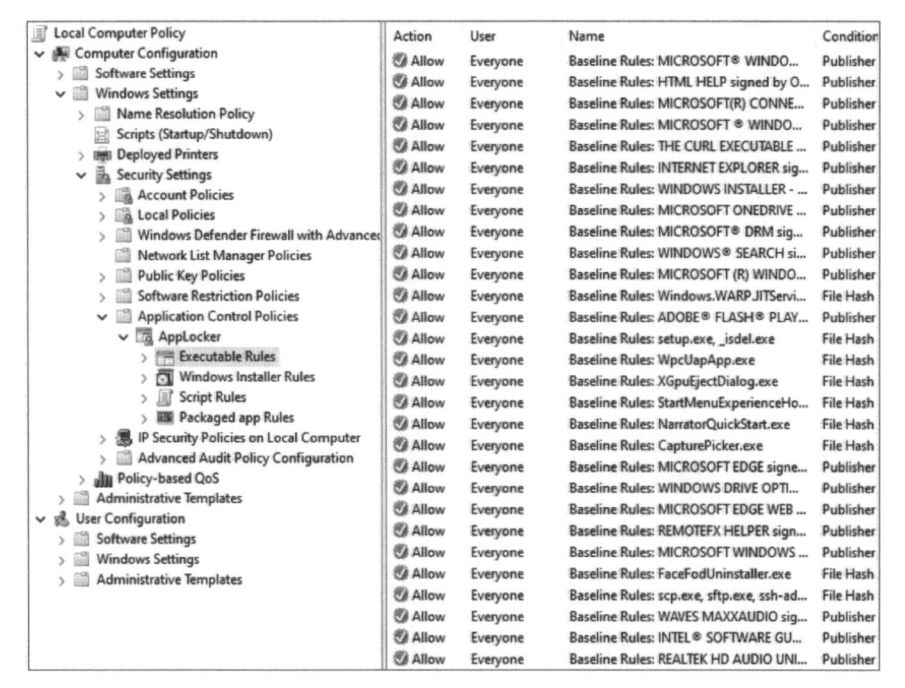

	Action	User	Name	Condition
Local Computer Policy				
∨ Computer Configuration	✓ Allow	Everyone	Baseline Rules: MICROSOFT® WINDO...	Publisher
> Software Settings	✓ Allow	Everyone	Baseline Rules: HTML HELP signed by O...	Publisher
∨ Windows Settings	✓ Allow	Everyone	Baseline Rules: MICROSOFT(R) CONNE...	Publisher
> Name Resolution Policy	✓ Allow	Everyone	Baseline Rules: MICROSOFT ® WINDO...	Publisher
Scripts (Startup/Shutdown)	✓ Allow	Everyone	Baseline Rules: THE CURL EXECUTABLE ...	Publisher
> Deployed Printers	✓ Allow	Everyone	Baseline Rules: INTERNET EXPLORER sig...	Publisher
∨ Security Settings	✓ Allow	Everyone	Baseline Rules: WINDOWS INSTALLER - ...	Publisher
> Account Policies	✓ Allow	Everyone	Baseline Rules: MICROSOFT ONEDRIVE ...	Publisher
> Local Policies	✓ Allow	Everyone	Baseline Rules: MICROSOFT® DRM sig...	Publisher
> Windows Defender Firewall with Advanced	✓ Allow	Everyone	Baseline Rules: WINDOWS® SEARCH si...	Publisher
Network List Manager Policies	✓ Allow	Everyone	Baseline Rules: MICROSOFT (R) WINDO...	Publisher
> Public Key Policies	✓ Allow	Everyone	Baseline Rules: Windows.WARP.JITServi...	File Hash
> Software Restriction Policies	✓ Allow	Everyone	Baseline Rules: ADOBE® FLASH® PLAY...	Publisher
∨ Application Control Policies	✓ Allow	Everyone	Baseline Rules: setup.exe, _isdel.exe	File Hash
∨ AppLocker	✓ Allow	Everyone	Baseline Rules: WpcUapApp.exe	File Hash
> Executable Rules	✓ Allow	Everyone	Baseline Rules: XGpuEjectDialog.exe	File Hash
> Windows Installer Rules	✓ Allow	Everyone	Baseline Rules: StartMenuExperienceHo...	File Hash
> Script Rules	✓ Allow	Everyone	Baseline Rules: NarratorQuickStart.exe	File Hash
> Packaged app Rules	✓ Allow	Everyone	Baseline Rules: CapturePicker.exe	File Hash
> IP Security Policies on Local Computer	✓ Allow	Everyone	Baseline Rules: MICROSOFT EDGE signe...	Publisher
> Advanced Audit Policy Configuration	✓ Allow	Everyone	Baseline Rules: WINDOWS DRIVE OPTI...	Publisher
> Policy-based QoS	✓ Allow	Everyone	Baseline Rules: MICROSOFT EDGE WEB ...	Publisher
> Administrative Templates	✓ Allow	Everyone	Baseline Rules: REMOTEFX HELPER sign...	Publisher
∨ User Configuration	✓ Allow	Everyone	Baseline Rules: MICROSOFT WINDOWS ...	Publisher
> Software Settings	✓ Allow	Everyone	Baseline Rules: FaceFodUninstaller.exe	File Hash
> Windows Settings	✓ Allow	Everyone	Baseline Rules: scp.exe, sftp.exe, ssh-ad...	File Hash
> Administrative Templates	✓ Allow	Everyone	Baseline Rules: WAVES MAXXAUDIO sig...	Publisher
	✓ Allow	Everyone	Baseline Rules: INTEL® SOFTWARE GU...	Publisher
	✓ Allow	Everyone	Baseline Rules: REALTEK HD AUDIO UNI...	Publisher

Figura 6.7. Exemplo parcial das regras de linha de base resultantes do AppLocker.

base vigentes gerará uma mensagem de aviso 8003 (exemplo mostrado na Figura 6.8), registrada no *log* de eventos de segurança do Windows, que detalhará o executável culpado, seu dispositivo, sua localização e o computador e o usuário envolvidos.

Como mostrado nesta seção, em qualquer ambiente que implemente o AppLocker como uma ferramenta primordial de detecção de novos processos, todos os avisos com log de mensagem 8003 deverão ser pesquisados até que a execução seja considerada legítima ou não. Em ambientes com diversos computadores, todas as mensagens de log 8003 devem ser reunidas em uma base de dados comum, para que administradores e pesquisadores sejam, então, alertados para dar início às pesquisas.

Pode haver automação adicional em torno de cada evento 8003, incluindo o envio de um *e-mail* na forma de "formulário" ao usuário envolvido, perguntando se era de fato sua intenção instalar tal executável novo e até então inexplicado. Ou, então, o executável envolvido pode ser enviado ao VirusTotal, da Google, ou ao fornecedor de anti-*malware* do usuário

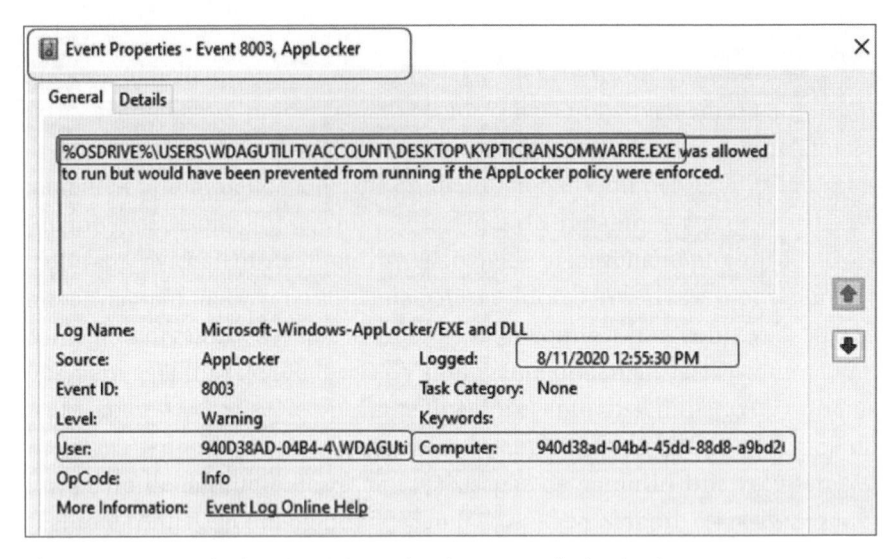

Figura 6.8. Exemplo de aviso 8003 no *log* de eventos do AppLocker.

para uma análise aprofundada. O conceito é o mesmo, independentemente das ferramentas que você esteja usando. Identifique tudo aquilo que deve estar rodando no seu ambiente, detecte desvios e os pesquise.

Mesmo em uma organização de porte moderado, a quantidade de novos processos detectados diariamente pode ser avassaladora. Isso pode ser minimizado ao proibir que usuários finais regulares instalem novos programas (tirando deles seus privilégios de administrador ou de *root*), afinal pode se levar horas de pesquisa para isolar e determinar se algo é ou não é legítimo. Muitas organizações empregam seu controle de aplicativos em modo de bloqueio a fim de diminuir o ritmo de novas instalações e de execuções não autorizadas. Outras empregam *software* de EDR, que em sua maior parte já apresenta muitas dessas funcionalidades, incluindo a capacidade de determinar o que é ou não é malicioso. Mas mesmo os melhores programas de EDR não são páreo para a precisão de um ser humano pesquisando cada novo desvio detectado.

No fim das contas, essa é a decisão ulterior que precisa ser tomada. Quando um ser humano pesquisa sobre cada programa recém-instalado e executado, isso exige uma vasta quantidade de recursos. Já se um programa é usado para cumprir essa tarefa, a precisão tende a cair, nem que seja um pouco. Às vezes, limitações de recursos e orçamentárias levam a uma opção em detrimento da outra. A melhor escolha seria usar um programa de controle de aplicativos em modo de bloqueio/fiscalização, mais isso também exige recursos.

Seja como for, todas as organizações devem se esforçar para conhecer e controlar os programas e as conexões de rede em seu ambiente. Muitos recursos são necessários para isso, como quer que seja feito, mas ainda vale a pena fazê-lo, pois trata-se de uma maneira de reduzir os riscos de um ataque bem-sucedido de um *hacker* ou *malware*. É justamente porque muitas organizações não dedicam recursos suficientes na detecção de anomalias em seus processos e em sua rede que o *ransomware* encontra tanto sucesso por aí.

RESUMO

Esse capítulo resumiu vários métodos de detecção, como conscientização de usuário final, detecção anti-*malware* e detecção de novos processos, de novas conexões de rede e de interrupções inexplicadas, como forma de identificar ameaças potenciais de *ransomware* (e de outras atividades de *malware* e *hackers* maliciosos). O Capítulo 7, "Minimização de danos", discutirá as medidas iniciais que todo defensor deve tomar assim que perceber que um evento bem-sucedido de exploração por *ransomware* acabou de ocorrer.

7

Minimização de danos

Este capítulo parte do princípio de que você já detectou um ataque de *ransomware* em larga escala na sua organização e acabou de dar início ao processo de resposta. Você ativou o plano de resposta a *ransomware*, começou a fazer contato com os membros necessários da equipe e agora precisa aferir o escopo do dano para minimizá-lo. Essas são as primeiras 24 horas.

ESBOÇO BÁSICO PARA A RESPOSTA INICIAL A *RANSOMWARE*

Depois de ativar o plano de resposta a *ransomware*, a primeira tarefa fundamental que precisa ser concluída é interromper a disseminação e os danos adicionais gerados pelo programa de *ransomware*. A isso deve se seguir a determinação do escopo inicial do ataque. Em seguida deve vir a primeira reunião oficial da equipe para discutir o que cada um sabe a respeito, para então tomar as decisões iniciais adicionais de resposta. A Figura 7.1 esquematiza graficamente as tarefas iniciais.

Figura 7.1. Tarefas iniciais básicas frente a um ataque de *ransomware*.

Tudo que está programado nas fases iniciais do plano de resposta a *ransomware* pode ser cumprido nas primeiras 24 horas, embora possa levar mais tempo, dependendo das circunstâncias, dos recursos, do *timing* e da agressividade da resposta. Ataques de *ransomware* são famosos por serem executados tarde da noite, nos fins de semana e durante feriados. Com isso, os responsáveis pelo ataque querem maximizar o potencial de seu programa de causar o maior dano possível, bem como protelar a reação da equipe de resposta, tornando-a menos efetiva. As seções a seguir examinam cada uma dessas tarefas em mais detalhes.

> **Ponderando o custo e o benefício das mitigações**
> Não existe um único "jeito certo" de responder a *ransomware*. Cada vítima precisa ponderar as várias respostas e mitigações recomendadas e fazer seu próprio levantamento de risco. O que é adequado para determinada organização pode não ser para outra. Por isso, dicas como "Desligue todos os dispositivos" ou "Interrompa todos os contatos em rede" podem ser a resposta certa para a maioria das organizações, mas talvez não para a sua. Cada líder organizacional precisa tomar as decisões que parecem certas sob o cenário de risco enfrentado por sua organização.

INTERROMPA A DISSEMINAÇÃO

As primeiras duas tarefas – interromper a disseminação de danos e fazer um levantamento inicial dos danos – geralmente correm em paralelo. A interrupção da disseminação de um programa de *ransomware* costuma exigir uma avaliação de quais tipos de dispositivos estão envolvidos e quando e como estão sendo afetados.

Para interromper a disseminação do programa de *ransomware* e seus danos, é preciso buscar dois caminhos diferentes de mitigação: (1) barrar a expansão e quaisquer danos adicionais em dispositivos sabidamente já afetados; e (2) tentar interromper a disseminação para dispositivos adicionais que ainda não foram comprometidos.

O levantamento inicial de danos acabará revelando um ou mais dispositivos já definitivamente afetados pelo *ransomware*. Neles, você rapidamente avaliará se é capaz de determinar o que há de errado. O que diz a mensagem de *ransomware*? Tire uma foto dela. Instigue os responsáveis pela resposta inicial a conduzirem breves conferências forenses. Os arquivos parecem verdadeiramente criptografados ou trata-se apenas de *scareware*? Algum arquivo criptografado pode ser encontrado? Em geral, esse processo busca obter uma visão geral do que está acontecendo.

Tirar da tomada ou isolar dispositivos explorados

Depois do levantamento inicial, na maioria dos casos o recomendado é cortar a energia ou isolar todos os dispositivos afetados para prevenir danos e disseminações futuras. Pode ser recomendável também fazer o mesmo com dispositivos adicionais aparentemente não afetados, para evitar que venham a ser explorados ou danificados.

Uma das decisões mais importantes a serem tomadas em um evento de resposta a *ransomware* diz respeito a apenas isolar ou a cortar a energia dos computadores afetados. Muitos guias e especialistas defendem apenas seu isolamento, pois temem que o corte da alimentação de certos dispositivos os faça perder valor em termos de evidências forenses, e esse é um ponto válido. O corte de energia desses dispositivos pode até mesmo remover chaves de criptografia de *ransomware* que estejam localizadas na memória.

Alguns conselhos envolvendo resposta a *ransomware* assumem uma abordagem intermediária, como aquele fornecido pela Cybersecurity & Infrastructure Security Agency (Cisa) encontrado em `https://www.cisa.gov/sites/default/files/publications/CISA_MS-ISAC_Ransomware%20Guide_S508C.pdf`. A Cisa defende o corte de alimentação apenas daqueles dispositivos que não podem ser desconectados da rede, enquanto mantém-se a alimentação de qualquer dispositivo que possa ser desabilitado da rede. A lógica é que o corte de energia de qualquer dispositivo, seja de modo brusco ou suave, apaga provas potencialmente valiosas que se encontram em sua memória volátil. Trata-se de outra preocupação válida.

A abordagem do tipo "tirar tudo da tomada" está mais preocupada com dispositivos que possam estar em meio a um processo adicional de criptografia e/ou dano, e mediante seu desligamento é possível salvaguardar a maior quantidade possível de dados e serviços. Essa abordagem faz mais sentido quando a vítima percebe que está verdadeiramente diante de um evento de "limpeza", em que os programas de *malware* estão apenas em busca de produzir o máximo possível de destruição irrecuperável. É o estado das coisas na prática que determinará a vantagem de uma abordagem sobre a outra.

Na maioria dos cenários envolvendo *ransomware*, a realidade é que as diferenças entre cada uma dessas abordagens – tirar da tomada ou manter a alimentação – não costuma ter tanto impacto do ponto de vista específico dos danos gerados. Geralmente, no momento em que a resposta inicial é posta em prática, a maior parte dos danos já se concretizou. Ainda assim, uma resposta rápida e um pronto corte da alimentação tendem a resultar em menos danos, caso isso seja possível e se a coleta de provas forenses não for a prioridade máxima. Às vezes o ataque de *ransomware* é detectado em seus primeiros estágios, antes que a maior parte do dano seja causada. Ao fim e ao cabo, as medidas a serem tomadas dependerão do discernimento do líder da equipe de resposta a *ransomware*.

> Quando em dúvida, isole os dispositivos, mas deixe-os rodando. Muitos, senão a maioria, dos especialistas em resposta a *ransomware* recomendam essa estratégia. A opção de deixar os dispositivos rodando preserva provas forenses cruciais, muitas vezes auxilia na recuperação e permite que eles sejam mais facilmente manipulados mais tarde – além disso, a maior parte dos danos que podiam ocorrer já ocorreu. Quando em dúvida, deixe-os ligados e rodando (mas isolados).

Caso você decida cortar a alimentação, não proceda com um desligamento protocolar, a menos que saiba ao certo que um desligamento brusco causará mais danos irrecuperáveis. Você precisa ponderar os danos potenciais de um desligamento "suave" *versus* o que o programa de *malware* pode fazer se você não desligar o sistema de imediato. Seu objetivo é minimizar os danos em geral.

Desconexão de rede

Todo mundo concorda que é preciso desconectar da rede o quanto antes tudo aquilo que pode ter sido afetado, mesmo sabendo que não será possível conduzir tarefas remotas, incluindo análise forense, naqueles dispositivos afetados até que as conexões de rede sejam restauradas. Você deve desconectar todas as redes possíveis, incluindo as seguintes:

- todos os pontos de conexão de ingresso e egresso com a internet;
- todas as conexões com e sem fio;
- redes potencialmente de curta distância, como Bluetooth, NFC, etc., caso possam permitir a disseminação do *ransomware* ou de seus danos.

> **Antes da desconexão de rede**
> Os membros da equipe de resposta a *ransomware* já devem ter estabelecido um novo método de conexão previsto no plano de resposta, para dar conta do impacto causado pela desabilitação da rede.

Desconexão nos pontos de acesso de rede

Uma das melhores maneiras de desabilitar conexões de rede é desabilitar pontos de acesso envolvidos e não os dispositivos em si, e, se feita corretamente, essa desabilitação garante a desconexão de todos os dispositivos da rede no menor tempo possível, além de facilitar uma posterior reconexão, com futuras restrições, conforme necessário. Se você se dispuser a fazer desconexões de rede no nível dos próprios dispositivos, geralmente será impossível reestabelecer essas conexões sem visitar fisicamente o local dos dispositivos afetados novamente (embora a avaliação física de cada dispositivo já seja mesmo uma necessidade).

A desabilitação de conexões usando pontos de agregação de rede, como roteadores, *switches* ou VLANs, permite que dispositivos, portas, originações e destinações selecionados sejam mais agilmente desabilitados e reabilitados, conforme necessário. Depois que você entende como os programas de *ransomware* atuam e estabelecem conexões de rede, é capaz de reabrir a rede com uma sintonia mais fina, de modo a permitir trabalhos forenses e de recuperação feitos remotamente, enquanto bloqueia qualquer tentativa de comunicação do *malware*.

Caso as conexões não possam ser desabilitadas usando pontos de agregação de rede, desabilite as conexões de rede em cada dispositivo, certificando-se de atacar tanto as conexões cabeadas como as sem fio. As ações necessárias variam dependendo de cada sistema operacional e implementação. Se você não puder desconectar dispositivos usando pontos de acesso de rede e se também estiver pensando em tirá-los da tomada, então desabilite as conexões com a rede em cada dispositivo antes de desligar sua energia, caso isso possa ser feito com rapidez e segurança. Desse modo, quando você voltar a colocá-los *on-line*, já estarão com suas conexões de rede pré-definidamente desabilitadas, não permitindo o restabelecimento automático de tráfego antes que você esteja pronto.

> **A prática leva à perfeição**
>
> Seja como for que você planeja desabilitar as conexões de rede, essa etapa precisa ser pensada com cuidado e praticada com antecedência. Tudo que você não quer é ficar quebrando a cabeça se perguntando o que e como precisa fazer em meio a um evento de *ransomware*. Em vez disso, saiba exatamente como vai agir para que no meio da tormenta você tenha calma para colocar em prática os passos planejados.

No melhor cenário possível, os responsáveis pela defesa computacional já possuem um plano de inventário de rede com uma lista de todas as conexões em todos os dispositivos e pontos de acesso de rede. Assim, podem usar essa lista para desabilitar o mais rápido possível certas conexões de rede, certificando-se de incluir todos os pontos de acesso de rede e dispositivos disponíveis. Nesse cenário, eles conhecem com antecedência os pontos de acesso de rede, os comandos necessários para desabilitar suas conexões e talvez até mesmo um roteiro automatizado para concluir rapidamente o processo global de desconexão de rede.

E se você não puder desconectar a rede?

Existem cenários em que o desligamento da rede como um todo não é uma opção. Praticamente todas as organizações atacadas por *ransomware* logo acabam percebendo isso. O desligamento da rede inteira parece implausível para a maioria das vítimas, mas seu não desligamento (e o de todos os dispositivos potencialmente afetados) significa assumir o risco de uma disseminação adicional de danos e interrupções de serviço. A maioria das organizações considera inviável desligar suas redes como um todo, mas do ponto de vista do risco assumido essa pode ser a melhor das alternativas.

São raras as organizações que verdadeiramente não podem derrubar suas redes sem causar um dano ainda maior, para as quais o risco de um desligamento supera de longe o risco de danos adicionais causados pelo *ransomware*. Refiro-me a organizações que coordenam sistemas de defesa por mísseis, sistemas de controle industrial em que uma interrupção repentina causaria danos físicos reais, e assim por diante. Já prestei consultoria para empresas em que o desligamento da rede, apesar da elevação do risco, não é uma opção. Nessas raras situações, ainda vale a pena desligar o maior número possível de conexões e serviços de rede desnecessários, bastando para isso avançar de modo mais granular e priorizável. Em circunstâncias assim, cogite desligar os seguintes tipos de conexões não essenciais de rede, se possível:

- pontos de ingresso e egresso com a internet, ou limitação de conexões a apenas alguns dispositivos;
- quaisquer dispositivos não essenciais;
- conexões com dispositivos não essenciais de armazenamento;
- quaisquer conexões ativas do tipo "sync", como Microsoft Exchange ActiveSync, Microsoft OpenDrive, Dropbox e iTunes.

Gangues de *ransomware* muitas vezes possuem os nomes de usuário e as senhas de todos dentro de uma organização, incluindo as senhas mais poderosas em dispositivos e redes (como Administrador, Admins de Domínio, *root*, contas de serviço, etc.). Por isso, caso sejam conhecidas e empregadas, desabilite contas privilegiadas e/ou altere suas senhas para impedir que *hackers*, *scripts* e *malware* façam uso delas.

O objetivo do desligamento de dispositivos e da desconexão da rede é prevenir que programas de *malware* e conexões ativas de *hackers* causem mais danos em dispositivos já comprometidos e que se espalhem para dispositivos adicionais. Dispositivos e redes só devem ser religados ou tirados do isolamento quando o perigo tiver comprovadamente passado.

LEVANTAMENTO INICIAL DE DANOS

Você está tentando determinar rapidamente quais dispositivos e serviços estão envolvidos, qual é a gravidade dos danos sofridos, quais locais foram atingidos e se dados e credenciais foram roubados. Você não precisa ter 100% de precisão, mas o ideal é ser o mais preciso possível no seu levantamento inicial. A seguir, são listados alguns itens que você deve avaliar e reportar:

- Plataformas de sistemas operacionais envolvidas.
- Localizações.
- Tipos de dispositivos.

- Tipos de funções (como servidores, estações de trabalho, servidores de base de dados, servidores *web* e serviços de infraestrutura).
- Padrão de *exploit*:
  ○ Os sistemas parecem ter sido afetados aleatoriamente, ou há uma relação entre os sistemas afetados?
- Dispositivos de armazenamento – apenas servidores, apenas *drives* de rede, apenas *drives* mapeados ou compartilhados.
- Apenas armazenamento local ou serviços e dados armazenados em nuvem.
- Envolvimento de armazenamento em nuvem.
- Serviços em nuvem.
- Envolvimento de mídia portátil, como dispositivos USB.
- *Backups* afetados.
- Serviços de *e-mail* envolvidos:
  ○ Os *e-mails* foram violados?
  ○ Há "regras" maliciosas copiando *e-mails* para endereços externos?
- Exfiltração de dados:
  ○ Parece ter havido exfiltração de dados ou credenciais?
- Familiaridade do invasor com o ambiente:
  ○ O invasor parece conhecer os nomes e os cargos dos funcionários?
- Arquivos maliciosos:
  ○ Você está encontrando *scripts* maliciosos, outros programas de *malware*, pastas de arquivos inesperadamente grandes (como `gz`, `zip`, `arc`, etc.)?
- Mensagens e informações da gangue de *ransomware*.

O que foi afetado?

Você precisa determinar quais dispositivos e serviços foram afetados. Comece preparando uma lista (na forma de planilha, por exemplo) dos impactos confirmados, dos impactos prováveis e dos dispositivos e serviços que confirmadamente não foram afetados. Identificar o que não foi afetado é tão importante quanto identificar tudo aquilo que foi. Ademais, mesmo que um dispositivo ou serviço não esteja sendo diretamente afetado no momento, é preciso considerar a probabilidade de que estivesse envolvido ou que possa vir a ser afetado no futuro. Caso invasores tenham, por exemplo, afetado seus controladores de domínio de Active Directory, será que foram capazes de fazê-lo sem terem o acesso necessário para impactar cada estação de trabalho, outros serviços (como DNS, DHCP, etc.) ou sem capturar as senhas de funcionários ao vasculharem seus *sites* pessoais? O que você precisa é determinar o que foi definitivamente afetado, o que também pode ter sido, mas sem que haja 100% de confirmação, e o que parece ter passado incólume a qualquer impacto. Muitas vezes, computadores exibem erros críticos, mas esses erros estão relacionados a problemas de conexão com outros computadores que, estes sim, foram de fato comprometidos, mas a máquina em si que demonstra o erro não está comprometida (embora ainda tenha sido impactada).

Certifique-se de que seus *backups* ainda estão em bom estado

É essencial que você localize seus *backups* e verifique sua integridade. A integridade de *backups* e sua capacidade de restauração precisam estar plenas. Muitas vítimas fazem apenas verificações superficiais e creem que seus *backups* estão em bom estado, para mais tarde descobrirem que na verdade foram corrompidos. Essa é uma etapa que precisa ser fundamentalmente conferida com 100% de precisão, já que boa parte da resposta adicional ao *ransomware* depende da confiabilidade do *backup*. Se os dados na nuvem tiverem sido corrompidos, você conseguirá obter de volta cópias reconhecidamente limpas? Caso os dados na nuvem tenham sido afetados, notifique seu fornecedor de serviço de nuvem e/ou determine quais dados você é capaz de restaurar. Talvez você precise interromper temporariamente o processo de *backup* durante o ataque, para que arquivos corrompidos não venham a substituir cópias reconhecidamente limpas.

Verifique sinais de exfiltração de dados e credenciais

O que os responsáveis pelo ataque de *ransomware* alegam ter exfiltrado? Eles chegaram a enviar uma "prova de vida" (isto é, uma amostra dos dados roubados)? Vasculhe *logs* atrás de sinais da presença de invasores. Caso você conte com sistemas de prevenção de vazamento de dados (*data leak prevention* [DLP]), verifique-os para ver se há não indícios neles. Você encontrou alguma grande pasta repleta de arquivos? Durante essa fase inicial, a primeira coisa a fazer é confirmar se seus dados e/ou credenciais foram ou não exfiltrados. Alguns grupos de *ransomware* acabam mentindo sobre suas capacidades de exfiltração de dados e tentam blefar. Cabe a você confirmar ou refutar suas alegações de exfiltrações de dados.

De todo modo, a maioria dos grupos de *ransomware* que afirmam ter exfiltrado dados e/ou credenciais está falando a verdade. E se dados foram mesmo exfiltrados, você precisa determinar se aquilo que foi roubado indica que uma violação de dados "oficial" deve ser declarada.

Verifique a existência de regras nocivas de *e-mail*

Muitos servidores e clientes de *e-mail*, especialmente em Microsoft Office 365, Microsoft Exchange e Microsoft Outlook (mas também em Apple Mail, Gmail, Thunderbird, etc.), permitem que regras, formulários e filtros sejam criados, o que dá margem para que invasores vasculhem mensagens maliciosamente ou desempenhem outras ações nocivas, como o encaminhamento de cópias de mensagens ou a deleção de mensagens a fim de ocultar atividade maliciosa.

Sendo assim, não custa verificar regularmente se há nesses serviços alguma regra, formulário ou filtro nocivo. A Microsoft criou um *script* em PowerShell para checar todas as regras e formulários criados em instâncias do Office 365 (`https://github.com/OfficeDev/O365-InvestigationTooling/blob/master/Get-AllTenantRulesAndForms.ps1`). Já o seguinte *script*, proveniente do fórum de *hackers whitehat* SensePost, confere as regras e formulários em ambientes Microsoft Exchange: `https://github.com/sensepost/notruler`. Não tenho *scripts* a recomendar para Gmail e outros ambientes, mas um desenvolvedor decente de *scripts* deve ser capaz de escrever um se necessário.

O que você sabe sobre o *ransomware*?

O que você já descobriu sobre o *ransomware* e a gangue responsável pelo ataque? Já identificou o programa de *ransomware* que está sendo usado, incluindo sua versão? Existem relatórios públicos sobre como avançaram as negociações com vítimas no passado? Qual é a exigência? Como a gangue de *ransomware* demanda receber o pagamento? Qual é o prazo inicial que está sendo oferecido? Em qual criptomoeda a gangue está exigindo o pagamento? Quais endereços de carteira de criptomoeda ela está usando? Trata-se de um único endereço ou vários?

Se você possui dados criptografados, há alguma possibilidade de que os dados possam ser decriptografados sem os *backups* ou sem as chaves do *ransomware* de descriptografia? Algumas rotinas criptográficas adotadas por programas de criptografia acabam apresentando erro, pelos mais diversos motivos. A gangue envolvida pode achar que foi bem-sucedida, mas os dados não estão criptografados de fato, por um motivo ou por outro. Você pode conferir rapidamente alguns *websites* especializados para checar se as chaves de descriptografia do *ransomware* que você está enfrentando encontram-se disponíveis em suas listagens. Experimente, por exemplo, https://www.nomoreransom.org/en/decryption-tools.html.

As informações-chave que você precisa descobrir a respeito do *ransomware* são seu nome e sua versão, caso isso possa ser apurado. Tais informações são muito valiosas para a determinação dos próximos passos.

PRIMEIRA REUNIÃO EM EQUIPE

Uma vez que o dano inicial tenha sido mitigado e sua disseminação tenha sido prevenida, é hora de organizar a primeira reunião oficial em equipe com todos os membros relevantes, a fim de reunir os fatos básicos sobre o ataque. Caso você planeje ter consultores externos envolvidos, a primeira grande reunião é um bom ensejo para convocá-los. Dependendo de suas respectivas funções, eles podem querer liderar esse encontro e obter as respostas que precisam fazer para serem úteis e eficientes.

Nesse caso, as perguntas-chave que você quer ver respondidas são as seguintes:

- Quais são as exigências da gangue de *ransomware* e quais detalhes são conhecidos sobre o programa?
- Danos adicionais foram prevenidos?
- Os dispositivos foram desligados ou seguem em funcionamento?

- As conexões de rede foram desabilitadas e, nesse caso, de que maneira?
- Qual é a extensão do dano (incluindo plataformas, locais, áreas de atuação, quantidades, tipos de dispositivos envolvidos)?
- Sabemos há quanto tempo provavelmente o programa de *ransomware* vem hibernando no ambiente?
- Sabemos de que forma o *ransomware* provavelmente se infiltrou no ambiente?
- Foram descobertos programas adicionais de *malware* além do(s) programa(s) de *ransomware* em si (isso é bastante comum)?
- Qual é o impacto do ataque sobre os negócios?
- Há indícios de que dados e/ou credenciais foram exfiltrados?
- Qual programa de *ransomware* está envolvido e qual sua versão, caso isso seja verificável?
- O *backup* está a salvo e atestadamente em bom estado?
- Quais são as datas e horários dos *backups* mais recentes (para cada dispositivo e função impactado)?
- Quem está a par do ataque de *ransomware* ou da perturbação de serviços? Houve vazamentos inesperados?
- Caso haja um seguro cibernético envolvido, o corretor ou a seguradora responsável foi notificado?
- Quem está envolvido atualmente na resposta ao incidente de *ransomware* e de que forma cada indivíduo está atuando?
- Quais são os principais aspectos a serem investigados?
- Quais são os piores impedimentos ao processo de resposta ao incidente?
- O que de melhor está trabalhando a favor da equipe de resposta?

Obviamente, quaisquer outros detalhes relevantes devem ser compartilhados nesse momento. É importante aferir todos os elementos que parecem estar ou não estar envolvidos. Para retornarem ao normal, diferentes tipos de serviços e funções exigirão a atuação de diferentes especialistas no processo de resposta ao incidente.

DETERMINAÇÃO DOS PRÓXIMOS PASSOS

Agora que você conhece o escopo do dano, bem como a cepa de *ransomware* com que está lidando, já tem mais embasamento para decidir quais serão suas próximas ações. Decisões-chave iniciais incluem as seguintes:

- Quais sistemas precisam ter seu funcionamento plenamente reestabelecido, e em qual ordem de prioridade?
- Quais são as medidas adicionais que precisam ser tomadas?
- Mais ações precisam colocadas em prática para interromper a disseminação do dano?
- Do ponto de vista apenas dos dados criptografados ou danificados, os danos podem ser recuperados sem que se pague o resgate e/ou sem que se obtenha a chave de descriptografia?
- Caso dados ou credenciais tenham sido exfiltrados, o que isso significa para o processo de resposta ao incidente? Um resgate será pago para prevenir a divulgação de dados e informações roubados, mesmo que os *backups* estejam em bom estado?
- O resgate será pago? Nesse caso, um negociador profissional será envolvido?
- Os sistemas afetados serão reparados (i.e., tendo somente o *malware* removido) ou serão completamente restaurados a partir de cópias em bom estado, ou ainda serão recriados do zero?
- Quais funcionários se fazem necessários nas equipes internas? Qual é sua localização e quais são seus horários esperados de trabalho?
- Quais credenciais de *logon* terão de ser modificadas e quando?
- Quais outros especialistas em recuperação precisam se juntar à equipe de resposta? Quando podem estar disponíveis e quais são seus custos, orçamentos, etc.?
- Qual será a resposta de RP? Quem mais precisa ser notificado?
- Há caminhos críticos? Há um plano de projeto?
- Reuniões adicionais são necessárias? Quais são as partes envolvidas e interessadas nessas reuniões, como especialistas, alta gerência ou apenas os membros gerais da equipe de resposta?

- Quais serão as datas e horários das próximas reuniões?

Pagar ou não o resgate?

Você pagará o resgate ou não? Essa é uma pergunta decisiva que precisa ser respondida. Como já mencionado, o resgate pode ser pago mesmo que os dados possam ser recuperados a partir de *backups*, simplesmente pelo risco de uma exposição adicional por exfiltração de dados. Grande parte do trabalho futuro depende dessa resposta.

Tenha em mente que a maioria das vítimas de *ransomware*, mesmo aquelas que pagam o resgate, não recuperam todos os seus dados. Ainda assim, vítimas que obtêm as chaves de descriptografia do *ransomware* tendem a recuperar mais dados que a média.

Recuperar ou reconstruir?

Se você vier a recuperar seus sistemas (descriptografando dados, removendo programas identificados de *malware*, alterando credenciais de *logon*, etc.), eles serão 100% confiáveis? Ou você terá de reconstruir tudo do zero, sem reaproveitar nada do que existia antes? A opção mais segura e menos arriscada é reconstruir completamente do zero todos os sistemas afetados. Essa é a única forma de assegurar que informações previamente comprometidas não venham a ser aproveitadas para comprometê-lo facilmente no futuro. Trata-se do único modo de garantir que não haja algum programa adicional oculto à espreita nos bastidores que o invasor possa usar para comprometer seu sistema de novo.

> **Recuperação *versus* reconstrução**
>
> A reconstrução de tudo do zero não deixa de ser um tipo de recuperação. No entanto, neste livro o termo recuperação é empregado para descrever métodos que incluem de tudo, exceto uma reconstrução ou uma substituição por completo.

Isso posto, a maioria das gangues de *ransomware* pode receber um voto de confiança de que não voltarão a explorar aquelas vítimas que pagaram o resgate. Nem todas as gangues, mas a maioria delas. Caso contrário, se a notícia se espalhasse de que mesmo pagando o resgate poderia haver um novo ataque, menos vítimas sequer cogitariam ceder à extorsão. Sendo assim, é de total interesse dos criminosos não atacar a mesma vítima novamente (caso o resgate tenha sido pago).

Sabendo disso, muitas vítimas decidem que o custo e o tempo necessários para reconstruir tudo do zero podem resultar em um período significativo, caro e penoso de interrupção de negócios. Embora saibam que somente uma reconstrução desse tipo pode garantir que nada de malicioso foi deixado para trás pelos invasores, muitas vítimas optam por aceitar o risco e proceder com uma mera recuperação. Cada vítima deve decidir por si própria se deve fazer uma simples recuperação e confiar que nenhum rastro dos invasores restará em seus sistemas ou então se deve reconstruir as coisas completamente do zero. Na verdade, essa nem sempre é uma decisão binária, e algumas vítimas optam por reconstruir os sistemas afetados e recuperar ou manter intocados os demais. Tudo depende de como a organização vítima foi impactada, de seus recursos, do *timing* específico e de sua aceitação de risco.

Organizações que cogitam adquirir seguro cibernético no futuro talvez precisem estar abertas a uma reconstrução, já que algumas seguradoras só aceitam vítimas passadas que tenham reconstruído seu ambiente do zero. A decisão de reconstrução *versus* risco está representada graficamente na Figura 7.2.

Em termos gerais, caso você cumpra bem essas tarefas iniciais de resposta, sua organização e sua equipe começarão a se sentir confiantes nas informações coletadas e na trajetória futura acordada. Seja como for, os níveis de estresse e de incerteza sempre se mostrarão altos, mas uma resposta inicial bem-sucedida a um ataque de *ransomware*, com a documentação de muitas descobertas factuais e com decisões críticas já tomadas, ajudará a diminuir ao máximo esses níveis.

Minimização de danos **195**

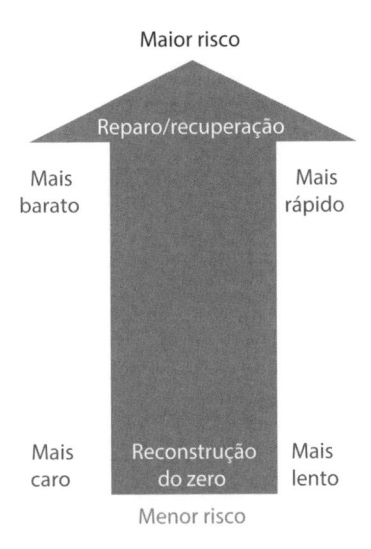

```
                    Maior risco
                        ↑
              ┌─────────────────┐
              │ Reparo/recuperação │
   Mais       │                 │      Mais
   barato     │                 │      rápido
              │                 │
              │                 │
              │                 │
              │                 │
              │                 │
   Mais       │  Reconstrução   │      Mais
   caro       │    do zero      │      lento
              └─────────────────┘
                  Menor risco
```

Figura 7.2. Riscos envolvidos na decisão de reconstrução *versus* reparo/recuperação.

Mantenha a calma em meio à tormenta

Pessoas calmas costumam tomar melhores decisões. Pode ser difícil se manter assim em meio a um grave evento de *ransomware* que tenha causado uma imensa perturbação nos serviços. No entanto, se você é um líder, tente projetar um ar de calma e confiança (mesmo que não se sinta assim). Já haverá bastante gente estressada ao seu redor, então se você projetar esses sentimentos, ajudará a desfazer essa atmosfera pesada. Por outro lado, caso você se mostre errático, estressado e inseguro, apenas ajudará a exacerbar essas mesmas sensações nos outros, deixando ainda mais estressados aqueles que já se sentiam assim e estressando aqueles que até então estavam mais tranquilos. E o inverso também é verdadeiro: sua calma e confiança instilarão esses mesmos sentimentos em todos à sua volta. Um plano de resposta a *ransomware* bem feito e já praticado pode exercer um efeito calmante.

RESUMO

Esse capítulo abordou as tarefas de resposta inicial a *ransomware*, incluindo a interrupção da disseminação de danos, a coleta inicial de informações, a organização da primeira reunião em equipe e a decisão dos passos futuros. O Capítulo 8, "Primeiras respostas", discute esses próximos passos.

8

Primeiras respostas

Este capítulo examina o que fazer já de início para barrar danos adicionais causados por *ransomware*. Para isso, é preciso reunir tudo que se sabe sobre o programa invasor, tomar as principais decisões adicionais necessárias e colocar em prática as medidas iniciais correspondentes. Em geral, este capítulo abrange a segunda fase da resposta a um ataque de *ransomware*, mas não inclui a maioria das tarefas de recuperação.

Este capítulo parte do princípio de que o plano de resposta a *ransomware* já foi iniciado e que o programa invasor já foi identificado e impedido de se disseminar ainda mais ou de causar mais danos. Supõe-se que o dano localizado que você já sofreu será o dano máximo com que arcará.

O QUE SABEMOS?

Agora é hora de, novamente, anotar por escrito e documentar o que se sabe sobre o ataque de *ransomware*, incluindo o seguinte:

- Quais recursos foram afetados?
- Quais recursos parecem ter passado incólumes ao ataque?

- O que há de comum entre os recursos que foram e que não foram afetados (tal como sua localização, sistema operacional, rede, serviços compartilhados, contas, etc.)?
- Quais ativos, se é que existem, ainda estão no ar e operando normalmente?
- Quais redes, se é que existem, ainda estão no ar e operando normalmente?
- Existem ativos ou redes operando em níveis parciais?
- Quais são as atuais equipes de projeto, as tarefas que estão em andamento e as prováveis tarefas futuras?
- Quem está a par do incidente?
- Quem foi contatado e informado do incidente?
- Qual é o atual plano de comunicações? Quais comunicações e entre quem você está esperando que aconteçam?
- Você sabe se algum dado foi exfiltrado, incluindo *e-mails*, credenciais de *logon* e informações de funcionários ou clientes?
- Quais executáveis maliciosos foram identificados?
- Você ou mais alguém na sua organização chegou a contatar a gangue de *ransomware*? A gangue entrou em contato com você? Nesse caso, o que foi comunicado ou exigido?
- Qual o valor exigido de resgate?
- Qual é o método de pagamento informado?
- Os *backups* foram atestados como confiáveis?
- O que não está saindo conforme o plano e por quê?
- Quais são os maiores problemas ou desafios a enfrentar?
- Há outras perguntas pendentes?
- Há alguma outra informação obtida digna de atenção?

Esses itens devem ser bem documentados, priorizando-se os problemas pendentes. Atualize o plano de resposta, listando as linhas de ação que ainda se mostram obstruídas, em ordem de prioridade. Liste as principais dúvidas restantes que precisam ser dirimidas. Resuma todas as conclusões obtidas e comunique o que se sabe à equipe. Permita que os membros atualizem e corrijam certos itens a partir de novas descobertas.

> **Equipe em sincronia**
>
> Não foi nem uma, nem duas vezes que fiz uma pergunta à equipe de incidentes de uma organização exatamente nesse estágio, apenas para obter respostas conflitantes por parte de seus diferentes membros. Perguntas simples como "Vocês já entraram em contato com a gangue de *ransomware*?" muitas vezes suscitam repostas contraditórias de cada indivíduo. Isso não apenas é constrangedor, como revela que o grupo não vem se comunicando de modo eficaz, não está trabalhando a partir das mesmas informações e não está remando na mesma direção.
>
> Certifique-se de que as principais informações sejam conhecidas e compartilhadas entre todos os membros da equipe, sobretudo antes de tomar decisões cruciais ou trabalhar com grupos externos. Um modo de conseguir isso é instruir todos os membros da equipe a se comunicarem com um ponto de contato central, encarregado de coletar, agregar e rotineiramente distribuir todas as informações cruciais conhecidas. Talvez as informações conhecidas possam ser compartilhadas na forma de "wiki" ou de uma planilha acessível a todos. Os membros da equipe podem ser instruídos a conferirem o documento wiki de hora em hora para verem as últimas atualizações.

DETALHES A SEREM LEMBRADOS

Há algumas coisas importantes a serem lembradas que muitas vítimas erroneamente deixam de lado ou não entendem a relevância:

- a criptografia provavelmente não é seu único problema;
- danos à reputação podem ocorrer;
- demissões podem ocorrer;
- as coisas ainda podem piorar.

Abordarei cada item em mais detalhes a seguir.

A criptografia provavelmente não é seu único problema

Muitas vítimas se concentram no dano local e lógico advindo do processo de criptografia do *ransomware*. No entanto, é importante lembrar que mais de 70% de todos os programas desse tipo também são capazes de exfiltrar dados e credenciais da empresa, de funcionários e de clientes. Uma rápida busca na internet costuma ser suficiente para determinar se a gangue/cepa de *ransomware* com que você está lidando é conhecida ou não por praticar exfiltração de dados. Caso seja, você deve assumir que o fazem com todas as organizações que exploram. Líderes de resposta a *ransomware* precisam lembrar todas as partes interessadas desse risco durante as fases iniciais do incidente. Ao falar sobre **ransomware**, muita gente tende a se concentrar apenas no aspecto da criptografia e a esquecer outros fatores que podem estar envolvidos.

A cobertura de danos a terceiros é outro fator que pode vir à baila. De acordo com estatísticas passadas sobre seguro cibernético, a compensação de terceiros respondeu por quase um terço de todos os desembolsos das seguradoras em caso de sinistro. A cobertura de danos a terceiros inclui danos a parceiros à jusante na cadeia de produção e a clientes afetados por um incidente de cibersegurança à sua montante. Na melhor das hipóteses, isso pode incluir danos reais ou percebidos por causa de interrupções de serviços/produtos, problemas de privacidade de dados, proteções regulatórias e responsabilização sobre mídia.

Muitas vítimas de *ransomware* acabaram sendo processadas por questões de privacidade de dados. Este é o maior motivador para que uma organização vítima de *ransomware* venha a ser processada. Dois exemplos de tais litígios podem ser encontrados em `https://www.fiercehealthcare.com/tech/following-ransomware-attack-scripps-health-now-facing-class-action-lawsuits-over-data-breach` e em `https://grahamcluley.com/irish-hospital-sued-by-cancer-patient-after-ransomware-attack/`.

Embora menos comum, clientes individuais afetados à jusante também já processaram organizações por problemas de interrupção de serviço ou produto. Um exemplo de litígio desse tipo pode ser encontrado em `https://healthitsecurity.com/news/class-action-lawsuit-filed-after-allscripts-ransomware-attack`. Já houve até alegações, posteriormente refutadas, de que ataques de *ransomware* causam mortes que poderiam ter sido evitadas, como no caso de um ataque a um hospital (`https://www.hipaajournal.com/hospital-ransomware-attack-results-in-patient-death/`). E eis outro caso do tipo: `https://healthitsecurity.com/news/us-fertility-sued-over-ransomware-attack-health-data-exfiltration`.

Embora possa parecer que a maioria dos processos judiciais nos Estados Unidos envolvendo *ransomware* tem relação com atendimento de saúde, vítimas em todos os tipos de ramos são processadas (`https://abc11.com/colonial-pipeline-gas-prices-shortage/10821125/`), incluindo provedores de serviços em nuvem (`https://www.securitymagazine.com/articles/93857-blackbaud-sued-after-ransomware-attack`), acionistas (`https://www.cyberscoop.com/fedex-shareholder-suit-notpetya/`) e autoridades de trânsito (`https://www.cbc.ca/news/canada/british-columbia/translink-ransomware-attack-lawsuit-1.5887462`).

Até que se prove o contrário, qualquer organização vítima de *ransomware* que detém dados privados de outrem deve assumir que sua vulnerabilidade legal é alta. É por isso que todas as organizações atacadas por *ransomware* precisam envolver seu departamento jurídico em todas as operações e comunicações de recuperação a um ataque desse tipo. Quem processa uma organização atacada por *ransomware* sem dúvida vai exigir que todos os *e-mails* e demais comunicações relacionadas ao evento sejam compartilhados com seus advogados de acusação. Ainda assim, será mais difícil ou mesmo impossível a acusação obter comunicações privilegiadas estabelecidas entre a organização vítima e seu departamento jurídico.

Danos à reputação podem ocorrer

Mesmo que sua organização não seja processada por clientes ou terceiros, provavelmente haverá certo dano à sua própria reputação. A maioria das organizações vítimas consegue suportar os danos iniciais à reputação, e vem a alcançar um aumento futuro nas receitas. No entanto, isso nem sempre é assim. Certas organizações simplesmente deixam de existir. O ataque de *ransomware* as tira do ar e elas jamais recuperam suas atividades normais.

Algumas organizações se recuperam inicialmente, mas o dano reputacional perdura, às vezes por anos. Basta perguntar à Equifax, vítima de uma das maiores violações de dados registradas em toda a história (https://en.wikipedia.org/wiki/2017_Equifax_data_breach). Até hoje, há potenciais clientes e vítimas da violação que se recusam a contratá-la. Financeiramente, a empresa está se saindo melhor do que antes da violação de dados, mas quem sabe em que patamar estaria se não tivesse passado por um dos piores eventos do tipo. Para deixar claro, não considero que os níveis de segurança computacional da Equifax fossem significativamente piores que os da maioria das vítimas em potencial, mas pode ser bem difícil desfazer as narrativas veiculadas na mídia.

Demissões podem ocorrer

Organizações que sofrem problemas financeiros e de reputação gostam de colocar a culpa em alguém, ainda que o alvo não seja merecedor. Caso um evento de *ransomware* tenha ocorrido devido a uma decisão que você tomou ou deixou de tomar, seu emprego pode estar por um fio. Se sua empresa fazia parte da defesa computacional da organização vítima, ela pode facilmente ser substituída pela concorrência. Do mesmo modo, clientes atendidos pela organização vítima podem facilmente decidir usar outros fornecedores e serviços.

> **Cuidado ao aceitar a culpa**
>
> Caso alguém identifique uma decisão que você tomou ou deixou de tomar como a razão pela qual um incidente de *ransomware* acabou acontecendo, pense duas vezes antes de "bravamente" aceitar a culpa. Muita gente pode encarar a aceitação proativa de culpa pessoal como a coisa certa e ética a se fazer. Entretanto, asseguro que qualquer advogado sugeriria cautela nessa situação. É mais provável que a aceitação de culpa gere sua demissão do que sua celebração como alguém que assume a responsabilidade.
>
> Isso não quer dizer que você deve negar toda e qualquer responsabilidade mesmo que suas decisões ou ações sejam identificadas como diretamente envolvidas; apenas tome cuidado com qualquer aceitação proativa de culpa, ao menos antes de conversar com um advogado. A aceitação de culpa pode deixá-lo mais vulnerável a processos nos âmbitos profissional e pessoal, e durante o processo judicial os advogados de acusação adorariam obter provas documentais de que você aceitou a culpa pelo incidente.

Sempre é boa ideia fazer um *"post-mortem"* de por que o ataque de *ransomware* foi bem-sucedido, o que poderia ter sido feito melhor para preveni-lo e como o processo de resposta ao evento se saiu. Se uma caça aos culpados vier a ocorrer, muitas vezes uma avaliação desse tipo é capaz de atribuir culpa a muitos envolvidos. Raramente o equívoco de uma única pessoa basta para levar a um comprometimento desse tipo.

As coisas ainda podem piorar

Muitas vítimas de *ransomware* assumem que aquilo que elas sabem sobre o ataque sofrido é tudo que há para saber, incluindo todos os recursos e danos comprometidos e dados roubados. Após serem tranquilizadas inúmeras vezes, acreditam, por exemplo, que seus *backups* estão a salvo e prontos para serem usados em uma restauração. Muitas vezes, porém, isso não é verdade. Talvez os responsáveis pela tranquilização venham a descobrir que os *backups* estão danificados, criptografados com chaves desconhecidas ou que foram corrompidos há semanas ou meses.

Ao serem inicialmente tranquilizadas, muitas vítimas já enxotaram ou até mesmo provocaram a gangue de *ransomware* envolvida, na crença de que estavam com tudo sob controle. Às vezes isso até pode ser verdade, mas em outras a vítima não percebe as reais extensão e proporção do comprometimento, o que faz a gangue de *ransomware* retornar com ainda mais voracidade e raiva e com exigências ainda mais altas.

> **Sob circunstância alguma desrespeite uma gangue de *ransomware***
>
> Por gosto ou não, algumas vítimas acabam desrespeitando a gangue de *ransomware* de tal forma que ela leva a questão para o lado pessoal e impõe o máximo dano possível à vítima, seja no presente ou, se isso não for possível, no futuro. Não há benefício algum em ficar provocando um cibercriminoso, jamais! Essa não é a hora de deixar um ego confiante demais entrar no caminho das negociações.

Muitas vítimas acreditam que estão a par de tudo de pior que poderiam descobrir. Sei de muitas delas que disseram à gangue de *ransomware* que não pagariam o resgate, para então descobrir que a gangue tinha bem mais controle sobre sua rede do que elas imaginavam. Ou então a gangue de *ransomware* pode revelar que está de posse dos dados confidenciais mais valiosos da vítima e exigir o dobro do resgate original.

Já vi gangues de *ransomware* retaliarem redobrando os danos causados, incluindo ataques a clientes e funcionários e ataques massivos de negação distribuída de serviço (*distributed denial-of-service* [DDoS]). Essas gangues às vezes empregam todas as ferramentas à sua disposição para infligir perturbações operacionais insuportáveis à organização vítima, bem como prejuízos financeiros e manchas à sua reputação. Algumas gangues de *ransomware* já partem causando o máximo de agruras possíveis, enquanto outras vão aumentando o tom somente se a vítima se recusar a pagar a primeira exigência de resgate.

É uma boa regra básica partir do princípio de que há fatores ainda desconhecidos no ataque e que os invasores podem estar escondendo as cartas que ainda têm por jogar. Por isso, sempre é bom avançar conservadoramente e com cautela.

ESCOLHAS DECISIVAS

Há algumas decisões fundamentais que precisam ser feitas a essa altura e que determinarão as demais alternativas e medidas restantes. Algumas dessas decisões são analisadas em mais detalhes nas seções a seguir.

Análise de impacto sobre os negócios

Em algum momento futuro, você recolocará *on-line* todos os ativos de seu negócio que foram afetados. O ideal é que você já tenha pronta uma análise de impacto sobre os negócios, mas se não tiver, tente realizar uma rapidamente. Na maioria dos casos, uma análise desse tipo discrimina os diversos sistemas de missão crítica que precisam ser retomados em ordem de prioridade, dependendo de objetivos operacionais e financeiros. Prepare uma lista numerada, a começar pelos sistemas de que sua organização mais depende e que precisam ser recuperados primeiro.

A maioria dos aplicativos e sistemas apresenta múltiplas dependências de suporte, como a rede, endereçamento de IP, DHCP, DNS, sistemas de segurança, sistemas de autenticação, bases de dados, *middleware*, sistemas *front-end*, etc. Identifique quais sistemas precisam ser retomados em primeiro lugar (e não se esqueça de *e-mail*, *help desk*, telefones, etc.) e levados novamente a um estado de novo para que os sistemas que deles dependem também sejam retomados. A infraestrutura básica sempre está entre os primeiros sistemas que você precisa restaurar.

Na maioria dos cenários envolvendo *ransomware*, não há como saber quais credenciais de *logon* estão comprometidas. Desse modo, é preciso supor o comprometimento de todas as credenciais não protegidas por autenticação multifatorial (*multifactor authentication* [MFA]). Isso significa que todas as senhas sem MFA para entrada nos equipamentos de rede, na infraestrutura e nos equipamentos de segurança computacional precisam ser alteradas, sem nem cogitar confiar nelas novamente. Comece pelo básico e depois vá avançando pela sua cadeia de dependências, até recolocar *on-line* suas principais prioridades e aplicativos.

Há situações em que um sistema de baixa prioridade pode ser recolocado *on-line* antes de um sistema de alta prioridade, exigindo para isso bem menos trabalho. Caso você seja capaz de trabalhar em múltiplas recuperações ao mesmo tempo, pode fazer sentido recuperar em primeiro lugar um sistema fácil de retomar e identificado como de baixa prioridade pelo critério de análise de impacto sobre os negócios, nem que seja como uma forma de elevar a moral da tropa encarregada da resposta a um ataque.

Soluções alternativas frente à interrupção dos negócios

Durante parte do incidente de *ransomware*, um ou mais sistemas estarão fora de operação, quer em parte ou de modo integral. Como uma empresa pode seguir tocando seus negócios enquanto seus sistemas primordiais estão fora do ar? "Soluções alternativas" já devem estar previstas nos planos de continuidade/recuperação de negócios em caso de desastre. Uma delas pode ser, por exemplo, receber os pedidos dos clientes via telefone, anotando tudo a mão para registrar as novas transações, inclusive passando cartões de crédito em máquinas de papel-carbono. Os negócios da sua empresa podem ser conduzidos contornando os problemas gerados pelo ataque, como pela adoção de alternativas móveis ou em nuvem já existentes? O ideal, de todo modo, é que todas as alternativas já tenham sido identificadas em planos prévios de preparação, caso contrário agora é hora de quebrar a cabeça e encontrar tais alternativas.

Houve exfiltração de dados?

Você já conseguiu confirmar ou descartar a ocorrência de exfiltração de dados? Caso tudo leve a crer que isso de fato ocorreu, quais dados foram comprometidos? Como mais de 70% das gangues de *ransomware* atuais praticam exfiltração de dados, a menos que haja indícios em contrário, assuma que dados críticos foram exfiltrados. Muitas vezes, as gangues são capazes de baixar dados, mas esse não é o pior dos cenários possíveis. Se a gangue que lhe atacou alega ter roubado dados, ela já lhe enviou uma "prova de vida"? Você possui classes de dados que, se roubados, fariam você pagar o resgate sem titubear? Caso uma exfiltração de dados tenha ocorrido, você precisa identificar se ela representa legalmente uma violação de dados?

É possível descriptografar os dados sem pagar o resgate?

Na ínfima minoria dos cenários, é possível descriptografar os dados criptografados sem ceder à extorsão de pagamento de resgate. Embora isso seja bastante raro, não custa conferir se um desses cenários se aplica ao seu caso:

- o *ransomware* apresenta *bugs* e não criptografou arquivos;
- as chaves de descriptografia do *ransomware* existem em um *website* que a vítima conhece e que pode usar;
- a gangue de *ransomware* publica todas suas chaves de descriptografia;
- a chave-mestra do *ransomware* foi registrada durante o processo criptográfico por um programa de monitoramento;
- as chaves de descriptografia podem ser encontradas na memória dos dispositivos afetados;
- entidades policiais têm as chaves de descriptografia do *ransomware* em sua posse (este é outro aspecto positivo de entrar em contato com as autoridades).

As próximas seções examinam em mais detalhes cada cenário específico.

O *ransomware* apresenta *bugs*

Há exemplos de programas de *ransomware* que, por uma infinidade de motivos, simplesmente não criptografam arquivos. Às vezes, isso acontece porque o programa apresenta um ou mais *bugs* e basicamente não funciona direito; outras vezes o dispositivo explorado conta com um sistema de segurança que é capaz de interromper a criptografia. Ainda, em outras ocasiões, pode haver uma configuração de segurança que impede que o programa de *ransomware* seja bem-sucedido. Seja como for, sempre confira e confirme se os arquivos que o programa de *ransomware* alega ter comprometido foram mesmo criptografados.

Websites de chaves de descriptografia

Há *websites* na internet, como o `https://nomoreransom.org`, que contêm uma ou mais chaves de descriptografia de *ransomware*. Algum deles, como o próprio No More Ransom, têm uma reputação melhor que a de outros. Muitos desses *websites* são bem antigos e não recebem atualizações de chaves recentes de descriptografia há anos. Muitas vezes, o *ransomware* que eles cobrem deixou de ser usado há muito tempo.

A melhor coisa que a maioria das vítimas pode fazer é uma rápida pesquisa na internet, incluindo na busca o nome da cepa de *ransomware* responsável pelo ataque e as palavras "*decryption keys*" (chaves de descriptografia), para ver se encontra alguns *sites* promissores. Melhor ainda é deixar que um profissional especializado em resposta contra *ransomware* faça a pesquisa. Alguns dos *websites* encontrados solicitam ou obrigam a vítima a subir seus arquivos criptografados. Nesse caso, certifique-se de não incluir no *upload* arquivos confidenciais, já que não se deve confiar cegamente nesse tipo de *site*. Outros *websites* solicitam endereços de criptomoedas fornecidos pela gangue em questão, que são então vinculados ao *ransomware* que o *website* está rastreando.

Eis alguns exemplos de *websites* que oferecem ajuda para descriptografia:

- `https://www.avast.com/ransomware-decryption-tools`
- `https://geeksadvice.com/remove-gujd-ransomware-virus/`

- `https://howtofix.guide/how-to-decrypt-djvu-ransomware-files/`

E há muitas dezenas de outros pela internet.

A gangue de *ransomware* publica suas chaves de descriptografia

Em alguns casos, as próprias gangues de *ransomware* se encarregam dessa divulgação, alegando muitas vezes que estão encerrando seu empreendimento, a gosto ou a contragosto, e liberando suas chaves-mestras. Já aconteceu em algumas ocasiões, incluindo aquelas abordadas nas seguintes notícias:

- `https://www.bleepingcomputer.com/news/security/avaddon-ransomware-shuts-down-and-releases-decryption-keys/`
- `https://www.zdnet.com/article/fonixcrypter-ransomware-gang-releases-master-decryption-key/`
- `https://www.secureworld.io/industry-news/shade-ransomware-shutdown-decryption-keys`

Farejou uma chave de *ransomware* na rede?

Existe a possibilidade de que um defensor venha a capturar os pacotes de rede entre um computador afetado e os servidores de comando e controle (C&C) do *ransomware*, permitindo que ele resgate uma ou mais chaves criptográficas. Eis um *link* para um artigo sobre como alguém pode fazer isso usando Wireshark: `https://sensorstechforum.com/find-decryption-key-files-ransomware/`.

Farejar chaves criptográficas na rede é possível, mas como a maioria dos programas de *ransomware* utiliza HTTPS, todo o tráfego entre o dispositivo da vítima e os servidores C&C são criptografados. Para farejar o tráfego, o analisador de pacotes de rede precisa ser instalado no computador da vítima, ou então a arquitetura de rede precisa ser disposta de forma a permitir enxergar o que há "dentro" dos pacotes protegidos por HTTPS, e mesmo assim é um processo nada fácil.

O problema é que a maioria dos programas atuais de *ransomware* emprega uma chave de criptografia para cada arquivo ou pasta criptografada, e tais chaves são, por sua vez, criptografadas por outra chave-mestra (ou conjunto de chaves-mestras). Acontece que é difícil ou praticamente impossível apanhar uma chave-mestra. Sendo assim, qualquer chave criptográfica que você venha a farejar funcionará com um único arquivo ou pasta, tendo em vista que em média um dispositivo comprometido tem mais de 100 mil arquivos. São muitas chaves a serem farejadas e usadas em um processo incessante de descriptografia.

Ainda assim, se você estiver atrás de uma chave específica para um arquivo ou pasta especialmente importante, essa pode ser uma alternativa a se cogitar. Para a maioria das vítimas, porém, dá trabalho demais recuperar desse modo até mesmo um único sistema. E para piorar, lembre-se de que a exfiltração de dados é uma importante ameaça e que a criptografia de dados não é sua única preocupação.

Empresas de recuperação que mentem sobre o uso de chaves de descriptografia

Existe um problema real com empresas especializadas em "recuperação de *ransomware*" que alegam recuperar dados criptografados sem pagar resgate, muitas das quais mentem descaradamente a esse respeito. Várias dessas empresas afirmam ter uma capacidade especial de recuperar arquivos criptografados sem recorrerem ao pagamento do resgate, mas tudo que elas fazem é pagar por conta própria o resgate, obtendo as chaves e cobrando ainda mais caro do que a vítima pagaria à gangue responsável pelo ataque. Esse fenômeno é examinado em detalhes na excelente matéria encontrada em: `https://www.newyorker.com/magazine/2021/06/07/how-to-negotiate-with-ransomware-hackers`.

Empresas assim são tão procuradas por vítimas que eu às vezes me pergunto se isso ocorre por acaso com vítimas desavisadas ou se não há intensões escusas envolvidas em certos casos. Sem dúvida, algumas das vítimas contratantes simplesmente não conhecem o *modus operandi* de uma empresa desse tipo, ao menos no que diz respeito à sua forma de recuperar dados criptografados.

Talvez existam também empresas vítimas que divulgam "oficialmente", por um ou mais motivos, que jamais pagarão um resgate desse tipo, mas que na realidade desejam ou precisam fazê-lo quando se encontram em uma situação assim. Pode ser que a proibição parta do CEO, do conselho diretor, de uma entidade reguladora do ramo, etc. É possível então que a vítima se encontre incapaz de recuperar seus dados comprometidos de qualquer outra forma, decidindo por fim pagar secretamente o resgate, apesar de sua posição oficial em contrário, apenas para chegar à melhor resolução. Em um caso desse, a contratação de uma empresa de fachada proporciona uma cobertura ou até mesmo uma negação plausível caso o pagamento venha a ser descoberto.

O que fazer ao obter as chaves de descriptografia

Caso você obtenha as chaves de criptografia, não utilize-as diretamente em dados em um sistema de produção durante o primeiro teste. Em vez disso, faça um *backup* dos dados criptografados e restaure-os em outro sistema – uma máquina virtual vem a calhar, pois pode ser facilmente isolada e resetada se necessário. Em seguida, tente efetuar a recuperação inicial ali.

> **Eleve seu nível de desconfiança**
>
> Saiba que programas de descriptografia de *ransomware* podem apresentar *bugs* ou conter *malware*. Não confie em coisa alguma que você não tenha criado, sobretudo em *software* desenvolvido por *hackers*. Faça *backup* de seus dados para testar sua descriptografia em uma máquina virtual, até que sejam atestadas a segurança e a eficácia do programa e do processo de descriptografia. Já houve muitos relatos de mau funcionamento de um processo de descriptografia oferecido por uma gangue de *ransomware*. E houve ainda mais relatos de algum "decriptor" baixado na internet dando erro ou até mesmo contendo *malware* e intencionalmente causando mais danos. Muitos especialistas recomendam que um processo de restauração jamais seja conduzido diretamente nos computadores originais, e sim em computadores alternativos ou em máquinas virtuais. Isso minimiza os riscos e resguarda informações forenses nos computadores originalmente afetados. Para isso, você precisará fazer o *backup* dos dados dos computadores originais e então restaurá-los em um computador alternativo com uma configuração de *hardware* e *software* que esteja alinhada e que funcione com os dados (e programas) restaurados.

Por via das dúvidas, salve os dados criptografados

Por um motivo ou por outro, pode ser que nem todos os seus dados voltem ao normal depois de passarem por descriptografia. Nem todas as gangues de *ransomware* são conhecidas por produzirem código livre de *bugs* e com plena eficácia. Ainda que você opte por sequer fazer a descriptografia de seus dados, pode ser recomendável salvar uma cópia dos dados criptografados para a eventualidade de que a gangue de *ransomware*, as entidades policiais ou outro grupo de recuperação venham a divulgar as chaves de descriptografia no futuro.

Caso você seja capaz de descriptografar os dados comprometidos sem pagar o resgate, isso é ótimo! Documente seu sucesso e compartilhe-o com membros da equipe imediatamente. Contudo, ainda existem outros motivos que fazem uma vítima pagar o resgate, mesmo quando recupera seus dados antes de ceder à extorsão. A capacidade de descriptografar os dados com sucesso e a decisão de pagar ou não o resgate representam duas fases diferentes no processo de recuperação de *ransomware*.

Determine se o resgate deve ser pago ou não

Os capítulos anteriores abordaram fatores a serem considerados na decisão de pagar ou não um resgate, mas a essa altura no processo de recuperação talvez essa decisão ainda não tenha sido tomada. Nesse caso, agora é o momento de bater o martelo, sabendo que opção por cada uma das duas alternativas criará um conjunto diferente de ações daqui em diante.

Não pagar o resgate

Muitas organizações – estimadas entre 40 e 60% das vítimas – optam por não pagar o resgate por um ou mais motivos. Essa é uma ótima decisão em muitos cenários, e, no fim das contas, se a maioria das organizações tomasse a mesma decisão, o *ransomware* não seria um problema tão grave quanto é hoje. Infelizmente, como tantas vítimas acabam cedendo à extorsão, uma decisão individual (digamos, a sua) não tem qualquer peso na balança de futuras ocorrências ou não de incidentes de *ransomware*. Assim, a decisão de pagar ou não pagar o resgate deve ser embasada exclusivamente nos fatores encontrados por cada vítima.

Se a vítima tem a capacidade de pagar o resgate, mas está cogitando não ceder à extorsão, eis alguns elementos que ela deve confirmar:

- É capaz de reconstruir ou recuperar os sistemas e dados comprometidos usando um método alternativo ou consegue sobreviver sem esses dados?
- Todos os *backups* necessários estão atestadamente a salvo e são confiáveis, caso a vítima queira usá-los para recuperar os sistemas afetados?
- É possível estimar o prazo para restaurar todos os sistemas corrompidos a partir do *backup* ou para fazer a reconstrução?
- Dados ou credenciais foram exfiltrados e causam problemas a funcionários ou clientes?
- Os danos à reputação e as implicações legais resultantes de um não pagamento de resgate já foram considerados?
- Foram previstos eventuais danos adicionais ou exigências assim que a gangue de *ransomware* for comunicada de que não receberá pagamento algum?
- Foram cogitados ataques futuros por parte da mesma gangue de *ransomware* que venham a botar a perder os esforços atuais de recuperação pós-incidente (sabendo-se que o pagamento do resgate geralmente garante que a mesma gangue não voltará a atacar a mesma vítima outra vez)?

A intenção desses questionamentos não é convencer as vítimas a pagarem ou deixarem de pagar o resgate. Essa decisão cabe a cada uma delas individualmente. Essas perguntas e considerações, porém, destacam alguns dos fatores que podem passar despercebidos e que, se considerados, talvez levem a mudar de ideia uma vítima inicialmente indisposta a pagar o resgate. Os responsáveis por essa decisão precisam estar cientes delas.

Caso você opte por não pagar o resgate, documente a decisão, juntamente com o processo pelo qual os dados e sistemas serão recuperados, e informe sua equipe.

Pagar o resgate

Caso a vítima esteja cogitando pagar o resgate, os seguintes fatores devem ser levados em consideração:

- Qual é o valor inicial exigido na extorsão?
- Qual foi o prazo máximo inicial informado para o pagamento do resgate?
- A gangue de *ransomware* tem um histórico de fornecer as chaves necessárias de descriptografia depois de receber o pagamento? E sabe-se se suas chaves e/ou programas de descriptografia funcionam plenamente para recuperar os dados criptografados?
- A vítima tem a liberdade legal de pagar o resgate?
- Se o seguro cibernético ou as entidades policiais forem envolvidas, aprovarão o pagamento do resgate?
- A vítima dispõe do valor total sendo extorquido, ou o valor exigido pode ser negociado e baixado para ser pagável pela vítima?
- Quanto tempo levará para a vítima dispor do valor total exigido como resgate de um modo pronto para ser transferido?
- De que modo são estabelecidas as comunicações com a gangue de *ransomware*?
- Como o resgate será pago? Em qual criptomoeda? (Geralmente em bitcoin, exigida em 97% dos casos.)
- Quais são os endereços de criptomoedas envolvidos e onde o pagamento deve ser feito?
- Um negociador profissional de *ransomware* será usado?
- Uma corretora de criptomoedas será envolvida? Nesse caso, qual será o tempo entre a confirmação de pagamento e a disponibilidade da criptomoeda para uso?
- Uma conta ou uma carteira de criptomoeda precisará ser aberta?
- Um navegador TOR precisará ser preparado para estabelecer comunicação na *dark web*?

Depois que o valor do resgate for negociado com sucesso, peça por uma prova de que as chaves de descriptografia realmente funcionam. A essa altura, talvez a gangue de *ransomware* venha a exigir um pagamento menor ("para mostrar uma confiança mútua"). Depois de concluído, a gangue de *ransomware* deve fornecer uma ou mais chaves de descriptografia para a recuperação de alguns dados.

Caso também tenha ocorrido exfiltração de dados, é preciso exigir uma "prova de vida" deles. Além disso, a vítima precisa reafirmar para a gangue de *ransomware* que os dados roubados precisam ser deletados quando do pagamento do resgate (especialmente se esse for um dos motivos primordiais para a decisão de ceder à extorsão). Algumas dessas gangues acabarão ignorando esse pedido, mas não custa expressar a importância disso para sua organização e sua motivação para fazer o pagamento em si.

Como já vimos, na prática esses pagamentos costumam ser feitos na forma de criptomoedas. Nesse caso, o encarregado pelo processo de transferência deve confirmar os detalhes do pagamento, sobretudo a conta/carteira para qual a transferência deve ser feita. Pagamentos feitos para a conta errada não têm como ser revertidos. Há casos em que as vítimas transferem o valor do resgate para a conta errada e jamais conseguem reaver o dinheiro. E jamais a gangue de *ransomware* aceitará um valor mais baixo só porque a vítima cometeu um erro. O melhor é reconfirmar os detalhes de pagamento fornecidos pela gangue, fazer um pequeno pagamento de teste para ela e solicitar que acuse o recebimento. Em seguida, o ideal é que duas ou três pessoas confirmem os detalhes de pagamento inseridos durante a transferência de maior monta.

Registre todos os pagamentos de resgate, testes e detalhes envolvidos. Comunique-os à equipe. Certifique-se de que todo e qualquer pagamento seja registrado e comunicado como tal ao setor financeiro da organização vítima. Pagamentos de resgate costumam ser dedutíveis do imposto de renda.

Recuperar ou reconstruir os sistemas afetados?

Outra importante decisão é reconstruir do zero ou apenas recuperar os sistemas afetados. Conforme já abordado no Capítulo 7 e resumido na Figura 7.2, a reconstrução é bem menos arriscada do ponto de vista da segurança cibernética, mas costuma levar mais tempo e sair bem mais cara do que uma simples recuperação. Afinal de contas, em uma recuperação, os programas de *ransomware* são removidos, senhas são alteradas e outras modificações maliciosas são buscadas e removidas, caso encontradas. Embora seja a opção mais arriscada, a maioria das vítimas de *ransomware* opta por um processo de recuperação, em vez de reconstrução, aceitando os riscos remanescentes para a maioria dos dispositivos envolvidos. Muitas vítimas de *ransomware* não entendem apropriadamente os riscos envolvidos ao descartarem uma reconstrução completa, e outras são simplesmente forçadas a optar por uma mera recuperação por questões de tempo, dinheiro e outras restrições de recursos.

Determine o tempo de hibernação

Quanto tempo o programa de *ransomware* passou escondido dentro de seus dispositivos e/ou ambiente? A resposta a essa pergunta pode ter impactos significativos na sua decisão de recuperar ou reconstruir. Quando mais longo o tempo de hibernação, maior o risco. O *ransomware* muitas vezes sai à caça e rouba senhas que consegue encontrar enquanto está hibernando. Parta do princípio de que qualquer senha digitada ou armazenada em um gerenciador de senhas ou em um navegador foi comprometida durante a hibernação do *ransomware*. Períodos mais breves de hibernação, como de minutos ou de algumas horas, geralmente não bastam para que a gangue de *ransomware* e seu *malware* consigam descobrir muitas informações confidenciais. Muitos programas de *malware* fazem uma conferência inicial e protocolar procurando por senhas (às vezes por apenas 15 segundos) e logo em seguida já passam a criptografar os dispositivos em que se encontram. Assim, ou não exfiltram dados ou não vasculham tanto para determinar o que roubar. Desse modo, períodos mais curtos de hibernação significam menos riscos.

Determine a causa-raiz

É importante que muitos esforços sejam envidados para determinar o modo como o programa de *ransomware* obteve seu acesso inicial. Isso muitas vezes pode ser feito vasculhando arquivos de *log* e *logons* para ver se há neles rastros de atividade não autorizada. Esse rastro está relacionado a um ou mais programas e/ou *scripts* maliciosos e geralmente envolve *logons* sem autorização. Examinando-se as diversas *timestamps* de programas e *scripts* recém-instalados e seus respectivos *logons*, muitas vezes é possível identificar quando um programa malicioso apareceu pela primeira vez e onde. Essa descoberta frequentemente pode levar à brecha que representa a causa-raiz do evento.

Conforme analisado no Capítulo 2, "Prevenção de *ransomware*", a maioria dos programas desse tipo ganha acesso inicial usando métodos de engenharia social, e também, em ordem decrescente de frequência, brechas em *software* sem *patches* e adivinhação de senhas (ou o uso de senhas roubadas) em serviços de admin remoto. Desse modo, os responsáveis pela defesa cibernética podem investigar seus *logs* para ver se conseguem encontrar a atividade potencialmente maliciosa. Caso nenhuma causa-raiz seja encontrada, eles devem assumir que um dos métodos mais populares recém-mencionados foi aquele usado.

É importante que os encarregados pela defesa cibernética tentem descobrir qual *exploit* foi a causa-raiz do ataque de *ransomware*, pois se essa vulnerabilidade for deixada aberta, provavelmente será explorada outras vezes. Ademais, todos os três métodos mais comuns explorados por *ransomware* precisam ser mitigados para prevenir potenciais ataques futuros.

É comum que as vítimas de *ransomware* se vejam tão atribuladas por esforços de recuperação que sequer se deem ao trabalho de determinar a causa-raiz do ataque. Pode ser apenas minha experiência pessoal, mas organizações que foram vítimas pela primeira vez de um ataque de *ransomware* e que não dedicaram todos os esforços a entender as brechas exploradas parecem ser bem mais propensas a um novo ataque. E um segundo e um terceiro ataques são ainda piores.

Remendos localizados ou chegou a hora de levar isso a sério?

Vítimas de *ransomware* parecem tomar um entre dois rumos durante a recuperação. Algumas delas buscam se recuperar o mais depressa possível, ponderando o menos que podem sobre o estado de sua segurança computacional. Simplesmente desejam retornar às operações normais e ao *statu quo ante*. Já outras parecem encarar o ataque como um sinal de alerta e uma oportunidade de reexaminar sua postura geral de segurança computacional. Este último grupo tende a redefinir e aprimorar sua perspectiva nessa área e a se tornar mais resiliente a longo prazo.

Para dar um exemplo, enquanto o primeiro grupo se atém a alterar todas as suas senhas, o segundo grupo passa a adotar autenticação multifatorial. Enquanto o primeiro grupo tenta melhorar o *patching* apenas dos sistemas de *software* envolvidos, o segundo aprimora sua gestão de *patches* como um todo. O primeiro grupo ativa o *logging* do Windows; o segundo adquire *software* de detecção e resposta em *endpoint* (EDR) e um serviço ou produto de monitoramento de eventos de segurança (*security incident event monitoring* [Siem]). O primeiro faz o mínimo dos mínimos para retomar suas atividades; o segundo aproveita a oportunidade para fazer um sério levantamento de riscos e busca consertar inúmeras práticas inadequadas durante a recuperação.

Seria desonesto da minha parte afirmar que ambas as estratégias podem funcionar igualmente bem, dependendo do cenário. A segunda delas, de examinar com seriedade toda a segurança cibernética da organização, é o método preferível. Deseja manter *hackers* maliciosos e *malware* longe do seu ambiente a longo prazo? Você terá uma chance melhor com uma estratégia mais abrangente.

Por outro lado, essa estratégia também tende a ser mais cara e a exigir mais tempo a curto prazo. O conserto de um ambiente inadequado, com inúmeros pontos fracos, e a construção de uma cultura sólida de segurança cibernética é algo que consome tempo, recursos e dinheiro. Seja como for, organizações que praticam autoavaliações mais holísticas e que buscam se livrar de seus pontos fracos são bem mais propensas a se livrarem de incidentes de *ransomware* e a combaterem melhor adversários maliciosos em geral. Se você for explorado por *ransomware*, aproveite o ensejo para fazer o maior número de melhorias que conseguir.

MEDIDAS INICIAIS

Há muitas respostas adicionais que precisam ocorrer, independentemente das decisões prévias. Eis algumas das principais que precisam ser postas em prática nessa fase da resposta.

Preserve as provas

Na maioria dos cenários, é crucial preservar as provas. Isso muitas vezes implica fazer cópias forenses e preparar coleções de memória dos dispositivos afetados antes que sejam recuperados ou reconstruídos. Essa prática pode ajudar decisivamente nos esforços de recuperação, em aspectos legais e na determinação da causa-raiz da exploração por *ransomware*.

Remova o *malware*

Se tudo aquilo possivelmente afetado pelo *ransomware* não for reconstruído do zero e se você optar por recuperar os itens impactados, o *ransomware* e quaisquer programas, *scripts* e ferramentas precisarão ser identificados e removidos. O modo de garantir isso depende do seu pacote de *software* de segurança cibernética existente ou recém-adquirido. A maioria dos programas de *ransomware* tem um nome comum específico ou um padrão de nomes que pode ser prontamente identificado. Nesse caso, eles podem ser removidos manualmente ou usando um programa de varredura anti-*malware*, como um EDR.

Como os sistemas provavelmente ainda estarão desconectados da rede a essa altura e talvez desligados, cada dispositivo potencialmente afetado terá de ser plugado e varrido pelo *software*. Caso *pendrives* locais sejam usados, certifique-se de que estão protegidos contra gravação, para que não sejam infectados por *malware* com a capacidade de invadir aparelhos conectados por USB, disseminando a infecção para outros computadores.

Se a rede foi desconectada usando pontos de controle de acesso de rede e se os dispositivos ainda estiverem ligados na energia, você talvez consiga rodar a varredura remotamente travando a conectividade de rede, para que os dispositivos vasculhados possam se comunicar somente com o computador que ativou a varredura e com outras infraestruturas de suporte de rede (como DNS, DHCP, Active Directory, etc.). O recomendável é que você impeça todas as outras conexões.

Faça uma busca por todos os arquivos de *malware*, ferramentas e *scripts* relacionados. Procure por arquivos estranhos e inexplicados em *hosts*, servidores, controladores de domínio e discos de armazenamento afetados. Rode ferramentas de detecção de *malware* em seu modo mais sensível e "paranoico". Veja se consegue encontrar conexões de rede também estranhas e inexplicadas. Obviamente, caso você não saiba o que é normal, terá dificuldade em reconhecer processos e conexões anormais.

Observação: na dúvida, caso você não consiga ter a certeza absoluta de que removeu todos os programas, *scripts* e ferramentas potencialmente maliciosos, reconstrua do zero tudo aquilo cuja limpeza não puder ser confirmada. A reconstrução é o método preferível mesmo para fins absolutos de redução de riscos.

> **Para computadores Windows**
> Sou um grande fã das ferramentas gratuitas Sysinternals, da Microsoft (http://www.sysinternals.com). Aprecio especialmente recursos como Process Explorer, Autoruns, TCPView e Process Monitor para fins de análise forense. O Process Explorer e o Autoruns têm a capacidade de enviar qualquer processo em andamento para ser conferido pelo *website* VirusTotal.com, da Google, onde pode ser escaneado por mais de 70 produtos de antivírus diferentes. Já o TCPView é uma maneira fácil e rápida de correlacionar executáveis sendo rodados com as conexões de rede que eles estabelecem. Caso você não conte com nenhuma outra ferramenta forense mais sofisticada, essas dão para o gasto em sistemas Microsoft Windows.

Altere todas as senhas

Você precisa partir do princípio de que quaisquer senhas disponíveis usadas ou armazenadas durante o período de hibernação do programa de *ransomware* estão potencialmente comprometidas. Em uma data futura, você precisará alterar todas as senhas envolvidas, incluindo aquelas para *logins* de rede, serviço de *e-mail*, contas do sistema, contas daemon, usuários privilegiados, servidores *web*, serviços *web*, etc. Quaisquer senhas usadas por funcionários por qualquer razão, quer armazenadas ou digitadas manualmente, precisam ser alteradas. Todas as senhas de sistema, rede, contas privilegiadas e de *e-mail* precisam ser alteradas depois da remoção de **todos os programas de *malware***, mas antes da reconexão com a internet.

Desse modo, as senhas precisam ser alteradas depois da remoção de todos programas de *malware*, ferramentas e *scripts* que sejam capazes de roubar e exfiltrar senhas. Tudo que você não quer é ter o trabalho de alterar as senhas para logo em seguida um *malware* acabar roubando todas as novas. Comece pelas contas, serviços, daemons, etc. privilegiados e depois avance para aquelas contas que podem ser usadas para automatizar e acelerar a recuperação. Os usuários devem ter suas senhas canceladas, sendo forçados a criar novas ao retornarem aos sistemas desinfectados.

RESUMO

Esse capítulo examinou as principais decisões e tarefas que precisam ser completadas logo após a interrupção do dano e da disseminação iniciais (tema abordado no Capítulo 7). Isso inclui a determinação de quais sistemas e dependências precisam ser recuperados prioritariamente e em qual ordem. Inclui também a identificação de quais dados podem ser recuperados sem pagar resgate, se o resgate será pago ou não, a análise de causa-raiz, questões envolvendo exfiltração de dados, determinação do tempo de hibernação, remoção de *malware* e alteração de todas as senhas. O Capítulo 9, "Recuperação do ambiente", mostra detalhes de como recuperar um ambiente atacado por *ransomware*.

9

Recuperação do ambiente

Neste capítulo, discutiremos como recuperar seu ambiente de TI após um ataque de *ransomware*. Supõe-se que você já interrompeu e já removeu a ameaça de *ransomware* e quaisquer outros executáveis maliciosos relacionados. Este capítulo segue de onde o Capítulo 8 parou, agora que você já decidiu se pagará o resgate ou não e já recuperou os dados que pôde de uma maneira ou de outra. Assim, o programa de *ransomware* e os invasores deixaram de ser uma ameaça. Neste capítulo, examinaremos como recuperar ou reconstruir sua rede e várias plataformas populares.

Assumiremos a partir daqui que todo o seu ambiente, ou uma vasta parte dele, foi afetado, e que você está conduzindo uma recuperação integral. Caso o evento de *ransomware* tenha exercido um impacto apenas parcial, o recomendável é que você modifique o seu plano apropriadamente.

DECISÕES DE PESO

Restam ainda duas grandes decisões a tomar, ambas já introduzidas nos capítulos anteriores, para que se possa continuar avançando. Uma decisão de peso envolve recuperação *versus* reconstrução e a outra envolve a determinação da ordem dos próximos passos.

Recuperação *versus* reconstrução

> Esta dicotomia já foi abordada no Capítulo 8, mas retornaremos a ela pois é uma decisão que geralmente precisa ser tomada repetidas vezes, e não uma única vez no início do processo de resposta a um ataque de *ransomware*.

A primeira decisão envolve ou recuperar os dispositivos potencial ou comprovadamente comprometidos ou então reconstruir tudo do zero. Como já vimos, a reconstrução do zero é a opção mais confiável em termos de segurança, mas também tende a ser mais dispendiosa em termos de recursos e tempo. Já a recuperação envolve a remoção de potenciais vetores de ataque presentes e futuros de dispositivos, a tal ponto que você recupera sua confiança neles sem ter de reconstruir tudo do zero. A decisão "recuperação *versus* reconstrução" pode ser tomada para cada dispositivo e para cada aplicação e não precisa ser tudo ou nada e absolutamente dicotômica. Você pode decidir, por exemplo, reconstruir do zero dispositivos de rede e estações de trabalho de clientes, mas recuperar o Microsoft Active Directory e o DNS. Escolha a opção que proporciona a melhor combinação de confiabilidade *versus* custo para sua situação.

> **Preserve as provas**
>
> Como já vimos em capítulos anteriores, a maioria das vítimas deve fazer o melhor para preservar provas forenses antes do processo de recuperação/reconstrução. Isso não apenas ajuda em questões legais como também aumenta as chances de recuperação e reconstrução da causa-raiz do incidente. Na maioria dos casos, é preciso fazer a cópia forense de discos rígidos e da memória antes mesmo da recuperação e/ou reconstrução.

Ordem de prioridades

Você precisa estipular em qual ordem deve ocorrer a recuperação ou reconstrução dos recursos de TI envolvidos. Todas as senhas já devem ter sido resetadas; e todos os vestígios de *malware* e de acesso não autorizado, eliminados. Sua análise de impacto sobre os negócios deve determinar quais aplicações e serviços precisam ser recuperados ou reconstruídos e em qual ordem. Se você não tiver nenhum outro plano, cogite adotar a lista a seguir como um modelo geral de priorização e um guia inicial para criar seu próprio plano customizado:

- infraestrutura de rede;
- dispositivos/aplicações/serviços de TI;
- *hosts* de máquinas virtuais;
- *backup* geral/serviços de restauração;
- dispositivos e computadores clientes de alta prioridade/nível 1;
- *software* e serviços de *e-mail* ou outro meio primordial de comunicação;
- aplicações e serviços da mais alta prioridade/nível 1;
- servidores e clientes de alta prioridade/nível 2;
- servidores e clientes de média prioridade/nível 3;
- servidores e clientes de baixa prioridade/nível 4.

> **Níveis**
>
> Níveis (*tiers*) numerados dizem respeito a prioridades de cada elemento, indicando a ordem preferencial de recuperação. Dependendo do ambiente, o nível 1 pode incluir serviços subjacentes de infraestrutura (como DNS, Active Directory, DHCP, etc.), ou serviços de infraestrutura somados aos serviços e dados mais valiosos e críticos usados em prol da organização. Em outras palavras, nível 1 significa "recupere em primeiro lugar!". O nível 2 inclui os elementos e dados no segundo patamar de importância, e assim por diante.

Restauração de rede

Reúna todas as documentações possíveis sobre o ambiente, incluindo endereços de IP, nomes de *host* e de domínio, redes, VLANs, etc. Deixe disponível qualquer documentação necessária para recuperar seu ambiente. Todos os serviços envolvidos devem ser documentados, registrando-se os tráfegos de rede que geram ou consomem. Desse modo, é possível monitorar seus padrões e identificar quaisquer anormalidades suficientes para gerar alertas e investigações. Antes que cada serviço possa ser amplamente instaurado no ambiente de produção, suas respectivas investigações devem ser concluídas.

> **Testes de laboratório**
>
> Se você não sabe ao certo qual tráfego de rede determinado dispositivo, serviço ou aplicativo específico gera ou consume, cogite restaurar esse elemento em um ambiente de laboratório habilitado para monitoramento de redes e processos locais. Comece por uma nova instalação que nada tenha a ver com seu ambiente e documente quais portas e serviços são usados. Em seguida, restaure no ambiente de laboratório a configuração e a implementação daquilo que você deseja recuperar no ambiente de produção, novamente documentando os processos e as conexões de rede. Pesquise todos os processos e conexões de rede a fim de confirmar sua legitimidade e de estabelecer uma base referencial esperada.

Ao lidar com a infraestrutura de rede, comece certificando-se de que seus dispositivos físicos que compõem a rede (como roteadores, *switches*, pontos de acesso a Wi-Fi, modens a cabo, dispositivos WAN, etc.) estão protegidos. As senhas já devem ter sido alteradas e os logins de admin podem ter sido convertidos para autenticação multifatorial como garantia extra. Talvez o *firmware* dos dispositivos de rede tenha sido restaurado para uma cópia confiável conhecida e as configurações tenham sido restauradas para uma cópia confiável conhecida, ou talvez os dispositivos tenham sido reconfigurados do zero. Você precisa assegurar que nada que possa ser malicioso esteja rodando nos equipamentos de rede.

O próximo passo é reestabelecer os servidores/*software*/serviços que proporcionam conectividade de Internet Protocol (IP), ou seja, gestão de dispositivos de endereço de IP. Isso pode incluir serviços Dynamic Host Configuration Protocol (DHCP) e servidores/serviços Domain Name System (DNS). Também pode incluir configurações, dispositivos e serviços de Virtual Local Area Network (VLAN) e/ou Software-Defined Network (SDN).

Restauração de serviços de segurança de TI

Em seguida, reestabeleça todos os sistemas críticos de segurança de TI. O ideal é ter todos os padrões de login e de monitoramento em seus níveis mais estritos de detalhamento, com os encarregados por esses serviços participando ativamente e monitorando eventos e tráfegos capturados para buscar sinais de maliciosidade. Preste atenção especial nos métodos usados pela gangue de *ransomware* durante o ataque mais recente, já que tendem a ser os mesmos métodos usados para retomar o controle de uma rede afetada. Vítimas que pagam resgate podem estar sob menor risco de nova exploração pela mesma gangue de *ransomware*, mas isso não garante que não venham a ser novamente exploradas.

> **Reabilitando a internet**
>
> Uma decisão crucial diz respeito ao momento certo de reabilitar o acesso à internet, pois com isso os invasores voltarão a ter uma via de entrada ao seu ambiente, caso nem todos os vestígios de *malware* e de conexões maliciosas tenham sido removidos e nem todas as senhas tenham sido modificadas. Todas as conexões iniciais à internet devem ser monitoradas e revisadas para checar a presença de qualquer tráfego malicioso. Esteja pronto para cortar, todo ou em parte, o acesso à internet novamente, caso uma conexão de tráfego malicioso na rede venha a ser detectada.

Restauração de máquinas virtuais e/ou serviços em nuvem

Hosts de máquinas virtuais, como VMware ESXI e Microsoft Hyper-V, podem ser retomados a essa altura. Na maioria dos ambientes, eles provavelmente dão suporte a infraestrutura, aplicações e serviços. Certifique-se de que o *host* VM esteja a salvo e que todas as senhas de admin tenham sido alteradas. Além disso, você também pode reabilitar serviços de infraestrutura de nuvem nesse momento.

Restauração de sistemas de *backup*

Restaure seus serviços de *backup*, novamente adotando implementações seguras e alterando as senhas. Futuros trabalhos e dados de *backup* devem ser protegidos contra manipulação não autorizada. O ideal é restaurar ou reconstruir seus *backups* e serviços de restauração antes de começar a restaurar clientes, servidores e aplicações, caso seja preciso fazer o *backup* de algo nesses processos de restauração. Não há como conduzir tudo a um estado seguro e protegido sem antes fazer o mesmo com seu *backup* e seus serviços de restauração.

Restauração de clientes, servidores, aplicações e serviços

Por fim, clientes, servidores, aplicações e serviços podem passar a ser restaurados, a começar por aqueles itens de mais alta prioridade. Todos os clientes, servidores, aplicações e serviços já devem ter sido priorizados de nível 1 (maior grau de prioridade) a nível 4 (menor grau de prioridade). Restaure primeiro aqueles itens de maior prioridade, e por último aqueles menos prioritários. Eventualmente, pode-se permitir que itens de prioridade mais baixa sejam restaurados antes que outros de mais alta prioridade caso o *timing* e os recursos assim possibilitem. Às vezes, pode levar semanas ou meses para restaurar um item de alta prioridade, ao passo que um item de mais baixa prioridade pode ser restaurado em questão de horas ou dias, enquanto aguarda-se que o item mais prioritário seja restaurado.

> **Itens menos prioritários recuperados antes?**
>
> Para deixar claro, a regra básica é sempre restaurar em primeiro lugar aqueles itens mais prioritários. No entanto, se você for obrigado a esperar e se dispõe de recursos sobressalentes, não há problema em conquistar algumas vitórias mais fáceis. Pode parecer antilógico restaurar sistemas de menor prioridade enquanto sistemas mais prioritários ainda precisam aguardar, mas se algo pode ser feito rapidamente sem interferir com uma recuperação de alta prioridade simultânea, o sucesso obtido assim pode ajudar a elevar a moral da equipe de recuperação. Essa é uma daquelas lições que não aparecem na maioria dos livros sobre gestão de projetos, mas que pode ser aprendida no "campo de batalha".

Condução de testes unitários

Durante o processo de restauração/recuperação dos servidores e clientes necessários, você deve conduzir pequenos testes individuais. Esses "testes unitários" devem ser feitos antes do início das restaurações mais amplas. Documente de antemão todos os processos e tráfegos de rede a serem envolvidos. Prepare o que será alimentado em cada teste e faça uma previsão dos resultados esperados. Certifique-se de incluir todos os tipos possíveis de *inputs* a fim de testar toda a gama de processos do sistema a ser testado. Obviamente, você terá de contar com a participação de seus respectivos especialistas para desenvolver os *inputs* dos testes, para rodar o processo e para revisar os resultados.

Quando a testagem tiver sido concluída, restaure/recupere uma instância unitária do serviço ou aplicação-alvo no ambiente de produção. Alimente os dados de entrada e documente se os resultados de saída esperados (como registros da base de dados, serviços, relatórios, etc.) são confirmados. Se os resultados reais não corresponderem aos esperados, dê um passo atrás e resolva os problemas envolvidos. Assim que a legitimidade de todos os processos e conexões de rede tiverem sido confirmadas a partir do teste inicial de produção, passe a conduzir uma implementação mais ampla. Encarregue os funcionários de segurança de TI pelo monitoramento de todas as restaurações (a implementação de teste e a mais ampla), checando quaisquer sinais de maliciosidade. Documente os resultados e divulgue-os à equipe.

RESUMO DO PROCESSO DE RECONSTRUÇÃO

Caso você opte por reconstruir um ou mais clientes ou servidores, o processo geral deve ser o seguinte:

1. Faça uma cópia (de disco rígido e memória) em primeiro lugar dos sistemas existentes (opcional), para caso o processo de reconstrução não saia conforme o planejado ou para fins de registro forense.
2. Colete instruções, credenciais de segurança, *software*, *drivers* e chaves de licença necessários para o processo de reconstrução.
3. Reconstrua, caso necessário, itens de *hardware* e dispositivos/*drivers* de *firmware*.
4. Reconstrua itens essenciais para assegurar uma configuração básica.
5. Certifique-se de que todos os *patches* críticos foram aplicados.
6. Adicione novos itens de *software* e serviços conforme recomendação da equipe de resposta ao incidente.
7. Adicione configurações customizadas, contas de serviço, etc.
8. Restaure ou recrie dados.

9. Reconecte os itens novamente à rede, caso isso ainda não tenha sido feito.
10. Conduza testagem unitária.
11. Aprove a implementação mais ampla.

O termo **reconstrução** sugere uma nova montagem a partir das fundações. Tradicionalmente, isso pode implicar a formatação de um disco rígido, a instalação de uma cópia zerada do sistema operacional, a feitura de *patches* e então a inicialização de *software* e o processo de restauração de dados. Hoje em dia, muitos dispositivos e sistemas operacionais permitem uma reconstrução mais rápida e mais lógica, em que todos ou a maioria dos itens de *software* são reconstruídos como se o computador passasse por uma reformulação completa, mas sem verdadeiramente cumprir todo e cada passo de reconstrução. Caso você esteja cogitando uma dessas "quase reconstruções", determine se ela representa um processo seguro no seu cenário.

Nesse contexto, alguns *hackers*, por exemplo, escondem *malware* no "espaço sobressalente" ou em porções não utilizadas de um disco de armazenamento (ou mesmo no *firmware* ou na memória de vídeo). Uma quase reconstrução pode não chegar a restaurar essas áreas costumeiras de modo a deixá-las em estado de novas. Nesse caso, é possível que um *malware* "sobreviva" a esse processo de reconstrução. Por isso, recomenda-se fazer essas quase reconstruções somente se houver certeza de que nenhum vestígio de *malware* seguirá à espreita dentro do ambiente, de modo a proporcionar um acesso facilitado para que o *hacker* ou o *ransomware* reestabeleça seu domínio. Exemplos de áreas usadas por *hackers* ou *malware* após um processo de quase reconstrução incluem:

- setores não usados e não alocados de disco;
- partições não usadas de disco;
- BIOS, UEFI e *firmware*;
- memória de cartão controlador;
- áreas de registro do Windows;
- regras, filtros, formulários, etc. de *e-mail*.

Na dúvida, apague ou reconstrua do zero áreas potencialmente problemáticas.

> **Cuidado com regras maliciosas de *e-mail***
>
> Há décadas que *hackers* vêm usando regras e formulários nocivos de *e-mail* a fim de esconder itens maliciosos e *backdoors*. Em muitos dos serviços atuais de *e-mail*, os usuários pode empregar regras, filtros, formulários e *scripting* para customizar o modo como seu serviço de *e-mail* age em certos eventos. Desse modo, eles foram criados visando a melhorar a experiência do usuário final, mas *hackers* vêm tirando proveito deles há bastante tempo para fins maliciosos.
>
> A menos que alguém saia à cata e remova regras não autorizadas de *e-mail*, elas tendem a "sobreviver" a uma reconstrução. Conheço usuários que reconstruíram todos os itens de *software*, implementaram novos itens de *hardware* e alteraram suas senhas e mesmo assim viram os *hackers* retornando facilmente ao seu ambiente. Em muitos desses casos, os métodos usados remetiam a regras e formulários maliciosos de *e-mail*. Você pode encontrar mais detalhes sobre o tema no meu webinário de uma hora de duração, em `https://info.knowbe4.com/webinar-10-ways-hacked-email`, onde discorro sobre esse tipo de ataque e exibo demonstrações de algumas ferramentas relacionadas de ataque. Você também pode encontrar um artigo que escrevi sobre regras e formulários maliciosos de *e-mail* em `https://blog.knowbe4.com/check-your-email-rules-for-maliciousness`.

Esses processos de quase reconstrução podem ir desde algo realmente similar à uma verdadeira reconstrução até algo mais próximo de uma restauração parcial. O Microsoft Windows, por exemplo, oferece três métodos de quase reconstrução: Atualizar, Redefinir e Restaurar. Na sua página de suporte sobre o tema (`https://support.microsoft.com/pt-br/windows/como-atualizar-redefinir-ou-restaurar-o-computador-51391d9a-eb0a-84a7-69e4-c2c1fbceb8dd`), a Microsoft descreve cada método da seguinte forma:

- **Atualize** o computador para reinstalar o Windows e manter seus arquivos e configurações pessoais. A atualização também mantém os aplicativos que vieram com o computador e os que foram instalados pela Microsoft Store.
- **Redefina** o computador para reinstalar o Windows, mas excluir seus arquivos, configurações e aplicativos, exceto os aplicativos que vieram com o computador.

- **Restaure** o computador para desfazer alterações recentes realizadas no sistema.

Essas opções são adicionais à capacidade de restaurar arquivos e pastas que receberam *backup* usando-se aplicativos inclusos ou de terceiros. A opção mais segura é provavelmente Redefinir, em que o Windows é restaurado ao estado em que foi entregue pelo fornecedor no primeiro dia.

No caso de computadores Apple, a maioria dos usuários deve pressionar Command+R durante a inicialização, para entrar no modo de recuperação do macOS. Ao avançar, em algum momento deve aparecer uma opção para **Restaurar a partir da Time Machine**, **Instalar macOS** e **Utilitário de Disco**. É possível restaurar a partir de qualquer *backup* de Time Machine que já tenha sido providenciado, para então reinstalar o macOS ou então deletar ou apagar um disco específico. A opção de Restaurar a partir da Time Machine é útil se você for capaz de identificar um instante no tempo anterior ao ingresso do *ransomware* no sistema, ao passo que a opção Instalar macOS instala uma nova versão do sistema operacional, e quaisquer *backups* de Time Machine podem ser usados para restaurar manualmente arquivos ou diretórios específicos.

Já a reconstrução em computadores Linux exige ou uma restauração de dados a partir de um programa de *backup* ou uma série de comandos de distribuição (i.e., distro) do fornecedor (como `fdisk`, `mkfs`, `mount`, etc.). Os comandos variam conforme o distro e a versão. Você pode encontrar um exemplo de um processo de reconstrução manual em Linux em: `https://documentation.commvault.com/commvault/v11/article?p=57175.htm`.

A maioria dos dispositivos oferece tipos similares de processos de reconstrução. Alguns dispositivos chamam uma reconstrução de volta ao OS básico de **hard reset**. Em contrapartida, um **soft reset** pode ser um simples *reboot* sem a reconstrução de coisa alguma ou a simples remoção de alguns aplicativos recentemente instalados ou de configurações recentemente modificadas. Pesquise as instruções de reconstrução e recuperação do seu dispositivo caso restem dúvidas.

RESUMO DO PROCESSO DE RECUPERAÇÃO

Uma reconstrução não implica a restauração de um sistema afetado até sua configuração original e básica. Na verdade, um processo de reconstrução envolve a busca e a remoção de arquivos e configurações potencialmente maliciosos, confiando então que os esforços de recuperação manterão o ambiente a salvo. Os passos gerais de recuperação são os seguintes:

1. Faça uma cópia (de disco rígido e memória) em primeiro lugar dos sistemas existentes (opcional), para caso o processo de recuperação não saia conforme o planejado ou para fins de registro forense.
2. Colete instruções, credenciais de segurança, *software*, *drivers* e chaves de licença necessários para o processo de recuperação.
3. Procure e remova arquivos e configurações maliciosos.
4. Certifique-se de que todos os *patches* críticos foram aplicados.
5. Adicione novos itens de *software* e serviços conforme recomendação da equipe de resposta ao incidente.
6. Adicione configurações customizadas, retome contas de serviço, etc.
7. Adicione ou recrie dados.
8. Reconecte os itens novamente à rede, caso isso ainda não tenha sido feito.
9. Conduza testagem unitária.
10. Aprove a implementação mais ampla.

Como se pode perceber, as séries de passos são similares tanto para um processo de reconstrução como para um processo de recuperação. A diferença na recuperação é que você deve procurar qualquer vestígio de maliciosidade, e se encontrar deve removê-lo antes de restaurar o item para seu local e função dentro do ambiente. Os métodos e os alvos da busca dependem de cada plataforma e serviço computacional. Dois exemplos de recuperação são detalhados nas próximas duas seções.

Recuperação em computador Windows

Ao tentar confirmar se um computador Windows não é portador de qualquer maliciosidade, eis algumas áreas costumeiras envolvidas em manipulação maliciosa que devem ser investigadas:

- áreas de autoinicialização (existem dezenas);
- serviços;
- programas;
- arquivos e pastas;
- configurações de registro;
- `\Windows\System32\drivers\etc\hosts`.

Rode um serviço *antimalware* confiável em seu modo mais estrito, em que ele checa cada arquivo usando cada assinatura. Você pode se surpreender, mas, quando a maioria dos programas antivírus é rodada em seu modo-padrão, não ocorre a checagem de tudo que seria possível vasculhar. Cogite baixar e rodar os utilitários Sysinternals da Microsoft:

- Process Explorer (`https://docs.microsoft.com/en-us/sysinternals/downloads/process-explorer`);
- Autoruns(`https://docs.microsoft.com/en-us/sysinternals/downloads/autoruns`).

Ambos os utilitários podem interagir com o VirusTotal.com, da Google, e vasculham arquivos e processos incluídos por mais de 70 antivírus diferentes. Além disso, ambos são ótimos para revelar os esconderijos dos vestígios de *malware*, sobretudo daqueles ativos, embora mais pesquisas possam ser necessárias para determinar se aquilo que é enumerado de fato se confirma como legítimo ou como programa malicioso. Nem sempre se pode confiar que o VirusTotal.com tenha 100% de precisão.

> **Usar ou não usar o Modo de Segurança?**
>
> Alguns investigadores forenses sempre fazem o *boot* do Windows no Modo de Segurança antes de proceder com sua análise. Isso pode ajudar a remover *software* malicioso que esteja à espreita na memória e, se ativo, é capaz de ocultar sua presença frente às ferramentas dos investigadores. No entanto, alguns programas de *ransomware* e *malware* intencionalmente modificam o processo de *boot* de segurança para que não seja possível saber ao certo se ainda se encontram ocultos no sistema. Nesse caso, um *boot* no Modo de Segurança impede que muitos programas normais (e até mesmo programas potencialmente maliciosos) sejam rodados, os quais não seriam então descobertos por ferramentas como Autoruns e Process Explorer.
>
> Em geral, se você não fizer o *boot* em Modo de Segurança, aumentará levemente o risco do *malware* se esconder dos investigadores forenses. Se fizer, haverá uma chance bem maior de que as ferramentas forenses normais, como Autoruns e Process Explorer, não venham a acusar a presença de *malware*, por não estar rodando, nem ativo. Confrontado por esse dilema, eu recomendo que você não faça *boot* no Modo de Segurança em computadores Windows, a menos que já tenha identificado *malware* e precise avançar nesse modo a fim de remover tais programas maliciosos.

Quando não se sabe ao certo se um computador recuperado está limpo ou não, é preferível proceder com a reconstrução do zero, pois não vale a pena assumir o risco extra. Tanto a recuperação quanto a reconstrução dão bastante trabalho, mas as diferenças são ínfimas comparadas ao trabalho necessário em caso de mais um ataque de *ransomware*.

Recuperação/restauração do Microsoft Active Directory

A recuperação ou restauração do Microsoft Active Directory (AD) a um bom estado conhecido é uma tarefa comum para organizações que rodam computadores Microsoft Windows. O AD pode ser fornecido *on-line* por Azure AD ou internamente por serviços tradicionais de AD rodando em controladores de domínio (*domain controllers* [DC]).

Quando o AD fica inativo, geralmente é porque programas de *ransomware* criptografaram um ou mais DCs ou pelo menos o DC primário que contém as mais vitais funções flexíveis de operação-mestre única (*flexible single mater operation* [FSMO]). A melhor aposta é restaurar um DC primário a partir de um *backup* bom e conhecido. Isso pode ser feito usando alguns métodos, incluindo o seguinte:

- Restaure o *backup* completo de um ou mais DCs primários com as funções FSMO para um DC existente e promova-o para se tornar o DC primário.
- Construa um DC novo em folha e instale ou transfira (caso um AD DC totalmente funcional ainda exista) as funções FSMO para o novo DC.
- Use o Azure Site Recovery (caso esteja habilitado) para um ponto de recuperação estável.

Se a restauração de dados não funcionar, você talvez precise reconstruir um AD do zero. Algumas vítimas de *ransomware* optam por essa alternativa a fim de minimizar riscos e também para aproveitar a oportunidade e se livrar de um AD legado que já estavam há bastante tempo tentando remover, mas não queriam lidar com o tempo necessário de interrupção de atividades. Mas agora que o *ransomware* já interrompeu tudo mesmo, elas utilizam a justificativa de segurança para construir um AD da maneira certa para suas operações correntes (e para remover remanescentes legados).

A restauração de AD costuma implicar que outros serviços subjacentes de rede (incluindo infraestrutura de rede, DNS, DHCP, etc.) foram recuperados antes. Caso uma recuperação parcial seja preferível, você precisará revisar o AD existente e seus objetos mais críticos relacionados à segurança (como usuários, grupos e objetos de política de grupo), para ver se não encontra modificações ou inclusões maliciosas.

A inclusão de AD mais comum relacionada a *ransomware* é o acréscimo de novos membros em grupos privilegiados (como Admins da Empresa, Admins de Domínio ou Administradores Locais). Remova todos os membros desnecessários pertencentes a grupos elevados.

A seguir são listados alguns outros guias que podem ajudá-lo a restaurar o AD durante um evento de recuperação a *ransomware*:

- *backup* e restauração de um servidor de AD (https://docs.microsoft.com/en-us/windows/win32/ad/backing-up-and-restoring-an-active-directory-server);

- AD Forest Recovery – condução da recuperação inicial (`https://docs.microsoft.com/en-us/windows-server/identity/ad-ds/manage/ad-forest-recovery-perform-initial-recovery`);
- *backup* e restauração de controladores de domínio de AD – melhores práticas (`https://docs.microsoft.com/en-us/azure/backup/active-directory-backup-restore#best-practices`);
- sobrevivendo a um ataque de *ransomware* com Azure Site Recovery (`https://dokumen.pub/surviving-a-ransomware-attack-with-azure-site-recovery.html`).

Este último documento detalha muito bem como simular em ambiente de laboratório ataques de *ransomware* e o uso de Azure Site Recovery para se recuperar de um evento assim, com vários ensinamentos úteis.

Consulte guias de recuperação de outros tipos de dispositivos, redes e plataformas. A todo momento, sobretudo durante as recuperações iniciais, encarregados de segurança de TI devem monitorar atentamente processos e conexões de rede, alertas a qualquer atividade maliciosa. Caso a organização vítima não tenha pagado o resgate, a gangue de *ransomware* estará à espreita tentando reingressar no ambiente. Qualquer programa malicioso, *backdoor* ou senha inalterada pode representar o passaporte de reentrada dos invasores no ambiente.

RESUMO

Os processos e passos em geral necessários para recuperar um ambiente após um ataque de *ransomware* foram examinados neste capítulo. A recuperação da infraestrutura de rede, da segurança de TI, dos *hosts* de máquina virtual, dos serviços em nuvem, dos sistemas de *backup*, clientes, servidores, aplicações e serviços e a condução de testagem unitária em cada um antes de avançar para a implementação mais ampla também foram aspectos discutidos. As reconstruções e recuperações em sistemas Microsoft Windows foram abordadas em mais detalhes, o mesmo valendo para o Microsoft Active Directory, já que costumam estar envolvidos em ataques de *ransomware*.

No Capítulo 10, "Próximos passos", você acompanhará o que as vítimas precisam fazer para prevenir e mitigar outro ataque de *ransomware*. O foco do capítulo recairá em algumas mudanças gerais de paradigma, bem como em certas táticas específicas capazes de beneficiar qualquer um interessado em segurança cibernética.

10

Próximos passos

Um ataque de *ransomware* é um sinal de alerta, pois indica que você tem ao menos uma grave vulnerabilidade na sua defesa de segurança computacional, mas provavelmente muitas outras. Este capítulo discute ideias que podem ser úteis para organizações vítimas no rescaldo de um ataque de *ransomware*, concentrando-se em algumas mudanças de paradigma necessárias e algumas táticas específicas para beneficiar qualquer um interessado em cibersegurança.

MUDANÇAS DE PARADIGMA

Oitenta por cento das vítimas de *ransomware* sofrem múltiplos ataques (https://blog.knowbe4.com/80-of-ransomware-victim-organizations-experience-a-second-attack). Um evento realmente danoso de *ransomware* que cause grave interrupção operacional representa uma chance de reexaminar toda a sua estratégia de cibersegurança. A maioria dos encarregados por essas defesas conta com sistemas ineficientes, voltados para aspectos equivocados e que não alocam o grosso de seus esforços onde realmente são necessários. Esta seção examina as prováveis mudanças de paradigma necessárias nas defesas computacionais da maioria das vítimas de *ransomware*. Talvez você seja uma das poucas vítimas que já encampam essas práticas; caso não seja, leia atentamente o que há por vir. Este capítulo reforça e leva adiante algumas das ideias e recomendações já apresentadas no Capítulo 2, "Prevenção de *ransomware*".

Implementação de uma defesa embasada por dados

Imagine dois exércitos, um bom e outro ruim, que travam a mesma guerra há décadas. O exército ruim está constantemente vencendo batalhas no flanco direito e vem fazendo isso há anos. Em batalhas do mundo real, o bom exército, ao perceber pontos fracos no flanco direito, decidiria arregimentar mais soldados e recursos para aquele lado, a fim de contrabalançar o contínuo sucesso do inimigo. A bem da verdade, em uma guerra real, o bom exército não pararia de arregimentar recursos adicionais ao flanco direito até se tornar impenetrável ou então finalmente perder a guerra.

No entanto, na guerra virtual que está sendo travada contra os computadores corporativos atuais, ao saberem que o flanco direito está constantemente sendo derrotado, encarregados pelas defesas cibernéticas inexplicavelmente espalham tropas defensivas por quase todo o fronte. Às vezes, colocam mais tropas e recursos no flanco esquerdo e no meio, e outras vezes empilham verticalmente os soldados, pois ouviram falar de um ataque teórico vindo do ar contra o qual precisam se defender. Todos os envolvidos podem ver que estão perdendo por causa da batalha sendo travada no flanco direito, chegam a reclamar disso, mas então reagem fazendo de tudo, exceto enfrentando a ameaça no flanco direito.

Em uma guerra real, se você não pudesse fazer os generais combaterem no flanco direito, os substituiria. Infelizmente, no universo computacional, os generais substitutos seguem igualmente propensos a se concentrar em qualquer coisa, menos no flanco direito, assim como faziam seus predecessores. Se para você essa parece uma péssima maneira de conduzir uma guerra, você está certo.

Se não gostou dessa alegoria bélica, imagine um proprietário que mora em uma casa que é alvo constante de invasores que entram pela janela ao lado da porta. Em resposta, o dono da casa compra mais cadeados para a porta, pois ouviu falar que a maioria das invasões acontecem porque as portas não têm cadeados suficientes. Ou então ouviu falar que cadeados tradicionais não são inteligentes, nem tecnológicos o bastante. Assim, ainda que os melhores indícios diretos indiquem que o problema está na janela, o dono da casa faz uma melhoria na defesa errada. Tanto invasores de domicílios quanto *hackers* só têm a agradecer por tamanha falta de foco.

A maioria dos leitores reconhecerá partes de suas empresas nessas alegorias. Poderia parecer a opção mais natural do mundo combater aquelas coisas que mais lhe estão causando danos, mas a maioria dos protetores cibernéticos não instala as defesas certas nos locais certos e nas quantidades certas contra as ameaças certas.

> **Magnum opus**
> As ideias e conceitos recomendados no livro *A Data-Driven Computer Security Defense*, também de minha autoria, devem subjazer a todas as defesas. O livro está disponível em: `https://www.amazon.com/Data-Driven-Computer-Defense-Way-Improve/dp/1092500847`.

São inúmeras as razões pelas quais os defensores cibernéticos não se concentram nas maiores ameaças. Em primeiro lugar, existem dezenas de milhares de ameaças. Apenas em 2020, 18.103 vulnerabilidades precisaram receber *patches* (`https://cyber-reports.com/2021/02/21/highest-number-of-vulnerabilities-disclosure-reported-in-2020/`). Ainda que esse tenha sido um ano-recorde em termos de vulnerabilidades, como mostra a Figura 10.1, o surgimento de milhares de novas vulnerabilidades a cada ano é uma tendência que persiste há um bom tempo.

A infinidade de ameaças vem apenas se somar a muitas dezenas de milhares de adversários humanos e a dezenas de milhões de programas de *malware*, que podem estar tentando invadir a sua organização todos os dias. Trata-se de uma avalanche de ameaças.

Em segundo lugar, há infindáveis fornecedores e interessados em competir pela atenção de quem busca por defesa cibernética. Toda empresa de segurança computacional deseja convencer esses potenciais clientes de que seu produto é a resposta a todas as suas preces de segurança. Muitas delas intencionalmente elevam os níveis de temor em torno do problema que seu produto visa a mitigar, já que é mais fácil fechar vendas quando os potenciais clientes estão morrendo de medo. O resultado dessa avalanche de narrativas concorrentes é que quem busca por defesas cibernéticas se vê tonto em meio a tantos tipos diferentes de ameaças e não sabe ao

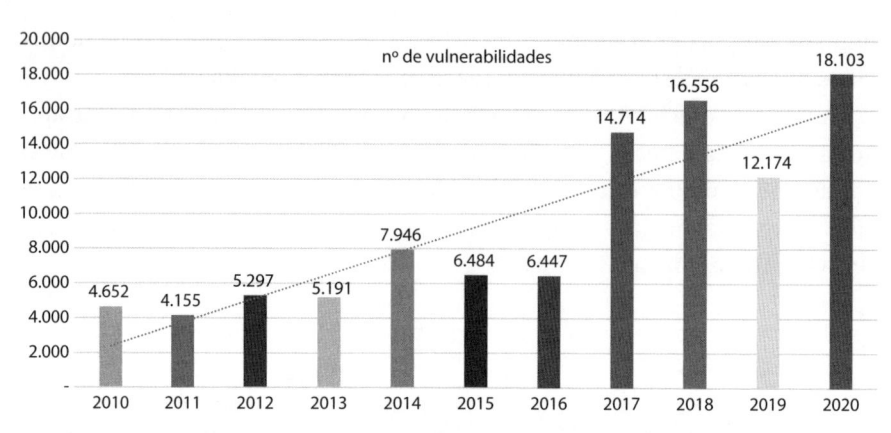

Figura 10.1. Números de novas vulnerabilidades anunciadas a cada ano.

certo em quais deveria se concentrar. O problema só piora a cada guia de segurança computacional e regulamentação que eles leem ou aos quais precisam obedecer, nas quais descobrem que devem lidar com mais de 100 controles de segurança diferentes, todos ao mesmo tempo. As maiores ameaças e os riscos específicos para seu caso muitas vezes se perdem, no afã de fazer tudo ao mesmo tempo. É essa falta de foco quanto às ameaças e riscos mais prováveis e danosos que leva a defesas computacionais ineficientes. O que fazer, então, para corrigir isso? Que bom que você perguntou.

Concentre-se nas causas-raiz

A melhor medida isolada que você pode tomar para reforçar as defesas computacionais é se concentrar nas causas-raiz dos *exploits* iniciais que permitiram que um *ransomware* (ou outros *hacker* ou *malware*) invadisse dispositivos no seu ambiente, a fim de empregar as mitigações certas para prevenir o próximo ataque. Como vimos no Capítulo 2, há nove diferentes causas-raiz que respondem por todos os ataques de *hackers* e *malware*. Vamos repeti-las então:

- *bug* de programação (com *patch* disponível ou indisponível);
- engenharia social;
- ataque de autenticação;
- erro humano/má configuração;
- escuta não autorizada/ataque *man-in-the-middle* (MitM);

- malformação de tráfego de dados/rede
- ataque de agente interno;
- problema de confiança em terceiros (cadeia logística/fornecedor/parceiro/ataque de *watering hole*, etc.);
- ataque físico.

Descubra quais causas-raiz são as ameaças mais prováveis no seu ambiente e mitigue-as em primeiro lugar e da melhor forma possível. Cada vez que *malware* ou *hackers* forem descobertos e removidos do seu sistema, faça o melhor para identificar como foram parar dentro do seu ambiente. Como foi que se infiltraram nos dispositivos onde foram encontrados? Identifique as causas-raiz e concentre-se nelas. O *ransomware* não é o seu problema, é o resultado do seu verdadeiro problema.

Prepare uma lista de prioridades

O mundo da defesa computacional está cheio de listas sem *ranking* de prioridades. É comum receber um rol de itens desordenados e a instrução de consertá-los ou implementá-los. Pare de aceitar listas sem ordem de prioridades. Em vez disso, peça que cada lista seja ranqueada de acordo com a contribuição de cada item para a melhoria das suas defesas, e então passe a trabalhar nesses aspectos de maior impacto.

Quando alguém lhe disser para fazer algo, pergunte-se se aquele é o melhor uso do seu tempo ou se há outra coisa que contribuiria mais para sua defesa computacional. Se esse for o caso, brigue (respeitosamente) para fazer essa outra coisa.

Eis um exemplo: nos Estados Unidos, o National Institute of Standards and Technology (NIST), que eu adoro, divulgou o seguinte documento sobre diretrizes contra *ransomware* para apreciação: "Preliminary Draft NISTIR 8374, Cybersecurity Framework Profile for Ransomware Risk Management" (`https://csrc.nist.gov/CSRC/media/Publications/nistir/draft/documents/NIST.IR.8374-preliminary-draft.pdf`). O documento listava oito recomendações específicas para prevenir exploração por *ransomware*. Em ordem, são as seguintes:

1. mantenha os sistemas atualizados e rode revisões de atualizações periodicamente;

2. conceda permissão apenas para aplicativos que tenham sido pré-autorizados por profissionais de cibersegurança ou de TI;
3. restrinja o uso de dispositivos pessoais em redes corporativas;
4. promova sempre que possível o uso de contas comuns de usuário, em vez de contas com privilégios administrativos;
5. evite usar aplicativos e *software* não corporativos, como *e-mail* pessoal, *chat*, clientes de redes sociais em dispositivos corporativos;
6. tome cuidado com fontes desconhecidas – não abra arquivos nem clique em *links* vindos de fontes assim, a menos que tenham passado por uma varredura de antemão;
7. bloqueie o acesso a *sites* de *ransomware* já identificados usando ferramentas específicas para isso;
8. sempre use antivírus e configure-o para automaticamente escanear *e-mails* e *pendrives*.

O *exploit* número um empregado por programas de *ransomware* para invadir dispositivos é a engenharia social. Os últimos três itens dessa lista podem mitigar esse problema, embora o sexto, que envolve treinamento em conscientização de segurança, seja o mais propenso a ter um grande impacto na redução de risco de *ransomware*. Excetuando-se o emprego de autenticação multifatorial e uma política de senhas fortes, que também são medidas úteis para prevenir ataques de *ransomware*, essa lista coloca nas últimas posições as recomendações com maiores chances de diminuir os riscos. As gangues de *ransomware* adoram quando isso acontece. Se essa lista fosse embasada em dados e ranqueada por critério de risco, apresentaria essas três recomendações no seu início e colocaria a sexta em primeiríssimo lugar.

Obtenha e coloque em uso bons dados

Faça as perguntas certas. Caso não disponha dos dados para respondê-las, tente obtê-los. Valorize mais a experiência específica da sua organização frente ameaças do que relatórios a respeito das experiências de outrem. Muitas vezes, os dados estão lá, mas não há ninguém para coletá-los ou analisá-los. Em outras ocasiões, os dados não estão lá, mas não seria difícil obtê-los. Comece a usar dados e métricas para embasar as soluções de segurança. Não aceite intuições e experiências episódicas como o embasamento primordial. Em vez disso, colete o máximo de dados adequados que conseguir e use-os como base para projetos e soluções.

Não tarde em prestar atenção nas ameaças crescentes

Todas as ameaças de cibersegurança passam por altos e baixos, de ganho de popularidade a perda de popularidade, e assim por diante. As ameaças às vezes estão correndo na frente das tecnologias emergentes e às vezes atrás. Use seus dados de inteligência nesse âmbito para determinar a frequência com que diferentes ameaças e riscos estão ocorrendo e obtendo sucesso em explorar seu ambiente. Registre quais são as ameaças crescentes, pois muitas vezes costumam se tornar grandes problemas. Nossa resposta a ciberameaças emergentes geralmente é reacionária, mas quanto antes percebermos um problema crescente e começarmos a abordá-lo, melhor.

Faça todos remarem para o mesmo lado

Uma vez que você tenha identificado as maiores ameaças a seu ambiente, comunique essa informação a todos dentro da organização. Não se pode ter uma defesa eficiente de segurança cibernética sem que todos conheçam os principais problemas e sem que sejam convidados a participarem da sua mitigação. Desse modo, o primeiro passo é assegurar que todos conheçam os principais problemas, e o segundo passo é informar o que será feito para mitigá-los.

O terceiro passo é seguir comunicando todos sobre as principais ameaças, incessantemente, até que elas deixem de ser as principais, momento em que você passará a se concentrar na próxima grande ameaça. Foque nas principais ameaças, quaisquer que sejam, e mude o foco assim que elas também mudarem.

Estranhamente, existe no universo da computação a ideia de que não se pode dizer a mesma coisa várias vezes às pessoas. Quando *e-mails* de *phishing*, por exemplo, representam a principal ameaça (o que é bem provável nos dias de hoje), a maioria das organizações faz circular uma *newsletter* de cibersegurança ou um anúncio alertando os usuários finais sobre isso, mas deixa de compartilhar o mesmo comunicado da próxima vez. Em vez disso, elas escolhem outro assunto a ser comunicado, como certificados digitais malformados atacando bancos em países estrangeiros.

Essa circular não tem qualquer impacto sobre as ameaças à espreita da organização, mas o departamento de comunicação se sente na obrigação de compartilhar algo diferente dessa vez, para que os destinatários não fiquem entediados.

Isso é loucura! Uma vez que você identificou qual é de fato sua principal ameaça, cabe à equipe de redução de riscos discutir o assunto incansáveis vezes para que todo mundo deposite seu foco nele. Tudo mais não passa de um exercício em ineficiência e, para retomar as alegorias anteriores, é o mesmo que se concentrar no flanco esquerdo em vez de no flanco direito, ou nas portas em vez de nas janelas. É essa falta de foco sobre as principais causas-raiz que permite que *hackers* maliciosos e *malware* sejam tão bem-sucedidos. Contra-ataque! Foco, foco, foco.

Concentre-se em mitigar a engenharia social

Por mais de 30 anos, as principais ameaças têm sido engenharia social e *software* sem *patches*. Conforme vimos no Capítulo 2, problemas com senhas também estão entre as principais ameaças (voltaremos ao tema mais adiante neste capítulo). Seja como for, você precisa se concentrar naquelas que são as principais ameaças ao ambiente da sua organização. Se você não sabe quais são elas, concentre-se em primeiro lugar na engenharia social, depois nos *patches* de *software* e depois em questões envolvendo senhas. Tudo mais deve ficar em segundo plano em termos do seu foco em mitigar esses problemas. O risco de segurança computacional da maioria das organizações seria reduzido e combatido da melhor forma a partir de um foco redobrado nesses três itens acima de todos os demais.

A maioria das organizações poderia mitigar a maior parte dos riscos que enfrentam ao se concentrar o mais possível na mitigação de engenharia social. Isso inclui a implementação de todas as políticas, controles técnicos e treinamento para combater da melhor forma essa praga.

> **Um *ebook* abrangente sobre o combate à engenharia social**
>
> Como mencionado no Capítulo 2, preparei um *ebook* abrangente para meu empregador, KnowBe4, que cobre tudo aquilo que me veio à cabeça para mitigar engenharia social. O livro pode ser encontrado em `https://info.knowbe4.com/comprehensive-anti-phishing-guide`.

Acompanhe de perto os processos e o tráfego de rede

Está claro que programas de *ransomware* frequentemente hibernam por meses sem serem detectados na maioria dos ambientes que invadem. Todas as organizações devem se esforçar mais para inventariar, rastrear e lançar alertas sobre processos computacionais e tráfego de rede anômalos. A melhor defesa seria implementar programas de controle de aplicativos que impedem que qualquer processo não aprovado seja rodado. Com isso, é possível reduzir significativamente os riscos de ataques maliciosos a uma organização.

Infelizmente, pode ser difícil implementar um controle rigoroso de aplicativos, o que exige bastantes recursos e pode acabar gerando muita indignação por parte de gestores e usuários finais, caso não seja executado adequadamente (o que acontece com frequência). Nesses casos, pode ser recomendável pelo menos implementar qualquer programa de controle de aplicativos ou de detecção e resposta em *endpoint* (EDR) capaz de rastrear processos e tráfego de rede. O crucial é investigar todo e qualquer novo processo e conexão de tráfego de rede até que se comprove sua legítima necessidade. Embora isso não seja fácil de fazer, a ausência de um mecanismo como esse é o que explica o sucesso de muitos ataques de *ransomware*. Se você quer mesmo impedir que programas de *ransomware* façam estragos por toda a sua organização, seja proativo e implemente uma detecção de anomalia de processos e tráfego de rede.

APRIMORE A HIGIENE CIBERNÉTICA EM GERAL

Em sua maioria, as organizações poderiam reduzir significativamente seu risco de serem atacadas por *ransomware* (ou por qualquer *malware* ou *hackers* maliciosos) ao aprimorarem sua **higiene cibernética** em geral. O termo higiene é usado como uma metáfora dos benefícios advindos de tomar banho, escovar os dentes, cuidar da dieta e tudo mais que é visto como um dos melhores indicadores de saúde a longo prazo em humanos. A seguir, examinaremos algumas recomendações comuns no âmbito da higiene cibernética.

Use autenticação multifatorial

A autenticação multifatorial (*multifactor authentication* [MFA]) exige que um usuário forneça ao menos dois tipos de prova de propriedade de uma identidade digital para se autenticar em determinado sistema de controle de acesso. A MFA pode se dar de várias formas, incluindo dispositivos de *hardware*, programas de *software* e aplicativos de telefone. Vale ressaltar que alguém que use MFA não está necessariamente livre de *hackers*, e qualquer solução MFA isolada pode ser hackeada ou driblada por invasores. No entanto, sua adoção reduz significativamente algumas formas comuns de *hacking*. Se houver, por exemplo, uma tentativa de *phishing* da sua senha e se você estiver usando MFA além de nome de usuário e senha, você não será enganado por um truque manjado de engenharia social. Desse modo, sempre que possível você deve usar MFA para proteger sistemas que contêm dados confidenciais. Infelizmente, menos de 2% dos sistemas e *websites* costumam permitir o uso de MFA em seu processo de *logon*. Ainda assim, quando possível, o uso de MFA reduz significativamente algumas formas de *hacking* malicioso e *malware*, incluindo ataques de *ransomware*.

Tenha em mente, contudo, que o uso de MFA não é uma panaceia absoluta contra todo e qualquer ataque *hacker* malicioso e *malware*, nem é garantia de que seu sistema não será comprometido dessa forma; ele meramente reduz essa probabilidade. Todos os usuários de MFA devem ser educados quanto ao tipo de solução que estão usando e quanto às estratégias para driblar essa proteção.

> **Como a MFA pode ser hackeada**
>
> O livro *Hacking Multifactor Authentication* examina a MFA em detalhes, como pode ser hackeada e o que admins, desenvolvedores e usuários podem fazer para torná-la mais segura. Você pode encontrar esse livro, também de minha autoria, em `https://www.wiley.com/en-us/Hacking+Multifactor+Authentication-p-9781119650805`.

Use uma política de senhas fortes

Existem alguns tipos mais comuns de ataques a senhas, incluindo os seguintes:

- adivinhação de senhas;
- furto de senhas;
- furto de *hash* de senhas;
- solicitação direta para que o usuário informe a sua senha;
- reconfiguração de senha ou contorno não autorizado de *logon*.

> **Tudo que você deseja saber sobre ataques e defesas de senhas**
> Esmiucei o tema de ataques e defesas de senhas em detalhes em um webinário de uma hora de duração, que está disponível em https://info.knowbe4.com/pesky-password-problem.

A partir da minha experiência pessoal, acabei conhecendo bastante sobre o tema de ataques e defesas de senhas, e eis a política de senhas que eu recomendo:

- use MFA sempre que possível;
- quando MFA não for uma opção, use gerenciadores de senhas para criar senhas únicas, aleatórias e tão longas quanto possível para cada *website* ou domínio de segurança;
- se gerenciadores de senhas forem inviáveis, use como senhas expressões longas e simples;
- use senhas de no mínimo 12 caracteres, ou de no mínimo 16 caracteres se você estiver preocupado com adivinhação de *hash* de senhas, além de bloqueio de contas a partir de certo número de tentativas;
- altere todas as senhas pelo menos uma vez por ano, e altere senhas empresariais a cada 90 ou 180 dias;
- habilite bloqueio de contas sempre que possível;
- não reutilize as mesmas senhas para diferentes *websites* ou serviços;
- não utilize senhas comuns demais (tais como "123456", "senha", "qwerty", etc.).

Quem quer que busque defesas computacionais seguras deve seguir essas recomendações de política de senhas o mais à risca possível, a fim de diminuir os riscos de segurança cibernética. A seguir são listados artigos (em sua maioria escritos por mim) a respeito de ameaças a senhas, defesas e políticas:

- Qual deve ser sua política de senhas e por que, e outras frustrações sobre o tema (https://www.linkedin.com/pulse/what-your-password-policy-should-why-other-roger-grimes).
- Perguntas e respostas sobre política de senhas (https://blog.knowbe4.com/qa-with-data-driven-evangelist-roger-grimes-on-the-great-password-debate).
- Qual é a política de senhas certa? (https://blog.knowbe4.com/what-is-the-right-password-policy).
- E se a MFA não barrar todos os *hackers*? (https://www.linkedin.com/pulse/why-doesnt-mfa-stop-hacking-roger-grimes).
- Os melhores gerenciadores de senhas – artigo da revista Wired (https://www.wired.com/story/best-password-managers/).
- Seu gerenciador de senhas pode ser hackeado? (https://www.linkedin.com/pulse/can-your-password-manager-hacked-roger-grimes).

Proteja filiações a grupos elevados

Todo sistema operacional e toda rede contam com um ou mais grupos de privilégios elevados predefinidos. No Microsoft Windows, os grupos de privilégios elevados locais são Administradores e Power Users (estes últimos estão se tornando obsoletos). Em redes Microsoft Active Directory, esses grupos são Administradores, Admins de Domínio, Admins Corporativos e Admins de Esquema (e mais um punhado de outros grupos de privilégios elevados). Em computadores Apple, Linux e BSD o nome dado é *root*.

Faça o seu melhor para limitar a quantidade de membros permanentes em qualquer grupo de privilégios elevado. Quanto menos pessoas tiverem filiação elevada, menores serão seus riscos de segurança cibernética. Os melhores sistemas de autenticação e controle de acesso gerenciam quem pertence a esses grupos, minimizando filiações permanentes e adicionando membros somente quando necessário. Todas as instâncias de filiação elevada devem ser monitoradas de perto e restringidas quanto aos locais em que podem ser usadas. Membros de Admin de Domínio, por exemplo, devem se logar somente em controladores de domínio. Qualquer *log* de Admins de Domínio em outro local deve ser considerado um risco elevado e desnecessário. Os privilégios e permissões elevados concedidos individualmente devem ser os mínimos necessários para cada pessoa poder cumprir as tarefas imediatas diante de si.

Aprimore o monitoramento de segurança

A maioria das organizações poderia perceber mais cedo eventuais explorações por *ransomware* caso estivessem prestando atenção em eventos incomuns em seus *logs* de eventos de segurança. Todas organizações devem definir eventos que podem indicar atividade maliciosa ou ao menos desencadear investigações adicionais capazes de gerar alertas e atividades de resposta caso os riscos sejam confirmados.

Proteja o PowerShell

O Microsoft PowerShell é muitas vezes usado por *hackers* e *malware* para atividades maliciosas. O PowerShell é a linguagem preponderante de *scripting* da Microsoft. Caso seja desabilitado por completo, pode causar perturbações operacionais ou no mínimo desacelerar tarefas legítimas. Em vez de fazer isso, coloque o PowerShell em modo restrito ou em outro modo que exija que seus *scripts* sejam assinados por uma entidade da sua confiança.

Por definição, existem cinco modos de execução do PowerShell:

- **Restricted:** o modo predefinido. Nenhum *script* automatizado pode ser rodado. O PowerShell só pode ser usado em modo interativo se um usuário digitar os comandos.
- **Unrestricted:** sem quaisquer restrições. Todos os *scripts* Windows PowerShell podem ser rodados.
- **AllSigned:** somente *scripts* assinados por um desenvolvedor confiável podem ser rodados.
- **RemoteSigned:** *scripts* baixados precisam ser assinados por um desenvolvedor confiável antes que possam ser rodados.
- **Undefined:** nenhuma política de execução foi setada.

Certifique-se de que seu ambiente PowerShell está setado em Restricted ou em um dos modos que exigem código assinado. A seguir são listados dois *links* que abordam questões de segurança no PowerShell:

- `https://docs.microsoft.com/en-us/powershell/ module/microsoft.powershell.core/set-strictmode? view=powershell-7.2`
- `https://winaero.com/change-powershell-execution -policy-windows-10`

Proteja os dados

A vasta maioria dos programas de *ransomware* procura exfiltrar seus dados. Tudo que você puder fazer para impedir que seus dados sejam exfiltrados deve ser explorado. As opções de proteção de dados incluem as seguintes:

- programas desenvolvidos especificamente para prevenir exfiltração não autorizada de dados;
- bases de dados criptografadas (sobretudo por criptografia de nível de campo);
- *wrappers* de dados;
- visualização de dados virtualizada;
- dados conteinerizados;
- ferramentas de prevenção de vazamento de dados;
- acesso condicional.

Um exemplo de acesso condicional é o Acesso Controlado a Pastas em ambientes Microsoft. Se estiverem trabalhando em Microsoft Windows 10/Microsoft Windows Server 2019 ou posterior, administradores podem declarar quais pastas devem ser protegidas pelo Acesso Controlado a Pastas, para então definir quais aplicativos confiáveis têm acesso permitido. Qualquer programa não declarado, como *ransomware*, não conseguiria ter acesso aos dados. Embora isso não impeça o sucesso de todos os programas de *ransomware*, certamente barra a maior parte deles. Eis dois *links* relevantes sobre o assunto:

- https://docs.microsoft.com/en-us/microsoft-365/security/defender-endpoint/?view=o365-worldwide
- https://docs.microsoft.com/en-us/microsoft-365/security/defender-endpoint/enable-controlled-folders?view=o365-worldwide

É importante ressaltar que a prevenção de criptografia ou exfiltração de dados provavelmente não bastará para impedir o sucesso da média dos programas de *ransomware* e das gangues envolvidas. A criptografia de sistemas operacionais e de outros tipos de arquivos que não envolvem dados ainda assim pode corromper seu ambiente e causar problemas operacionais, mas ao menos você terá dificultado a vida das gangues de *ransomware* dispostas a exfiltrar dados. Espero que sistemas de proteção focados em dados como esse tornem-se mais numerosos e mais populares no futuro.

Proteja os *backups*

Proteja seus *backups* futuros contra *ransomware*. Esse tipo de programa muitas vezes deleta cópias de Sombra de Volume (Volume Shadow), deleta *backups on-line*, interrompe trabalhos de *backup* e emprega outros métodos para corrompê-los. Frente a isso, busque aplicar o método 3-2-1 para *backups*:

- certifique-se de que haja **três** cópias de todos os dados (versão original mais dois *backups*);
- armazene-os em no mínimo **dois** tipos diferentes de mídia;
- armazene **uma** cópia de *backup* em local separado e *off-line*, para que um invasor não tenha como corrompê-lo ou deletá-lo.

Como muitas soluções de *backup* permitem *logons* com MFA, adicione essa opção caso esteja disponível. Dentre todas essas recomendações envolvendo *backups*, a mais importante é armazenar uma cópia verdadeiramente *off-line*. Caso ainda seja possível que alguém acesse o seu *backup off-line* via algum método *on-line* e sem precisar se deslocar fisicamente para ter acesso aos dados, então o que você tem não é um verdadeiro "*backup off-line*".

Vale a pena observar que muitos serviços em nuvem, como Microsoft Azure, Dropbox, Google Drive, Microsoft OneDrive, etc., não são tão vulneráveis a *ransomware* quanto o armazenamento tradicional baseado em computadores. Arquivos armazenados em um serviço em nuvem com recursos "anti-*ransomware*" podem ser uma benção em caso de um verdadeiro ataque. Programas de *ransomware* ainda afetam arquivos armazenados em nuvem, mas esse tipo de serviço tende a respeitar a prevalência desse risco de ataque, oferecendo recursos fáceis e práticos de recuperação de dados. Consulte se seu fornecedor de serviços em nuvem oferece recuperação fácil em eventos de *ransomware* (e quais tipos de dados estão protegidos). Em um mundo repleto de *ransomware*, o uso de um fornecedor de armazenamento em nuvem pode fazer mais sentido do que nunca.

RESUMO

Este capítulo recomendou algumas mudanças gerais de paradigma e respostas táticas específicas que, se implementadas, reduzirão significativamente os riscos de segurança cibernética na sua organização. Isso inclui a implementação de defesa computacional embasada em dados, foco em causas-raiz, priorização de ameaças, obtenção de dados relevantes, atenção prévia a ameaças crescentes, decisão de remar para o mesmo lado, foco em engenharia social, uso de MFA, adoção de uma política de senhas fortes, proteção de filiação a grupos elevados, melhoria do monitoramento de segurança, proteção do PowerShell, proteção de dados e proteção de *backups*.

No Capítulo 11, discutiremos o que uma vítima não deve fazer caso seja atacada por *ransomware*.

11

O que não fazer

A maior parte deste livro é sobre o que fazer em caso de um ataque disseminado de *ransomware*. Neste capítulo, cada seção examinará explicitamente o que não fazer, a fim de ajudá-lo a evitar erros e concepções equivocadas comuns.

ACHAR QUE VOCÊ NÃO PODE SER UMA VÍTIMA

Antes de serem atacadas, muitas futuras vítimas assumem que são imunes a *ransomware*, na crença de que apenas as organizações mal protegidas são atacadas. Leem na imprensa sobre empresas que faziam um péssimo trabalho de *patching* de *software* ou que passaram anos sem perceber que havia um *ransomware* dentro da sua rede. A ideia de que todo mundo menos você está sendo atacado pode levar à conclusão prematura de que você deve estar fazendo a coisa certa e está imune a um ataque. Não cometa esse erro.

A maioria das vítimas também não achava que poderia ser alvo de *ransomware*. "Por que nos atacariam?" é uma pergunta comum. A resposta é que as gangues envolvidas estão atrás de dinheiro, e suas criptomoedas valem o mesmo que as de todo mundo. A maioria das organizações conta com uma segurança relativamente média, ou, traduzindo, uma proteção não lá muito boa. A maior parte delas implementa certos aspectos de segurança muito bem, outros razoavelmente e muitas outras coisas pessimamente. Tudo que um invasor precisa fazer é encontrar um único ponto fraco, tal como um funcionário que pode ser induzido a clicar em um ataque de *phishing* via *e-mail*, um aplicativo sem *patches* ou um portal de *logon* deixado desprotegido. Se as defesas não forem perfeitas, o invasor precisa apenas ser persistente.

Nunca suponha que você não pode ser atacado. Caso você ainda não tenha sido uma vítima de *ransomware*, sempre pode chegar um dia de azar... ou um mês.

ACREDITAR QUE AQUELA SUPERFERRAMENTA BARRA TODOS OS ATAQUES

Jamais ache que uma única ferramenta ou qualquer combinação de ferramentas de defesa computacional pode prevenir um ataque de *ransomware*. Muitas vezes escutamos um desenvolvedor de *software* alegar que sua metodologia de defesa é aquela que impedirá todos os ataques de *ransomware*. Se isso fosse verdade – que alguma ferramenta isolada é capaz de barrar todo e qualquer ataque de *ransomware* –, o mundo inteiro estaria indo bater na porta dessa empresa, que não precisaria então estar tentando convencer as pessoas a comprarem sua solução. Independentemente do que a empresa esteja prometendo, é bem provável que um ataque de *ransomware* já tenha acometido um ou mais de seus clientes.

TER CERTEZA EXAGERADA DE QUE SEU *BACKUP* É ADEQUADO

Após sofrerem um ataque, inúmeras vítimas de *ransomware* são apressadas demais em acreditar que seus *backups* as salvarão. Afinal de contas, eles têm mostrado sua qualidade há anos. No passado, seu *software* de *backup* já foi usado para restaurar arquivos e pastas sem problemas. E o pessoal de TI até já atestou a solidez e a confiabilidade dos *backups* quando chamados a opinar. Garantiram, inclusive, que tais *backups* encontravam-se *off-line* e fora de alcance de *hackers*. Como você não ficaria tranquilo sabendo de tudo isso?

Acontece que ter *backups* realmente confiáveis é mais difícil do que parece. Ao fazerem afirmações assim, muitas pessoas querem dizer que já conseguiram restaurar alguns arquivos e pastas e talvez um ou dois computadores inteiros. Contudo, praticamente nenhuma organização já tentou usar *backups* para restaurar todos os servidores e estações de trabalho ao mesmo tempo, como pode ser necessário em caso de *ransomware*. Mesmo quando os *backups* são seguros e confiáveis, a duração de uma restauração desse porte, abrangendo dezenas e dezenas de computadores, pode ser estimada em anos, ou mesmo milhares de anos, para ser completada. E isso se assumirmos que o *hacker* não deletou ou corrompeu de alguma forma os tais *backups*. Se você é capaz de chegar até seus *backups on-line*, o *hacker* também é.

Para assegurar que você possui um *backup* confiável e protegido, ele precisa ser testado no mínimo anualmente e replicando um cenário condizente com um ataque de *ransomware*. Ou seja, teste a restauração de dezenas e dezenas de servidores e computadores simultânea ou sequencialmente, a fim de colocar à prova o ambiente de restauração e de mensurar quanto tempo o processo leva e se é mesmo confiável. Muitas vezes, a restauração de um monte de sistemas acaba produzindo um monte de itens corrompidos, já que raramente todos os sistemas passam por *backup* exatamente no mesmo momento, o que causa erros de sincronização. Problemas com alguns servidores e serviços talvez possam ser solucionados, enquanto outros terão de ser reconstruídos.

Se você quer ter certeza absoluta e a paz de espírito de que seu *backup* é bom e confiável, deve contratar um testador de penetração para ver se ele é capaz de chegar até seu *backup* e, nesse caso, o que conseguirá fazer com ele (deletá-lo, corrompê-lo, etc.). Além disso, conduza uma restauração-teste do ambiente inteiro pelo menos uma vez por ano a partir de *backups off-line* ou superprotegidos. A maioria das organizações vítimas jamais chega a fazer isso, devido aos custos, pois realmente sai caro. Sendo assim, a menos que você conduza esse tipo de testagem rigorosa de *backup*, não caia na crença de que ele é sólido e confiável até que se prove o contrário.

TRABALHAR COM PROFISSIONAIS INEXPERIENTES NA RESPOSTA AO INCIDENTE

O momento de um ataque de *ransomware* não é o melhor cenário para profissionais inexperientes trabalharem em uma resposta. O que você quer é contar com pessoas que já passaram várias vezes por esse tipo de coisa. Diferentes programas e gangues de *ransomware* agem de modos distintos. Alguns praticam exfiltração de dados, outros não. Alguns inclusive alegam exfiltrar dados, mas nunca o fazem. A maioria das gangues que recebe o pagamento de resgate fornece as chaves de descriptografia, mas nem todas. Algumas chegam a fornecê-las, mas elas não funcionam direito. Algumas juram que não voltarão a atacar, mas acabam voltando. Algumas tentam infiltrar mais *ransomware* usando o programa de descriptografia. Algumas acabam aceitando um quarto do pedido inicial de resgate, enquanto outras só chegam a aceitar metade ou dois terços. Algumas rotineiramente pesquisam apólices de seguro cibernético para descobrir o máximo valor reembolsável pela seguradora, embora a maioria não o faça. Algumas afirmam que não aceitarão a criptomoeda Monero, mas mesmo assim acabam aceitando bitcoin mediante um ágio. Algumas dão dias para a vítima responder, enquanto outras dão semanas. E assim por diante.

Saber com quem você está negociando do outro lado é um aspecto importante da resposta a *ransomware*. Profissionais com experiência em incidentes de *ransomware*, especialmente na sua variante, valem os altos honorários que cobram, e vice-versa. Profissionais e negociadores inexperientes podem tornar as coisas ainda piores do que precisam.

NÃO COGITAR SERIAMENTE O PAGAMENTO DO RESGATE

Muitas vítimas juram de antemão que jamais pagarão um resgate. Tome cuidado para não deixar seu ego ou sua ética social se intrometer demais na questão. O não pagamento do resgate muito provavelmente acabará saindo mais caro, levando mais tempo e aumentando significativamente o risco de danos presentes e futuros. Muita coisa pode ser posta a perder por simplesmente ser contra o pagamento de resgate por questões morais.

Algumas organizações se recusam a pagar o resgate exigido porque sabem que possuem um *backup* bom e confiável a partir do qual poderão restaurar os dados criptografados. Lembre-se, porém, de que a maioria dos ataques envolve exfiltração de dados e credenciais, e o invasor pode vir a atacar seus funcionários e clientes e jogar a culpa em você.

Se sua decisão é não pagar o resgate simplesmente porque isso só faz encorajar ainda mais as gangues envolvidas, você tem razão. Sua decisão de pagar ou não pagar, no entanto, não vai alterar a economia geral da indústria de *ransomware*. Algo em torno de 40 a 60% das vítimas acaba pagando, e frente a isso a sua decisão pessoal não mudará a motivação dos *hackers*.

MENTIR À GANGUE DE *RANSOMWARE*

Já li sobre vítimas de *ransomware* que mentem aos invasores sobre coisas pequenas e grandes. Em geral, se a gangue de *ransomware* souber que você está mentindo para ela, o resultado não será positivo. Você deve supor que a gangue de *ransomware* já vem tendo acesso ao seu ambiente há meses, lendo seus *e-mails*, bisbilhotando suas declarações financeiras, olhando documentos e descobrindo quais são os tesouros da sua organização. Para começar, não minta para ela sobre quem é quem, pois isso já deve ser sabido. E não minta a respeito de seu faturamento, fluxo de caixa ou capacidade de endividamento. A gangue geralmente tem uma ótima ideia de tudo isso antes mesmo de lançar a parte visível do seu ataque. Por outro lado, embora você não deva mentir, tampouco precisa ser proativamente franco e aberto com suas informações. Não faça esforços para contar ao invasor coisa alguma que possa ser usada em sua vantagem.

Inversamente, às vezes a gangue está trabalhando com uma informação completamente equivocada. Já li sobre muitas delas que superestimam a capacidade financeira da vítima atacada em pagar um valor específico de resgate. Você precisa analisar a situação do ponto de vista dos invasores: eles leram suas declarações financeiras sem um olhar técnico e conhecedor sobre diferentes ramos de atuação de organizações. Eles podem não saber que a Exemplo S/A não passa de uma pequena subsidiária da muito mais rica Exemplo Multinacional, e que a empresa-mãe em hipótese alguma pagará um resgate altíssimo em nome da subsidiária menor.

Caso os criminosos tenham uma informação completamente errada, seja gentil e informativo ao corrigi-los. Não grite nem os insulte em sua resposta. Trate-os como você trataria uma criança ou um acionista que entendeu algo errado. Não há benefício em insultar seus invasores.

INSULTAR A GANGUE COM UMA CONTRAPROPOSTA ÍNFIMA COMO RESGATE

Muitas vítimas ficam chocadas ao verem o valor monetário exigido pela gangue de *ransomware*. Não sei ao certo o que elas esperavam, mas é óbvio que os representantes dessas vítimas tinham um valor bem mais baixo em mente. Com frequência, a contraproposta da vítima é muito menor do que a cifra originalmente exigida pelos criminosos. Já vi vítimas pechincharem por valores que não chegavam a um décimo do que fora exigido. Exceto em circunstâncias em que as gangues de *ransomware* podem ser convencidas de que cometeram um grave engano ao avaliar o patrimônio líquido da vítima, elas raramente baixam de um quarto a metade do valor originalmente pedido. Sugerir algo como um décimo ou menos parecerá um insulto e pode resultar em atribuições em uma relação já complicada. Mesmo que você planeje pagar menos que o resgate pedido da primeira vez, não comece as negociações solicitando que a gangue de *ransomware* aceite uma parcela ínfima desse valor.

Alguns mestres da negociação sugerem contrapropor valores baixíssimos de modo a dar um novo enfoque ao diálogo. Trata-se de uma tática comum entre eles, mas só funciona em cenários em que o proponente original tem pouquíssimas alternativas, como ao tomar pessoas como reféns. Mesmo um sequestrador que faz dezenas de pessoas reféns tem oportunidades muito estritas de obter o dinheiro exigido. Basicamente, precisará aceitar o que conseguir, pois o risco de uma nova transação é bem difícil de suportar.

Em contrapartida, as gangues de *ransomware* têm incontáveis outras vítimas em potencial e quase nenhuma chance de serem punidas. A atual transação é de baixo risco, assim como é a próxima e a próxima... Ao negociar, uma gangue de *ransomware* não está em uma situação de pegar ou largar. Na verdade, ela tem motivação praticamente nula de aceitar uma redução drástica no valor do resgate. Além do mais, tal aceitação alimentaria uma reputação de quem sempre aceita um pagamento bem mais baixo do que o exigido, e nenhuma gangue de *ransomware* quer ter essa fama.

PAGAR O VALOR INTEIRO DE CARA

Por outro lado, nunca pague o valor total do resgate logo na primeira exigência. Já li transcrições de muitas negociações envolvendo vítimas de *ransomware* em que a gangue pediu certo valor e a vítima imediatamente assentiu. Você pode até fazer isso, mas aumentará o risco de que a gangue venha a inventar um pretexto para pedir mais dinheiro, talvez alegando que o pedido original era referente apenas a algumas das chaves de descriptografia. Além disso, a maioria das gangues de *ransomware* está sediada em países estrangeiros onde negociações envolvendo grandes somas de dinheiro são a norma. Não há problema algum em oferecer pagar um quarto ou metade da soma original sugerida. Você não estará insultando os criminosos, e tampouco os fará pensar que deviam ter pedido mais.

DISCUTIR COM A GANGUE DE *RANSOMWARE*

De uma vez por todas: não insulte a gangue de *ransomware*. Você não faz ideia da quantidade de vítimas que acabam insultando a gangue com que estão conversando. E dá para entender. Você está sendo extorquido por uma gangue que está tentando roubar seu dinheiro, o que é revoltante. Você está indignado! No entanto, você só diminuirá as chances de chegar a um desfecho satisfatório se começar a insultar os criminosos.

Para chegar ao melhor dos desfechos, seja amigável e não antagonista. Descarregue emoções negativas junto à sua equipe. Mantenha-se calmo, equilibrado e cortês ao dialogar com a gangue de *ransomware*.

APLICAR CHAVES DE DESCRIPTOGRAFIA NA SUA ÚNICA CÓPIA

Ao experimentar pela primeira vez o processo ou as chaves de descriptografia, não os aplique diretamente em servidores, estações de trabalho ou dados criptografados se essas forem suas únicas cópias desses elementos. Já aconteceu de processos ou chaves de criptografia acabarem corrompendo os dados criptografados devido a algum erro. Tudo que você não precisa é botar a perder sua única cópia dos dados. Por isso, faça um *backup* dos dados criptografados, restaure-os em um local seguro e experimente seu processo de descriptografia ali.

NÃO DAR IMPORTÂNCIA À CAUSA-RAIZ

A fim de barrar incursões futuras de *ransomware* e de *hackers*, você precisa fortalecer todas as brechas pelas quais eles podem entrar no seu sistema. Muitas vítimas de *ransomware* se veem atarefadas demais tentando se recuperar de um ataque de *ransomware*, não dedicando atenção a como tudo começou. Pode parecer desanimador ou impossível descobrir como o *ran-*

somware conseguiu entrar no ambiente, mas isso pode ser feito com uma análise dos arquivos de *log* e algumas pesquisas, além de alguns palpites bem-embasados. Já vi muitas vítimas perguntarem aos criminosos, depois do pagamento do resgate, como eles conseguiram entrar em seu ambiente, e às vezes os criminosos são honestos e acabam contando. Outras vezes respondem que não sabem ao certo, pois apenas compraram o acesso ou uma senha junto a outra gangue. Não custa perguntar. Vítimas que não descobrem qual foi o método inicial, a causa-raiz, do ataque de *ransomware* são mais propensas a serem vitimadas novamente por esse tipo de ataque, sobretudo se não pagaram o resgate.

MANTER O PLANO DE RESPOSTA A *RANSOMWARE* APENAS *ON-LINE*

Parta do princípio de que todo o seu ambiente *on-line* ficará inoperante em caso um incidente de *ransomware*. Como você acessará seu plano de resposta se ele estiver armazenado apenas *on-line*? Certifique-se de que o plano também esteja armazenado fora de rede e/ou em papel, de tal modo que todos os membros básicos da equipe consigam acessá-lo caso necessário durante um evento de *ransomware*.

PERMITIR QUE UM MEMBRO DA EQUIPE HAJA POR CONTA PRÓPRIA

Não é incomum que algum membro da equipe de resposta a *ransomware* queira bancar o herói. Muitas vezes, um membro bem-intencionado tenta ser "útil" tomando medidas adicionais por conta própria. Vejamos alguns exemplos desse tipo de atitude:

- Conversas com a imprensa ou com outras partes interessadas antes que comunicações externas sejam aprovadas ou vazamento por pessoas não autorizadas.
- Múltiplos negociadores, de modo que o negociador principal não sabe que outras negociações estão sendo conduzidas por outro membro.
- Ligações para especialistas externos que não assinaram um acordo de sigilo.

- Tentativas de descriptografia ou recuperação em sistemas de produção que acabam destruindo provas.

Tais atitudes raramente são úteis e podem aumentar a vulnerabilidade da organização vítima a riscos, sobretudo quando um representante legal oficial é que devia estar fazendo ligações, enviando *e-mails* e fazendo contatos a respeito do evento de *ransomware*.

ACEITAR UMA CLÁUSULA DE EXCLUSÃO DE ENGENHARIA SOCIAL NA APÓLICE DE SEGURO CIBERNÉTICO

Sou um fã dos seguros cibernéticos, mesmo agora que não são um negócio tão bom quanto eram alguns anos atrás. Seja como for, certifique-se de que sua apólice de seguro cibernético não contenha uma cláusula de exclusão em caso de eventos causados por engenharia social ou por erro de funcionário. Acontece que tais cláusulas estão se tornando cada vez mais comuns. Como a engenharia social é o método mais comum de ataque, permitir a inclusão de uma cláusula como essa equivale a afirmar que você não deseja uma apólice de cobertura completa que abranja o tipo mais provável de ataque. Um corretor de seguros bem informado e de qualidade deve ser capaz de identificar as várias necessidades do seu negócio e ajudar a encontrar a apólice e as seguradoras que possam satisfazê-las. Como as cláusulas de exclusão e os sublimites de uma apólice costumam variar bastante de uma organização para outra, um corretor que entende o seu ramo de atuação poderá ajudar a adequar e a customizar a sua cobertura.

RESUMO

Esse capítulo representou um breve resumo de alguns erros e problemas comuns que toda vítima potencial de *ransomware* deve evitar. Os temas gerais são: não insulte as gangues de *ransomware*, teste a descriptografia, encontre a causa-raiz do ataque e siga o plano de resposta a *ransomware*.

No Capítulo 12, discutiremos o tópico final: o futuro do *ransomware*.

12

O futuro do *ransomware*

Os capítulos anteriores examinaram modos de lidar com as ameaças atuais de *ransomware*. Este capítulo discutirá o futuro do *ransomware* e as possíveis defesas contra ele.

O FUTURO DO *RANSOMWARE*

Desde que comecei a atuar em segurança cibernética, as pessoas me perguntam se na minha opinião os incidentes de segurança cibernética vão piorar ou melhorar no próximo ano. A cada ano, prevejo que o seguinte será pior, e nunca errei. Os últimos anos foram especialmente árduos, e a coisa não está fácil por aí, então é difícil imaginar que possa piorar. Faz tempo que *hackers* e *malware* reinam livres pela internet, praticando atividades maliciosas sem medo de repercussão. Um *hacker* malicioso provavelmente tem mais chances de ser fulminado por um raio do que preso por um crime cibernético. Talvez seja um exagero estatístico da minha parte, mas dá para ter uma ideia.

Lembro de ter pensado nos idos de 2019 – enquanto ataques de *ransomware* derrubavam organizações inteiras, incluindo empresas de seguro cibernético, hospitais, delegacias e até múltiplas prefeituras – "Como é que o *ransomware* ainda pode piorar?". E piorou. Ao final de 2019, o *ransomware* começou a rotineiramente exfiltrar dados, a exfiltrar credenciais de autenticação (de empresas, funcionários e clientes), a ameaçar e extorquir funcionários e clientes, a praticar *spear phishing* contra parceiros comerciais e clientes e a humilhar publicamente as vítimas. Conforme abordado no Capítulo 1, "Introdução ao *ransomware*", trata-se de uma "extorsão em cinco frentes", que desde então tornou-se a norma, representando mais de 75% de todos os ataques de *ransomware*, se não mais. Desse modo, sigo me perguntando: "Como o *ransomware* poderia piorar?". Com base em três décadas de experiência e sabendo que nenhuma solução definitiva será implementada no futuro próximo, sei que a tendência é a situação piorar antes de melhorar.

Cedo ou tarde, como todas as ameaças cibernéticas populares anteriores (como macrovírus, *worms* de *e-mail*, vírus de setor de *boot*, etc.), o *ransomware* acabará se tornando coisa do passado ou ao menos uma incomodação menor para alguns defensores despreparados, mas deixará de ser a terrível ameaça que é hoje. Por ora, este é seu *status*, e a tendência é piorar no futuro próximo. "Como?" você pode estar se perguntando. É o que minhas especulações nas próximas seções tentarão mostrar.

Ataques além dos computadores tradicionais

No momento, o *ransomware* ataca quase exclusivamente dispositivos computacionais, sobretudo ambientes Microsoft Windows, embora estejam surgindo variantes que atacam computadores Apple e Linux. Creio que veremos o *ransomware* ir além dos computadores de mesa, passando a atacar dispositivos móveis, Sistemas de Controle Industrial (Industrial Control Systems [ICSs]), Sistemas de Supervisão e Aquisição de Dados (Supervisory Control and Data Acquisition [Scada]), Controladores Lógicos Programáveis (Programmable Logic Controllers [PLCs]) e Internet das Coisas (Internet of Things [IoT]).

Até agora, as ameaças de *ransomware* contra esses tipos de sistemas não passaram de demonstrações ou eventos muito raros. Eis três exemplos de demonstrações de *ransomware* contra esses tipos de sistemas:

- O *ransomware* ClearEnergy busca destruir lógica de automação processual em infraestrutura essencial, Scada e sistemas de controle industrial (`https://securityaffairs.co/wordpress/57731/malware/clearenergy-ransomware-scada.html`).

- Pesquisadores criam o *ransomware* PoC, que ataca sistemas ICS e Scada (https://www.bleepingcomputer.com/news/security/researchers-create-poc-ransomware-that-targets-ics-scada-systems/).
- Prova de conceito de *ransomware* consegue trancar PLCs que controlam usinas de energia (https://boingboing.net/2017/02/14/proof-of-concept-ransomware-lo.html).

Fica claro, porém, que esses tipos de sistemas já estão definitivamente no radar tanto de cibercriminosos quanto de nações interessadas nesse tipo de ataque. Para esses sistemas serem afetados, os ataques nem precisam tê-los como alvos diretos, pois basta atacar os computadores ao seu redor para elevar os riscos a tal ponto que os sistemas não tradicionais precisam ser interrompidos. Foi isso que aconteceu no caso da Colonial Pipeline, por exemplo, cujo sistema de cobrança foi afetado, e não seus sistemas de controle. Depois de décadas temendo ataques contra esses tipos de sistemas, os últimos anos revelaram um vertiginoso aumento dos ataques bem-sucedidos, ou quase, contra infraestruturas essenciais e alvos industriais.

Empresas que usam ICS, Scada e PLC geralmente estão envolvidas em alguma espécie de produção essencial e sob grande pressão para permanecerem operacionais. Os ataques com repercussão pública contra grandes empresas de energia e alimentícias resultou em um rápido pagamento de resgates de altíssimo valor – e tais ataques sequer foram voltados diretamente para os sistemas não computacionais das vítimas. Imagine se fossem!

Acho que veremos verdadeiros ataques de *ransomware* a mais sistemas não tradicionais, pois eles estão mais diretamente envolvidos em operações e produções essenciais, além de serem mais vulneráveis e terem menos opções disponíveis para defesa. O mundo dos PCs está começando a ficar repleto de defesas contra *ransomware*. Já no mundo não PC, essas mesmas defesas passam longe. Os criminosos vão aonde o dinheiro está, e, como os computadores tradicionais estão cada vez mais protegidos contra *ransomware*, as gangues do ramo provavelmente passarão a visar sistemas menos protegidos, especialmente se os resgates puderem ser maiores e forem pagos mais depressa.

Regates envolvendo IoT

Já há mais dispositivos conectados à internet do que pessoas no planeta, e essa cifra não vai parar de crescer. A expressão da moda **Internet das Coisas** (IoT) foi cunhada para descrever dispositivos não computacionais que passaram a conter essencialmente computadores conectados à internet. Isso inclui câmeras de vigilância, torradeiras, dispositivos para localizar objetos, dispositivos para "casa inteligente", carros, geladeiras, televisões, etc.

Bruce Schneier, em seu livro *Click Here to Kill Everybody* (`https://en.wikipedia.org/wiki/Click_Here_to_Kill_Everybody`), afirma que no futuro próximo dispositivos de IoT serão tão onipresentes e baratos que será mais dispendioso alguém se abaixar para apanhar um que tenha caído no chão do que usar um novo (estou parafraseando). Ele provavelmente tem razão. Esse tipo de dispositivo estará por toda a parte e embutido em todo lugar. E conforme forem ganhando popularidade, serão cada vez mais alvo de *ransomware*.

Já houve casos de *ransomware* criptografando televisões inteligentes, como abordado no artigo `https://www.pcworld.com/article/3154226/ransomware-on-smart-tvs-is-here-and-removing-it-can-be-a-pain.html`, e no vídeo do YouTube em `https://www.youtube.com/watch?v=0WZ4uLFTHEE`. A Figura 12.1 exibe uma captura de tela de um evento real de *ransomware* em *smart* TV.

Você pode ver o que parece ser uma daquelas tentativas fajutas de *scareware* usando o FBI como fachada, conforme cobertas no Capítulo 1, exceto que um *reboot* na televisão não fez sumir o aviso. A recuperação envolveu resetar a televisão ao seu estado original de *firmware* (ou seja, *reset hard* de fábrica).

Depois que algumas instâncias dessas foram relatadas em 2016 e 2017, eu esperava ver uma epidemia de televisões mantidas reféns em troca de resgate, mas isso não aconteceu. Li sobre mais algumas delas vitimizadas, em sua maioria em países asiáticos, mas pareciam ser o mesmo aparelho: da LG Electronics rodando *software* de televisão Android da Google (`https://www.android.com/tv/`). Desde então, nada.

Meu palpite é que o *ransomware* em questão que atacou essas TVs era direcionado, na verdade, para aparelhos móveis Android, e apenas esse modelo de TV foi suscetível a esses cavalos de troia, devido ao *software* Android e aos componentes que compartilhavam. Além disso, TVs rara-

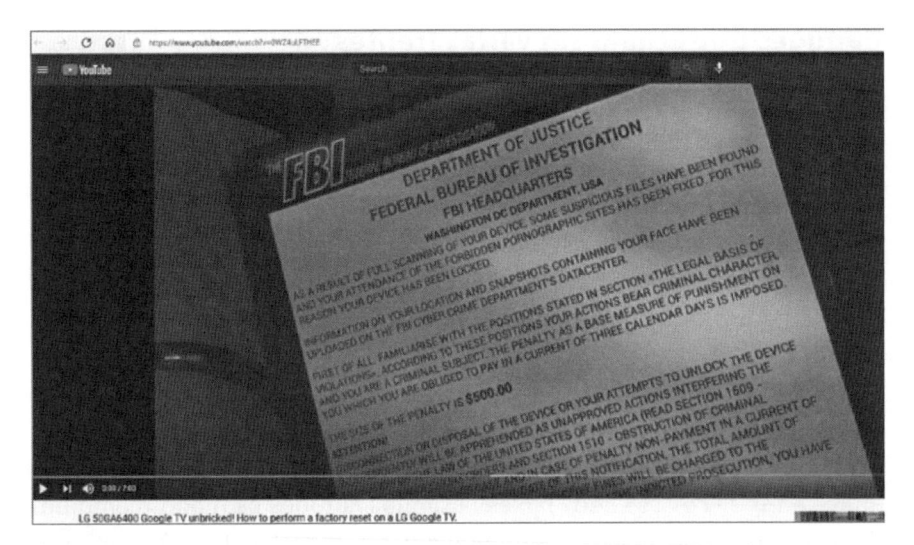

Figura 12.1. Captura de tela de vídeo do YouTube mostrando um evento de *ransomware* em uma televisão.

Obs.: Uma versão maior dessa figura está disponível para *download* em `www.wiley.com/go/ransomwareprotectionplaybook`.

mente armazenam coisas de grande valor (talvez um único cartão de crédito), o que tornaria as pessoas bem menos dispostas a pagar resgate. Desse modo, o grande temor de que milhões de TVs fossem atacadas por *ransomware* não se concretizou, e isso é ótimo. Ponto para os mocinhos.

Ainda assim, *hackers* sempre invadem aquilo que é popular no momento. Costumavam invadir computadores Apple nos anos 1980, quando eram os computadores pessoais mais populares. Depois, migraram para computadores DOS e Microsoft Windows, quando ganharam popularidade. E agora estão de volta hackeando computadores Apple com mais frequência do que computadores Windows.

Prevejo que, à medida que os dispositivos de IoT se proliferem, veremos mais ataques contra eles. Como os sistemas ICS, PLC e Scada examinados anteriormente, eles são bem mais vulneráveis e contam com bem menos defesas disponíveis. Por outro lado, os dispositivos de IoT não contêm muitos dados valiosos a ponto de a vítima se recusar a perdê-lo ou temer que seus dados sejam vazado na internet, mas isso pode mudar. Já existe uma indústria de extorsão em torno de *webcams* privadas e fotos de celular, embora não sejam exploradas por *ransomware*... ainda.

Gangues que atuam em várias frentes

Muitas gangues já abriram seu leque de atuação hoje em dia e representam uma extensão natural das táticas em cinco frentes usadas pelas gangues de *ransomware* há algum tempo. Criminosos de *ransomware* percebem que podem fazer o que quiserem uma vez que consigam invadir uma organização ou dispositivo vítima. Tradicionalmente, gangues de *ransomware* praticavam apenas *ransomware*. Perpetradores de *botnet* criavam e usavam *bots*. E mineradores de cripto roubavam recursos computacionais, e assim por diante.

Há quase uma década, o repórter de segurança cibernética Brian Krebs publicou seu resumo do valor de um PC hackeado (`https://krebsonsecurity.com/2012/10/the-scrap-value-of-a-hacked-pc-revisited/`). Nele, examinava todos os modos como um PC comprometido e seus dados podiam ser monetizados. O criminoso profissional de hoje essencialmente encontra a mesma proposição de valor por todo o ambiente de uma vítima comprometida. Eis alguns dos usos potenciais de uma organização vítima que é hackeada:

- venda de dados exfiltrados para quem pagar mais;
- uso dos recursos roubados para mineração de cripto;
- uso dos recursos roubados para armazenamento não autorizado, material envolvendo pedofilia, etc.;
- tomada, uso ou venda de senhas roubadas;
- criação de *botnets* para atacar outras vítimas;
- lançamento de ataques massivos de negação distribuída de serviço (*distributed denial-of-service* [DDoS]);
- preparação de ataques do tipo *spear phishing* contra parceiros de confiança;
- envio de *spam*;
- criptografia e extorsão de um pagamento de *ransomware*;
- estabelecimento de servidores de comando e controle.

Esses usos já acontecem hoje, mas costumam ser cometidos apenas por agentes individuais com especialidades específicas. Gangues de *ransomware* inteligentes, sobretudo aquelas que sobrevivem e prosperam à medida que o *ransomware* vai sendo mitigado, deixarão de praticar apenas *ransomware*. Passarão a examinar cada vítima para identificar qual é o melhor e mais proveitoso aproveitamento de um cliente comprometido. De que forma podem maximizar seu lucro junto a cada vítima comprometida? Somente grupos de cibercriminosos burros e imaturos não tentarão maximizar usos e lucros de todas as vítimas comprometidas. A maioria dos grupos criminosos se profissionalizou, e a maximização de lucros é a meta de todos os grupos profissionais.

Então, como pode ficar pior do que hoje? Prevejo que grupos de *ransomware* passarão a atacar dispositivos computacionais não tradicionais e a atuar em bem mais frentes do que apenas na extorsão quíntupla. Mas eu adoraria estar errado.

O FUTURO DA DEFESA CONTRA *RANSOMWARE*

Isso não quer dizer que todos aqueles interessados em defesas assistirão às ameaças crescentes de *ransomware* sem reagir. Quanto maior seu sofrimento, mais os interessados darão o troco. Cedo ou tarde a sociedade derrotará o *ransomware*.

Conforme abordamos no Capítulo 2, "Prevenção de *ransomware*", será preciso haver uma combinação de melhores controles de segurança individuais, foco e mitigação das causas-raiz de ataques bem-sucedidos de *ransomware*, o conserto da internet inteira para torná-la significativamente mais segura e outras soluções políticas. As próximas seções são uma continuação de como eu acho que a prevenção e a defesa contra *ransomware* evoluirão no futuro próximo, em termos técnicos e estratégicos.

Defesas técnicas futuras

As futuras defesas técnicas podem ser divididas em duas principais classificações: aplicativos locais de medidas contra *ransomware* e defesas baseadas em inteligência artificial.

Aplicativos e recursos de medidas contra *ransomware*

Conforme o *ransomware* segue aumentando sua taxa de sucesso e os danos causados, desenvolvedores de *software* de defesa, buscando mais lucros, passarão a lançar defesas mais específicas contra *ransomware*. Essas defesas virão na forma ou de produtos inteiros dedicados a derrotar *ransomware* ou de recursos extras adicionados a produtos já existentes.

Heurística de ransomware

Certamente, as defesas futuras mais óbvias são os aplicativos ou recursos capazes de detectar, alertar e bloquear atividade condizente com *ransomware*. Em sua maior parte, isso envolve o monitoramento do sistema de arquivos e a condução de análise de anormalidades. Se um sistema de defesa detectar um nível anormal de leituras/escritas, modificações em nomes ou extensões de arquivos, mudanças em *hashes* de arquivos ou movimentações excessivas, pode estar diante do início de uma criptografia maliciosa. Mecanismos de detecção de vazamento de dados podem ficar alertas a níveis anormais de exfiltração de dados.

Arquivos-isca

A ameaça de *ransomware* pode ser combatida usando tecnologias de trapaça como os "arquivos-isca" (também conhecidos como *canary files*, *honey files*, *red herring files*, etc.). Essencialmente, o sistema de trapaça insere um ou mais arquivos "postiços" espalhados pelo sistema de arquivos ou pela rede com o único propósito de serem monitorados. Se algum processo não autorizado tocar neles, isso imediatamente dispara um alerta convocando uma investigação do incidente como resposta.

Buraco negro de rede

Quando uma atividade condizente com *ransomware* é detectada, o processo envolvido pode ser redirecionado para um sistema de arquivos falso, no qual suas atividades potencialmente maliciosas continuam a acontecer. O buraco negro de rede (*blackholing*) já existe há décadas e vem sendo usado com sucesso contra *malware*. Precisamos apenas atualizá-lo para que procure por comportamento condizente com *ransomware*.

Captura de chave de criptografia

Muitos interessados em se defender contra *ransomware* estão promovendo defesas que farejam e capturam chaves de criptografia/descriptografia de *ransomware*. Essas ferramentas monitoram processos e, quando algo que se parece com *ransomware* é detectado, saem em busca e documentam as chaves envolvidas de criptografia/descriptografia. Cedo ou tarde, todas as chaves de criptografia/descriptografia precisam ser usadas ou podem ser derivadas em formato de texto simples para serem usadas. Programas com essa capacidade são capazes de capturar chaves de criptografia/descriptografia de *ransomware* à medida que são usadas, permitindo uma fácil recuperação. Alguns pesquisadores já comprovaram o sucesso de um programa bruto, chamado Paybreak, que teria funcionado contra o *ransomware* WannaCry.

Defesas e *bots* baseados em inteligência artificial

A inteligência artificial e *bots* baseados nela (e em aprendizado de máquina) já estão sendo aplicados para reforçar defesas cibernéticas. Sem dúvida, a inteligência artificial e seus *bots* serão usados para identificar e remediar programas de *ransomware*. Prevejo que o futuro da segurança cibernética como um todo será uma guerra travada entre os mocinhos da inteligência artificial e seus *bots* e os bandidos da inteligência artificial e seus *bots*, e quem quer que possua os melhores algoritmos sairá vencedor. Sempre haverá envolvimento humano em defesas e ataques, mas com o passar do tempo certamente veremos uma crescente automação de ambos os lados.

Contudo, todas as defesas táticas podem ser derrotadas ao se analisar quais comportamentos do *ransomware* podem ser detectados, para então modificá-los, seja tornando-os mais lentos, fazendo as mesmas coisas de modo diferente ou modificando as próprias ações. Enquanto os criminosos de *ransomware* puderem ganhar dinheiro e se safar praticando seus crimes com baixa probabilidade de serem punidos, o *ransomware* continuará sendo um problema. É por isso que só veremos a derrocada definitiva do *ransomware* quando impusermos vitórias estratégicas que funcionem além do nível de dispositivos, sistemas e vítimas individuais.

Defesas estratégicas

As defesas estratégicas foram tema do Capítulo 2, mas vale a pena repeti-las brevemente aqui neste capítulo sobre o futuro das defesas contra *ransomware*.

Foco na mitigação de causas-raiz

Se você deseja derrotar *hackers* e *malware*, precisa se concentrar nos métodos de *exploit* que os permitem invadir os sistemas. Somente ao fecharmos as brechas (incluindo engenharia social, *software* sem *patches*, senhas fracas e espionagem) poderemos começar a barrar a entrada de *hackers* e *malware*. Concentre-se em determinar quais são seus maiores riscos. Na maioria das empresas, a resposta é engenharia social, *software* sem *patches* e problemas com senhas. Quaisquer que sejam os seus, identifique-os e então implemente defesas para mitigá-los. Comece pelos maiores e mais prováveis riscos e vá descendo pela sua lista ranqueada de prioridades.

Melhorias geopolíticas

Hackers e suas criações de *malware* se proliferam porque não conseguimos prendê-los. Precisamos de um acordo global ao estilo de uma Convenção de Genebra digital que determine o que é e o que não é permitido através das fronteiras dos países e o que cada um deles concorda em fazer ao receber provas de *hacking* antiético ou ilegal. Até que todos os países concordem que o *ransomware* é ilegal e deve ser fortemente combatido, ele continuará sendo perpetrado a partir de paraísos de cibercriminosos. Precisamos convencer intensamente todos os países que é do seu melhor interesse ajudar a derrotar o *ransomware*.

Melhorias sistemáticas

Também precisamos de melhorias multinacionais e sistemáticas acordadas por cada país e seus aliados. A Força-Tarefa de *Ransomware* dos Estados Unidos lançou o excelente relatório "Combate ao *ransomware*: ordenamentos abrangentes para ação: recomendações-chave da Força-Tarefa de *Ransomware*" (https://securityandtechnology.org/ransomwaretaskforce/report/), abordando esses tipos de melhorias sistemáticas necessárias.

O relatório lista 48 ações diferentes recomendadas ao governo norte-americano para mitigar o *ransomware*.

Muitas de suas recomendações apelam por uma organização centralizada, coordenada e financiada pelo governo e pela iniciativa privada para combater diretamente o *ransomware*. Entre as ações recomendadas, podemos destacar:

- estabelecer um grupo de trabalho de inteligência cruzada para combater o *ransomware*;
- designar o *ransomware* como uma ameaça à segurança nacional (isso foi feito depois que o relatório foi publicado);
- estabelecer uma coalizão internacional para combater criminosos envolvidos em *ransomware*;
- criar uma rede global de centros de investigação de *ransomware*.

Uso de segurança cibernética como uma ferramenta

Muitos interessados em defesa contra *ransomware* citam o advento dos seguros cibernéticos com cobertura contra esse tipo de ataque como sendo um dos fatores que pioraram esse cenário. No entanto, o incrível aumento nos ataques de *ransomware* e nas demandas extorquidas também acabou criando um enorme desafio para seguradoras que atuam no ramo, tornando cada vez mais difícil obter esse tipo de cobertura. Conforme abordado no Capítulo 3, "Seguro cibernético", existem hoje menos seguradoras dispostas a cobrir *ransomware*, e aquelas que o fazem oferecem menores coberturas, prêmios mais altos, franquias aumentadas e mais cláusulas de exclusão.

O resultado é que o setor de seguro cibernético deixou de oferecer apólices cobrindo *ransomware* a qualquer cliente potencial. Atualmente, os clientes precisam comprovar sua resiliência cibernética e que obedecem às melhores práticas do ramo. Seja como for, creio que o seguro cibernético pode ser usado para estimular mais organizações a adotarem melhores defesas cibernéticas locais. Uma boa parcela das organizações acaba sendo forçada pela primeira vez a repensar suas práticas relapsas de segurança computacional justamente quando busca obter um seguro cibernético. Se por um lado o setor de seguros cibernéticos pode ser culpado por piorar o flagelo do *ransomware*, por outro acho que também oferece um modo de mitigá-lo.

Reforço da segurança na internet em geral

Também precisamos modificar a internet para que se torne um lugar bem mais seguro para atividades computacionais do que é hoje em dia. Abordei essa recomendação no Capítulo 2 e ofereço uma solução mais detalhada de como fazer isso em `https://www.linkedin.com/pulse/why-isnt-internet-more-secure-roger-grimes`. Enquanto não reforçarmos a segurança da internet de modo que possamos melhor identificar e bloquear agentes malignos, *hackers* e *malware* continuarão a florescer.

RESUMO

Esse Capítulo 12 cobriu o que penso ser o futuro do *ransomware* e das defesas contra essa ameaça. O *ransomware* do futuro provavelmente atacará plataformas não tradicionais, como ICS, PLC, Scada e dispositivos de IoT. Também veremos gangues de *ransomware* deixarem de atacar nas suas cinco frentes de extorsão para se tornarem grupos de amplo leque de atuação, que buscarão maximizar seu faturamento ilícito sobre cada vítima.

Esse capítulo também abordou prováveis defesas futuras, incluindo defesas técnicas, melhores heurísticas de *ransomware*, arquivos-isca, buraco negro de rede, *software* de captura de chave de criptografia e defesas e *bots* baseados em inteligência artificial. Já as defesas estratégicas podem vir a incluir melhorias geopolíticas, melhorias sistemáticas, uso de seguro cibernético como ferramenta para aprimorar a proteção local e a melhoria geral da segurança na internet.

PALAVRAS FINAIS

Assim conclui-se este livro. Espero que você tenha aprendido bastante sobre como prevenir e mitigar *ransomware*. O conceito mais importante a ter em mente é se esforçar mais para impedir que o *ransomware* sequer consiga penetrar no seu ambiente. Para isso, é preciso identificar, concentrar o foco e mitigar as causas-raiz mais comuns que permitem que o *ransomware* tenha sucesso. Isso, por sua vez, requer combater melhor as táticas de engenharia social, ser mais rigoroso com *patching*, adotar autenticação multifatorial (MFA) e empregar boas políticas de senhas. Com um foco significativamente mais intenso nessas recomendações, será bem mais difícil que o *ransomware*, assim como *hackers* e *malware*, tenham sucesso ao atacá-lo.

Por fim, não espere um ataque bem-sucedido de *ransomware* ao seu ambiente para decidir quais medidas tomar. Em vez disso, seja proativo e previdente. Desenvolva um plano de resposta a *ransomware*, conforme mostrado no Capítulo 5. Reflita sobre o que você faria, como e em que ordem em caso de ataque. Não seja uma vítima que precisa improvisar todas as medidas reativas durante uma emergência envolvendo *ransomware*. Pessoas e organizações que se planejam rigorosamente de antemão em caso de emergências quase sempre se saem melhor do que as demais.

Sinta-se à vontade para me enviar um *e-mail* (`roger@bannerects.com`) com qualquer dúvida, comentário ou sugestão. Sempre responderei seus *e-mails*. Você pode me seguir no LinkedIn (`https://www.linkedin.com/in/rogeragrimes/`) e no Twitter (`@rogeragrimes`).

Com isso, siga nessa justa e árdua batalha!

Índice

A
A Data-Driven Computer Security Defense (Grimes), 241
acesso inicial, 57
AD (Active Directory), recuperação/restauração, 233-236
AES (Advanced Encryption Standard), criptografia, 23-24
agentes da lei
    internacional, 79-81
    pagamento de *ransomware*, 130
AIDS Cyborg, cavalo de Troia, 17-18
algoritmo de *hash*
    BCRYPT, 118-119
    NT, 118-119
    RIPEMD-160, 118-119
    SHA2, 118-119
ambiente
    recuperação
        restauração de rede, 222-225
        restauração de segurança de TI, 225
        versus reconstrução, 222
        recuperação/reconstrução, processo, 222-223
análise de impacto sobre os negócios, 204-205
anomalias em processos, 162
    fluxo lógico, 163
antivírus, programas, 73-75
    autoatualizações de *ransomware* e, 37-39
    AV/EDR (antivírus/ detecção e resposta em *endpoint*), 161-162
    detecção e, 157-158
    EDR (detecção e resposta em *endpoint*) comparação, 165
APIs (interfaces de programação de aplicativos), proteção, 68-69
Application Identity (Windows), 174-176
AppLocker (Microsoft), 72-73
    abertura, Local Group Policy, 172-173
    Application Identity e, 174-175
    aviso em *log* de eventos, 173
    modo Audit Only, 173-175
    regras de linha de base, 174-176
    tipos de regras, 173-174
APT (ameaça persistente avançada), 162
arquivos criptografados
    malware, 13-14
    múltiplos computadores, 18-20
    versus infecção de *boot*, 21-23
arquivos de *boot*, infecção, 21-23

arquivos-isca, 270-271
ataques, 29-30
    ataques de DDoS (negação distribuída de serviço), 29-30
    Colonial Pipeline, 19-20
        RaaS (*ransomware* como serviço) e, 31-33
        rastreamento de resgate em bitcoin, 121-123
    segundo, 58
    timing, 180
autenticação multifatorial, MFA, 68
AV/EDR (antivírus/ detecção e resposta em *endpoint*), 161-162
avaliação de danos, 186-187
    avaliação de conhecimento sobre o *ransomware*, 189-191
    divulgação, 187
    DLP (prevenção de vazamento de dados) e, 188-189
    impactos, 187-188
    integridade de *backup*, 188
    provas de exfiltração, 188-189
    regras nocivas de *e-mail*, 189
avaliação de risco
    cálculo de custos, 9-10
    seguro cibernético, 104-106

B

backup em nuvem, exfiltração e, 43-45
backups, 16-18
    avaliação de danos, 188
    como minimização de danos, 58
    erros a serem evitados, 254-255
    plano de resposta e, 143-146
    segurança, higiene cibernética e, 251-252
base de operações, 57
bitcoin, 49-50
    blockchain peer-to-peer, 118-119
    considerações legais, 116-125
    CryptoLocker, 48-50
    endereços, Notpetya, 120-121
    lavagem, 54-55
    rastreamento de transações
        Colonial Pipeline, 121-124

    Darkside, 121-123
    seguro cibernético e, 88-89
    símbolo transacional BTC, 118-119
"Bitcoin: A Peer-to-Peer Electronic Cash System" (Nakamoto), 116
"Bitcoin Money Laundering: How Criminals Use Crypto," 123-124
blockchain,
    peer-to-peer, bitcoin, 118-119
    chaves privadas e, 119-120
    correntes, 118-119
    endereços, 119-120
        gangues de *ransomware*, 120-122
    formato, 117-118
    rastreamento de empresas, 121-122
    transações, rastreamento, 121-122
Bogachev, Evgeniy Mikhailovich, 127
buraco negro de rede, 270-271

C

C&C (comando e controle) servidores, 34-36
    consoles de admin, 40-41
captura de chave de criptografia, 270-271
causa-raiz
    defesa e, 240-241
    determinação, 215-217
    erros a serem evitados, 259-260
    mitigação, 271-272
cavalos de Troia
    ação imediata, 15-16
    AIDS Cyborg, 17-18
    PC Cyborg, 10-11
Cerber, 44-45
Cerberus, 49-52
chaves privadas, *blockchain* e, 119-120
CISA (Cybersecurity Infrastructure Security Agency), 130
    conselho de desligar a energia, 181-182
    ferramenta de aferição de prontidão, 78-79
ClearEnergy, 264
Clop, gangue de *ransomware*, 122-123
cobertura de danos a terceiros, 200
Colonial Pipeline, ataque, 19-20

RaaS (*ransomware* como serviço) e, 31–33
rastreamento de resgate em bitcoin, 121–123
componentes do setor de *ransomware*, 52–56
Comprehensive Anti-Phishing Guide (Grimes), 68, 244
Comunicações
    extorsão, 146–147
    notificações, 140–142
conexões, anomalias de rede, 166–168
conexões anômalas de rede, 166–168
conferências de linguagem, 39–40
conferências de localização, 38–40
configuração segura, 74–75
consultores, plano de resposta, 149–151
contas privilegiadas, 74–75
controle de aplicativos, 70–72, 166
    AppLocker (Microsoft), 72–73
    Flu-Shot!, 71–72
    modo estrito, 73–74
    Tripwire, 71–72
    Windows Defender Application Control, 72–73
controles
    de aplicativos, 70–72
    defesas técnicas, 60
    detectivos, 59–60
    de prevenção, 59–60
    de recuperação, 59–60
controles defensivos, desabilitação, 159–160
cooperação global, 79–81
cooperação internacional, 79–81
corporações, gangues de *ransomware*, 48–50
Coveware, relatórios, 5, 64–65
criptografia, 22–23, 200–201
    AES (Advanced Encryption Standard), 23–24
    algoritmos de *hash*, 118–119
    chaves de criptografia farejadas em redes, 208–210
    de chave assimétrica, 44–45
    de chave pública, 44–45
    de chave simétrica, 44–45

DNS (Domain Name System), pacotes, 36–37
ECDH (criptografia de curvas elípticas), 45–46
hashes, 118–119
leitura, 42–44
processo, 44–46
prova de descriptografia, 43–44
RSA, 23–24
SALSA20, 45–46
TLS (Transport Layer Security), 35–37
velocidade de, 45–46
criptolavagem, 123–124
criptomoedas
    compras no ato, 151–152
    considerações legais, 116–125
    fontes, 151–152
    identidades e, 116–117
    pagamento de resgate, e, 150–152
Cryptic, 15–16
Cryptocurrencies: Understanding, Extracting, and Analyzing Blockchain Evidence (Furneaux), 120–121
CryptoLocker, 48–50, 116–117
CrySiS, 33–34
Cybersecurity Ventures, relatórios de custos, 7–8

D

dados, variabilidade, 5–6
dados criptografados, 210–212
dano à reputação, 201–202
Darkside, 51–52
    rastreamento de resgate em bitcoin, 121–123
DDoS (negação distribuída de serviço),
defesa em profundidade, 61
defesa embasada em dados, 238–240
defesas
    ameaças, atenção a, 243
    aplicação, 158
    causas-raiz, 240–241
    dados adequados, 242
    embasadas em dados, 238–240
    engenharia social e, 244
    futuro das, 269–274

higiene cibernética, 245-252
inteligência artificial, 270-272
priorização, 241-242
processos, rastreamento, 245-246
rastreamento de tráfego de rede, 245-246
defesas técnicas, 60-61
demandas de extorsão, 45-47
demissões, 202-203
descriptografia
   chaves, 47-49
      aplicação a uma única cópia, 259
      publicação, 208-210
      obtenção, 209-211
      pagamento de resgate, extorsão, 206
      prova de descriptografia, 43-44
   websites, 207
detecção
   anomalias de rede, 166
      fluxo lógico, 167
      produtos de análise de tráfego, 167
   anomalias em processos, 162
      fluxo lógico, 163
   antivírus, 157-158
   aplicação de defesa, 158
   atividade inexplicada, 168-169
   controle de aplicativos e, 166
   detecções conjuntas AV/EDR, 161-162
   dispositivos, inventário, 163
   driblada, 58
   EDR (detecção e resposta em *endpoint*), 157-158
   indicadores de comprometimento, 168-169
   interrupções inexplicadas, 169-170
   keep-alives, 170
   malware, sem arquivos, 169
   monitoramento, 159-160
      agressivo, 171-172
   novos processos, 162-166
   scripts e, 159-160
   solução exemplar, AppLocker, 171-177
   treinamento de conscientização de segurança, 160-161
Dharma, 33-34
dispositivos

   como base de operações, 57
   impactos, 18-20
   inventoria, 163
   isolamento, 181-183
   pulo de um para outro, 57
dispositivos de mídia móvel, 264-265
   ransomware falso, 11-12
DLP (prevenção de vazamento de dados), 188-189
DNS (Domain Name System), criptografia e, 36-37
downloaders, 34-35

E

ECDH (criptografia de curvas elípticas), 45-46
EDR (detecção e resposta em *endpoint*), *software*, 61, 73-75, 161-162
   comparação com programas antivírus, 165
   detecção e, 157-158
Elliptic, empresa de rastreamento, 121-122
e-mail malicioso, 229
Empire PowerShell Toolkit, 41-42
empresa de rastreamento Chainalysis, 121-122
endereço de bitcoin NotPetya, 120-121
engenharia social, 20-21
   defesas, 244
   exploits de causa-raiz, 63
   seguro cibernético e, 261
   URLs enganosos, 68
erros a evitar, 253-261
Eternal Blue SMB, *exploit*, 20-21
exfiltração, 23-24
   cópia de dados, 43-44
   exploração dupla, 24-25
   higiene cibernética e, 250-252
   Maze e, 24-25
   provas, 206
      avaliação de danos e, 188-189
   REvil/Sodinokibi, 24-25
   senhas, 25-26
   serviços de *backup* em nuvem, 43-45
   spear phishing, 28-29
   Zeppelin, 24-25

exploits
    causa-raiz, 19–22, 61–63
        inicial, 61
        engenharia social, 63, 67–68
        exploração dupla, 24–25
        inteligência contra ameaças, 63
        múltiplos computadores, 18–20
        phishing, 63
        ransomware, 64–67
        SMB (Server Message Block), Azul Eterno, 20–21
        software sem *patches*, 68–69

F
FBI
    investigações, 4
    ransomware falso, 11–12
    relatórios de custos, 8
ferramentas, 41–42
    erros a serem evitados, 254
    seguro cibernético como, 272–274
filiação a grupos elevados, higiene cibernética e, 248–249
Flu-Shot!, 71–72
Forbes, revista, 64–65
Força-Tarefa de *Ransomware* dos Estados Unidos, 80–82
fronteiras de segurança, 75
FSMO (funções flexíveis de operação-
-mestre única), 233–234
Furneaux, Nick, 120–121

G
gangues
    chaves de descriptografia, publicação, 208–209
    desrespeitar, 203
    divulgação pública, 27–30
    endereços de *blockchain*, 120–122
    insultar, 257–258
    lista de banimento, 127–128
    mentir, 257
    múltiplas frentes de atuação, 266–269
    seguro cibernético, 92–94
gangues de *ransomware*. *Ver* gangues
Google, serviço VirusTotal, 164

Greenberg, Ross, 71–72
guerra cibernética, Nações Unidas e, 80–81

H
hashes, 118–119
    resultados de *hash*, 118–119
heurística, 269–270
higiene cibernética
    MFA (autenticação multifatorial), 245–246
    monitoramento de segurança, 249
    política de senhas, 246–248
    proteção de *backup*, 251–252
    proteção de dados, 250–252
    proteção do PowerShell, 249–250

I
ICS/Scada (Sistemas de Controle Industrial/ Supervisão e Aquisição de Dados), 264–265
Identidades
    anônimas, 116
    criptomoedas e, 116–117
    endereços de *blockchain*, 119–120
    pseudoanônimas, 116
indicadores de comprometimento, 168–169
infecção de *boot*, 21–23
infiltração, 32–35
instruções de extorsão, 120–122
inteligência artificial, defesa baseada em, 270–272
inteligência contra ameaças, 63
internet
    reestabelecimento após ataque, 225
    segurança, 81–85
interrupção de negócios, soluções alternativas, 205–206
interrupções inexplicadas, 169–170
IoT (Internet das Coisas), 266–268

J
just enough, just-in-time, gestão de contas privilegiadas, 75

K
keep-alives, 170

keyloggers, Microsoft Windows, 18–19
Kolz, 16–17
Krebs, Brian, 77–78, 268–269

L
lavagem, 123–124
Lazarus Group, 127
língua russa, 77–79
Locky, 44–45

M
MacOS, reconstruções, 230–231
malware, 10–11
    ação direta, 14–18
    arquivos criptografados, 13–14
    automático, 17–19
    direcionado por humanos, 17–19
    downloaders, 34–35
    NotPetya, 13–15
    remoção, 217–219
    sem arquivo, 169
    StrRAT, 13–14
    stub, programas, 34–35
    wiper, programas, 14–15
máquinas virtuais, restauração pós-ataque, 225
Maze, 23–24, 33–34
    criptografia, 45–46
medidas primárias, 217–220
melhorias geopolíticas, 271–273
melhorias sistemáticas, 272–273
MFA (autenticação multifatorial), 68
    higiene cibernética e, 245–246
    seguro cibernético e, 91
Michelangelo, vírus, 88
Microsoft
    AppLocker, 72–73
    RDP (Remote Desktop Protocol), 33–35
    Sysinternals PsExec, 41–42
    Sysinternals, recursos, 232–233
    Windows Defender Application Control, 72–73
Microsoft Office, 22–23
Microsoft Windows
    keyloggers, 18–19

reconstruções
    Atualizar, 229
    Redefinir, 230–231
    Restaurar, 230–231
Mimikatz, 18–19, 41–42
mitigação
    autenticação, 68–69
    causas-raiz, 271–272
    desconexão de rede, 183
        pontos de acesso à rede, 184–186
    engenharia social, 67–68
    interrupção da disseminação, 181
        isolamento de dispositivos, 181–183
        tirar da tomada, 181–183
    questões de custo-benefício, 181
    software sem *patches*, 69
modo estrito, 73–74
monitoramento
    agressivo, 171–172
    higiene cibernética e, 249
monitoramento de segurança, higiene cibernética e, 249
mudanças de paradigma, 237–246

N
Nações Unidas,
    padrões de guerra cibernética, 80–81
    padrões de segurança cibernética, 80–81
Nakamoto, Satoshi, 116
negociação de resgate, 46–48
nomes de arquivo, demandas de extorsão, 46–47
novos processos, detecção, 162–166
NSA (National Security Agency), 20–21
NT, algoritmo de *hash*, 118–119
Nuclear Ransomware, webinário, 30–31

O
Ofac (Office of Foreign Assets Control), Departamento de Tesouro dos Estados Unidos, 124–127
    envolvimento da polícia, 130
    licença, 130–131
ofuscação, 22–23

P

padrões, 60
PAM (Gestão de Contas Privilegiadas), 75
paraísos de cibercriminosos, 39–40
payload automático, 39–40
PC Cyborg, cavalo de Troia, 10–11
pendrive, bloqueio, 76–77
perturbação do abastecimento financeiro, 81–82
phishing, 63
Pilares 3x3 de Controle de Segurança, 59–61
plano de resposta
    armazenamento, 138–141, 260
    atualização, 140–141
    backup, 143–146
    checklist, 152–155
    comunicações, 139–142
        notificações, 140–142
    consultores, 149–151
    consultoria jurídica e, 141–142
    declaração de violação de dados, 148–149
    definições incluídas, 154–155
    funcionários-chave, identificação, 138–140
    limiar, 138–139
    motivos para, 137–138
    planejamento de concessões, 149–150
    planejamento de pagamento 145–148
        criptomoedas, 150–152
    relações públicas, 142–144
    resposta inicial, 179–181
        tarefas, 180
    seguro cibernético, 147–149
PLCs (Programmable Logic Controllers), 264–265
políticas
    padrões, 60
    procedimentos, 60
    recomendações, 60
    regras, 60
    regulamentações, 60
post-mortem, 203
PowerShell, higiene cibernética e, 249–250
prevenção. *Ver também* mitigação
antivírus, programas, 73–75
backups, 58
bloqueio de *pendrive*, 76–77
configurações de segurança, 74–75
contas privilegiadas, 74–75
controle de aplicativos, 70–72
defesas primárias, 67–71
fronteiras de rede, 75
fronteiras de segurança, 75
língua russa, 77–79
proteção de dados, 76–77
priorização de itens a recuperar, 225–226
procedimentos, 60
processos, programas de rastreamento, 164
processos por privacidade de dados, 200
programas, cavalo de Troia PC Cyborg, 10–11
programas de lista branca, 71–72
programas de lista negra, 71–72
proteção, 68–69
proteção de dados, 76–77
proteção de dados, higiene cibernética e, 250–252
prova de conceito de *ransomware*, 265
prova de controle, 43–44
prova de descriptografia, 43–44
provas
    avaliação de danos e, 188–189
    preservação de, 131–132
    processo de reconstrução e, 222
provedoras de gestão de serviços de segurança, 111–112

Q

quase reconstruções, 227–228
questões legais
    bitcoin e, 116–125
    características de uma violação de dados oficial, 130–132
    cobertura de danos a terceiros, 200
    criptomoedas e, 116–125
    defesa legal, 131–133
    justiça, 129
    plano de resposta e, 141–142
    preservação de provas, 131–132

processos envolvendo entrega de produtos, 200
processos por interrupção de serviço, 200
processos por privacidade de dados, 200
resgate, pagamento, 124–131

R
RaaS (*ransomware* como serviço), 30–33, 111–112
ransomware
    custos, 7–10
    dispositivos móveis, 264–265
    driblando a detecção, 58
    exploits de causa-raiz, 64–67
    falso, 10–15
    futuro do, 263–269
    gravidade do problema, 4
    tipos de, 10–11
    valor monetário, 5
    variabilidade de dados, 5–6
ransomware baseado em *worm*, 20–22
ransomware de ação imediata, 14–18
ransomware de ação retardada, 14–18
ransomware falso, 10–15
rastreabilidade, 116–117
RDP (Remote Desktop Protocol), 33–35, 66
recomendações, políticas e, 60
reconhecimento, 41–43
reconstrução
    MacOS, 230–231
    Microsoft Windows
        Atualizar, 229
        níveis, 222–223
        processo, 222–223, 226–231
        quase reconstrução, 227–228
        Redefinir, 230–231
        restauração de serviços, 225–226
        restauração de servidor, 225–226
        Restaurar, 230–231
        testagem unitária, 226–227
    priorização de itens a serem recuperados, 225–226
    provas e, 222
    reabilitação da internet, 225
    restauração de aplicativos, 225–226
    restauração de clientes, 225–226
    restauração do sistema de *backup*, 225–226
    serviços de segurança de TI, 225
    sistemas Linux, 230–231
reconstrução *versus* recuperação, 214–215
recuperação, ambiente
    AD (Active Directory), 233–236
    computadores Windows, 231–233
    considerações sobre reconstrução, 222
    itens, 225–226
    máquinas virtuais, restauração, 225
    Modo de Segurança, Windows, 232–233
    níveis, 222–223
    passos, 231–232
    processo, 230–236
    provas e, 222
    reabilitação da internet, 225
    recursos do Microsoft Systernals, 232–233
    restauração da segurança de TI, 225
    testagem unitária, 226–227
redes
    anomalias, 166–168
    desconexão da, 183
        pontos de acesso, 184–186
    farejar chaves de criptografia, 208–210
    fronteiras, 75
    pontos de acesso, desconectar e, 184–186
    rastreamento de tráfego, 245–246
    restauração, 222–225
regras
    e-mail malicioso, 229
    políticas e, 60
regras maliciosas de *e-mail*, 229
regulamentações, políticas e, 60
relações públicas, plano de resposta e, 142–144
Relatório da Datto sobre o estado global do canal de *ransomware*, 64–65
Relatório de Investigações de Violações de Dados, 63

Relatório de Prontidão Hiscox Cyber, 64–65
Relatório Sophos, 65
resgate
    chaves de descriptografia, 47–49
    pagamento
        criptomoedas, 150–152
        erros a serem evitados, 256–259
        impostos, 130–131
        pagar ou não, 192–193, 211–215
        plano de resposta e, 145–148
        questões legais, 124–131
    rastreamento de transação
        Colonial Pipeline, 121–124
        Darkside, 121–123
resgate de informações médicas, 26–28
resposta
    análise de impacto sobre os negócios, 204–205
    causa-raiz, determinação, 215–217
    decisões após, 204–218
        obtenção de chaves de criptografia, 209–211
        publicação, 208–209
        empresas de recuperação, desonestas, 209–210
        estado da criptografia, 207
        salvando dados criptografados, 210–212
    medidas primárias
        alterações de senhas, 219–220
        preservação de provas, 217–218
        remoção de *malware*, 217–219
    membro da equipe agindo por conta própria, 260–261
    membros inexperientes da equipe, 255–256
    post-mortem, 203
    prévia
        aceitação de culpa, 202
        criptografia, 200–201
        dano à reputação, 201–202
        demissões, 202–203
        recuperação *versus* reconstrução, 214–215
    soluções alternativas para interrupção dos negócios, 205–206
    websites de descriptografia, 207
resposta inicial, 179–181
    ações de acompanhamento, 191–195
    avaliação de danos, 186
        atividades nocivas de *e-mail*, 189
        avaliação de conhecimento sobre *ransomware*, 189–191
        divulgação, 187
        impactos, 187–188
        integridade de *backup*, 188
        prova de exfiltração, 188–189
    reconstrução, 192–195
    recuperação, 192–195
    reuniões em equipe, 190–192
    tarefas, 180
restauração
    aplicativos, 225–226
    clientes, 225–226
    máquinas virtuais, 225
    rede, 222–225
    serviços, 225–226
    servidor, 225–226
    sistema de *backup*, 225–226
resultado de *hash*, 118–119
REvil/Sodinokibi, 24–25
RIPEMD-160 algoritmo de *hash*, 118–119
RMaaS (gestão de risco como serviço), 111–112
roubo de credenciais, 66

S

SALSA20, 45–46
SamSam, 33–34, 127
scareware, 10–15
    exemplo do FBI, 11–12
Schneier, Bruce, 266–267
scripts, detecção e, 159–160
segundo ataque, 58
seguro. *Ver* seguro cibernético
seguro cibernético, 87
    aprovação, 105–107
    auxílio técnico, 107–109
    bitcoin e, 88

cláusulas de exclusão de engenharia
  social, 109–110, 261
cobertura, 95
  análise de causa-raiz, 97–98
  cenários envolvendo trabalho
    remoto, 110–111
  cláusula de exclusão por guerra,
    110–112
  custos cobertos, 100–104
  custos de interrupção de negócios,
    97–98
  custos de recuperação, 95–96
  erros de funcionários, 109–111
  erros e omissões, 110–111
  especificidades de resgate, 109–110
  futuro, 111–114
  investigações legais, 98
  MFA (autenticação multifatorial)
    e, 91
  multas, 98
  notificações e proteção do cliente, 98
  perguntas iniciais, 103–105
  período de tolerância, 91
  resgate, 96–98
como ferramenta, 272–274
cosseguro, 92–93
determinação de risco, 104–106
exemplo de estrutura de apólice,
  99–101
gangues de *ransomware* e, 92–94
pagamentos, 151–152
plano de resposta, 147–149
prêmios, 89–91
processo de sinistro, 106–108
questionários de risco, 91
subscrição, 105–107
transferência de risco, 89
seguro cibernético, Nações Unidas e, 80–81
senhas
  alteração, 217–219
  higiene cibernética e, 246–248
  proteção, 68–69
  RDP (Remote Desktop Protocol) e,
    33–35
  roubo, 18–19, 25–27
servidores VPN, sem *patches*, 33–34

silent-drive-by, 32–34
símbolo transacional BTC trading,
  118–119
smart TVs, 266–267
SMB (Server Message Block), *exploits*, Azul
  Eterno, 20–21
software sem *patches*, 20–21, 33–34
soluções geopolíticas, 79–82
spear phishing, 28–29
Statista, 64–65
StrRAT, 13–14
stub, programas, 34–35
  C&C (commando e controle),
    servidores, 34–36
Sysinternals
  Autoruns, 163–164
  PsExec, 41–42, 159–160

T
tempo de hibernação, 25–26, 40–41
  resposta e, 214–216
Tesla, 53–54
testagem unitária, recuperação e, 226–227
tirar da tomada, 181–183
TLS (Transport Layer Security)
transações
  fogging, 123–124
  mixing, 123–124
  rastreamento, 121–122
  tumbling, 123–124
transferência de risco, seguro cibernético,
  89
Travelex, 33–34
treinamento, conscientização de segurança,
  61, 160–161
Trickbot, 18–19, 41–42
Tripwire, 71–72

U
URLs enganosos, 68

V
violações de dados
  características, 130–132
  declaração, plano de resposta, 148–149
vírus, Michelangelo, 4

VirusTotal, serviço, 164

W
WannaCry, 20-21
Wikileaks, Maze e, 23-24
Wince, 18-19
Windows
    Application Identity, 174-175
    Modo de Segurança, 232-233
Windows Defender Application Control, 72-73

wiper, programas, 14-15
worms
    Conficker, 4
    Iloveyou, 4
    software sem *patches*, 20-21
    SQL Slammer, 4

Z
Zeppelin, 24-25
Zero Trust, 76-77